歌丸光四郎選集

名著復刊

断易釈故
易経精髄

合本

歌丸光四郎 編著

東洋書院

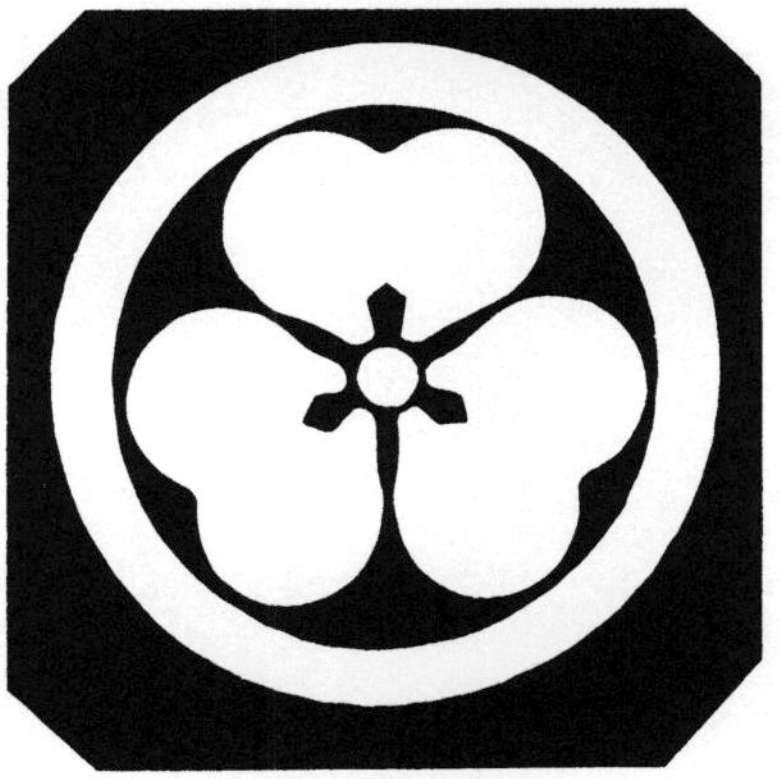

はしがき

親猫が台所を猟場にして鼠を捕る。子猫も台所で鼠を捕る。孫猫も台所で鼠を捕る。これは猫の研究の所産ではなくて、習性の踏襲に過ぎない。記録を持たない猫の世界では、ゼネレーションをいくら積み重ねても進歩がない。猫が記録の方法を発明しない限り、鼠の棲息分布を調査して台所以外の新しい猟場に進出するとか、さらに進んで鼠の養殖を手がけるようなことは起こり得ないのである。

人間の場合はまったく違う。人類は今から二万年くらい前に素朴な記録の方法を発明し、一万年くらい前からその方法が長足の進歩を遂げ、今では人類はぼう大な記録を持つに至っている。それだから人間は記録を読み、前のゼネレーションの研究を基礎にして、さらにそれを伸ばすことができる。それだから人類と他の動物との間には、その文化的能力に天地の相違を見るに至ったのである。

近ごろ大学教授のなかの盗作問題が騒がれているが、私はそれらの教授たちをお気の毒に思っている。何故ならば、学者の場合も先人の研究を利用することが問題ではなくて、先人の研究に対してその学者が果してどれだけのアルファをプラスしたかを問題にすべきだからである。

易学は今から約六千年前に黄河の流域に発祥し、それを集大成し組織化して「易経」を作ったのが周の文王とその次男の周公旦である。文王による周王朝の創業は紀元前一一二二年と推定されているから、五行哲学の夜明けは紀元前十二世紀から十一世紀であったと考えられ、今から約三千年前のことである。その頃の日本民族は何をしていたのであろうか、それは知る由もない。

この三千年間にいろいろな人が五行哲学にそれぞれのアルファを貢献している。巨人の名前をあげるだけでも、孔子（前四七九－五五〇）、鬼谷子（前三二三－四〇三）、唐の猿了凡、宗の朱子、徐子平（「渕海子平」の編者）、わが国の天明の碩学真勢中州などがいる。

これらの大儒碩学の業績の片鱗を研究するだけでも容易でないのに、浅学非才の私が五行哲学に何のアルファを貢献できたかを思うと真に忸怩たらざるを得ないのである。私は翻訳を業とし多数の洋書を読んできた関係から、洋書的な考え方から五行哲学を垣間見てきたところに、なにがしかのアルファを寄与し得たのではないかと自ら慰めている次第である。

一九七七年一二月

歌丸光四郎

目次

○六冲卦・三合卦・寅巳申三刑

八純金卦
乾為天
内卦甲
外卦壬

爻	六親	干支	世応・卦身	伏神
━━━	父母	戌土	世	
━━━	兄弟	申金		
━━━	官鬼	午火		
━━━	父母	辰土	応	
━━━	妻財	寅木	卦身	父母巳火
━━━	子孫	子水		

○五類全備以下七卦ノ伏神トナル

○戌寅合午局・申辰合子局・申寅冲
○午子冲

乾卦二世
天山遯
内丙外壬

爻	六親	干支	世応・卦身	伏神
━━━	父母	戌土		
━━━	兄弟	申金	応	
━━━	官鬼	午火		
━━━	兄弟	申金		
━ ━	官鬼	午火	世	妻財寅木
━ ━	父母	辰土		子孫子水

○亥寅合・申寅冲・寅戌合午局

乾卦一世
天風姤
内辛外壬

爻	六親	干支	世応・卦身	伏神
━━━	父母	戌土		
━━━	兄弟	申金		
━━━	官鬼	午火	応・卦身	
━━━	兄弟	酉金		
━━━	子孫	亥水		妻財寅木
━ ━	父母	丑土	世	

○六合卦・午子冲・卯子相刑

乾卦三世
天地否
内乙外壬

爻	六親	干支	世応・卦身	伏神
━━━	父母	戌土	応	
━━━	兄弟	申金	卦身	
━━━	官鬼	午火		
━ ━	妻財	卯木	世	
━ ━	官鬼	巳火		
━ ━	父母	未土		子孫子水

乾卦四世
風地観
内乙外辛

○己申合・卯子相刑

伏神	爻	世応	干支・六親
	━━━		卯木 妻財
申金 兄弟	━━━		己火 官鬼
	━ ━	世	未土 父母
	━ ━		卯木 妻財
	━ ━		己火 官鬼
子水 子孫	━ ━	応	未土 父母

乾卦五世
山地剥
内乙外丙

○己申合・寅申冲・子卯刑・寅己申三刑

伏神	爻	世応	干支・六親
	━━━		寅木 妻財
申金 兄弟	━ ━	世	子水 子孫
	━ ━ 卦身		戌土 父母
	━ ━		卯木 妻財
	━ ━	応	己火 官鬼
	━ ━		未土 父母

乾卦遊魂
火地晋
内乙外己

○卯酉冲・卯子相刑

伏神	爻	世応	干支・六親
	━━━		巳火 官鬼
	━ ━		未土 父母
	━━━	世	酉金 兄弟
	━ ━ 卦身		卯木 妻財
	━ ━		己火 官鬼
子水 子孫	━ ━	応	未土 父母

乾卦帰魂
火天大有
内申外己

○辰酉合・申己合

伏神	爻	世応	干支・六親
	━━━	応	巳火 官鬼
	━ ━		未土 父母
	━━━		酉金 兄弟
	━━━	世	辰土 父母
	━━━ 卦身		寅木 妻財
	━━━		子水 子孫

○子水局三合・午火局三合

八純六冲卦
坎為　水
内外戊

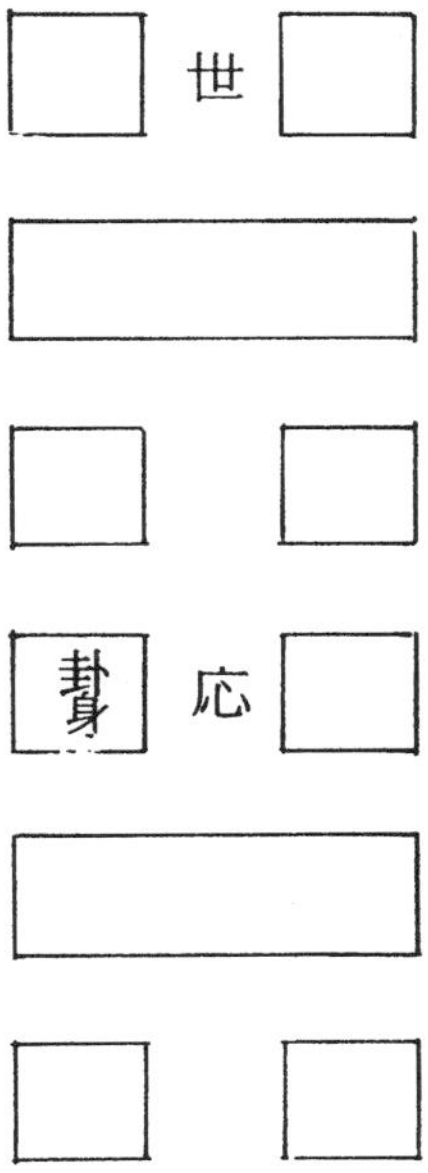

子水 兄弟
戌土 官鬼
申金 父母
午火 妻財　（官鬼 亥水）
辰土 官鬼
寅木 子孫

○水卦五類全備以下七子卦ノ伏神トナル

○寅申冲・辰戌冲・子午冲・申辰子三合
○寅戌午三合

坎卦二世
水　雷　屯
内庚外戊

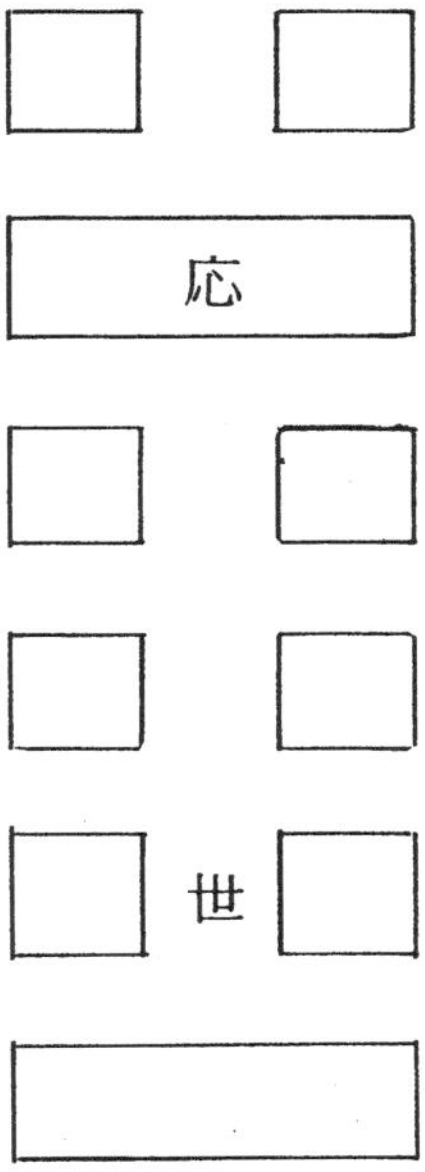

子水 兄弟
戌土 官鬼
申金 父母
辰土 官鬼　（妻財 午火）
寅木 子孫
子水 兄弟

○六合卦・子卯刑

坎卦一世
水　沢　節
内丁外戊

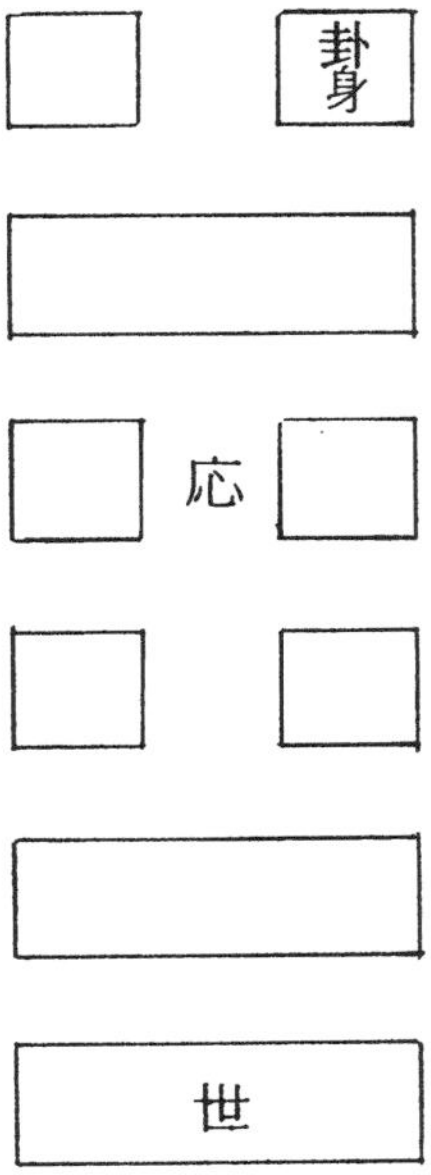

子水 兄弟
戌土 官鬼
申金 父母
丑土 官鬼
卯木 子孫
巳火 妻財

○子丑合・卯戌合・子卯刑・子午冲
○申寅冲

坎卦三世
水火既済
内己外戊

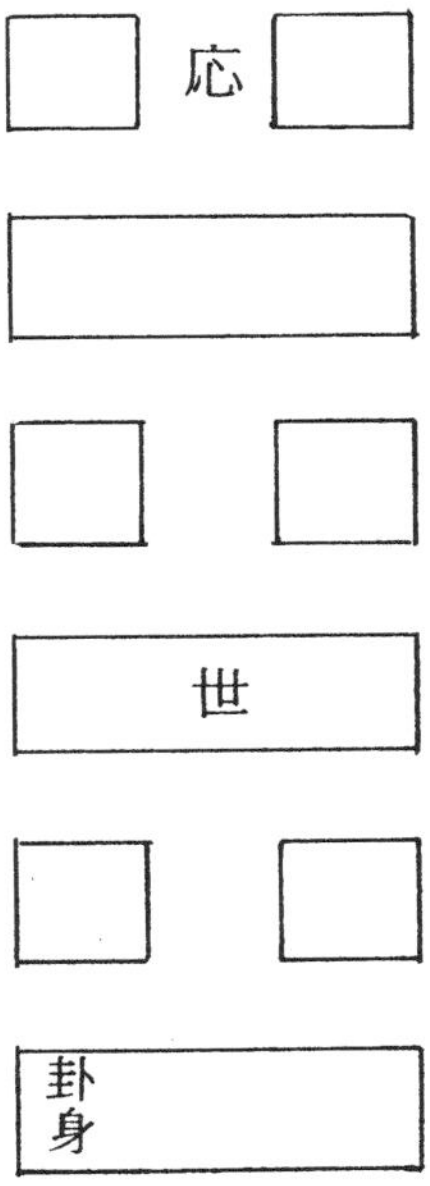

子水 兄弟
戌土 官鬼
申金 父母
亥水 兄弟　（妻財 午火）
丑土 官鬼
卯木 子孫　（子孫 寅木）

○丑未冲・午未合・卯酉冲・亥未卯三合

坎卦四世

沢火革

内己外丁

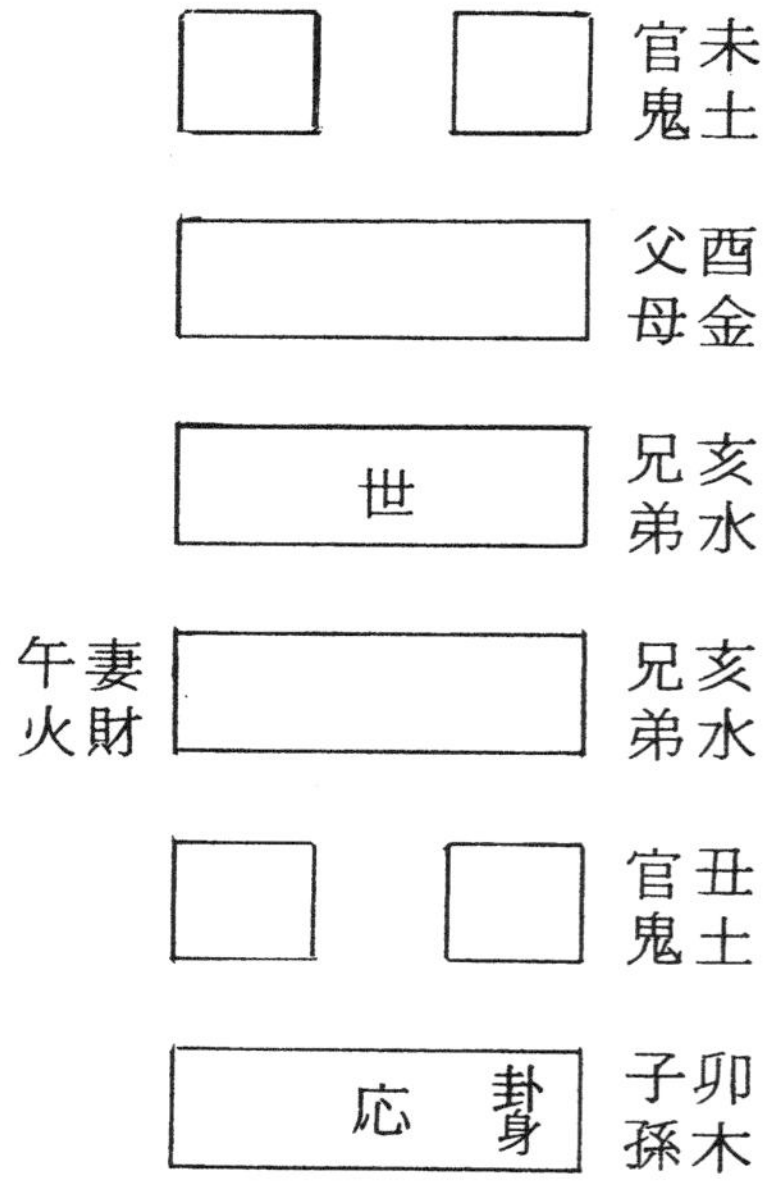

○卯酉冲

坎卦遊魂

地火明夷

内己外癸

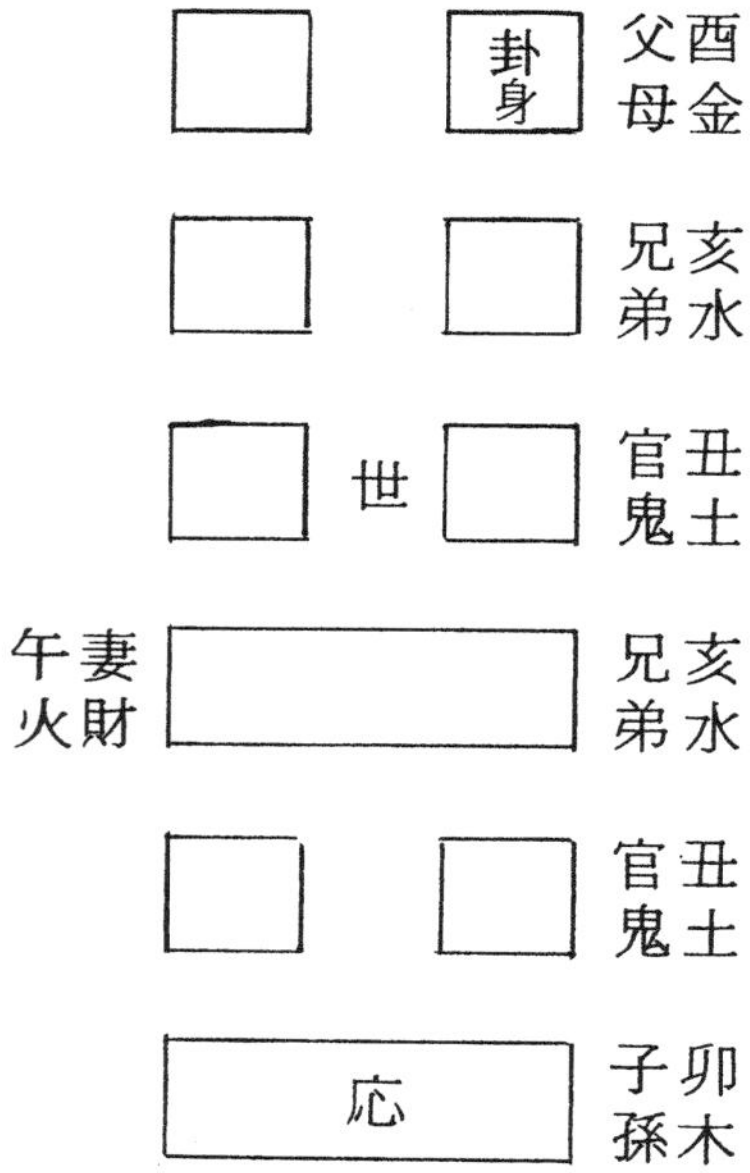

○卯戌合

坎卦五世

雷火豊

内己外庚

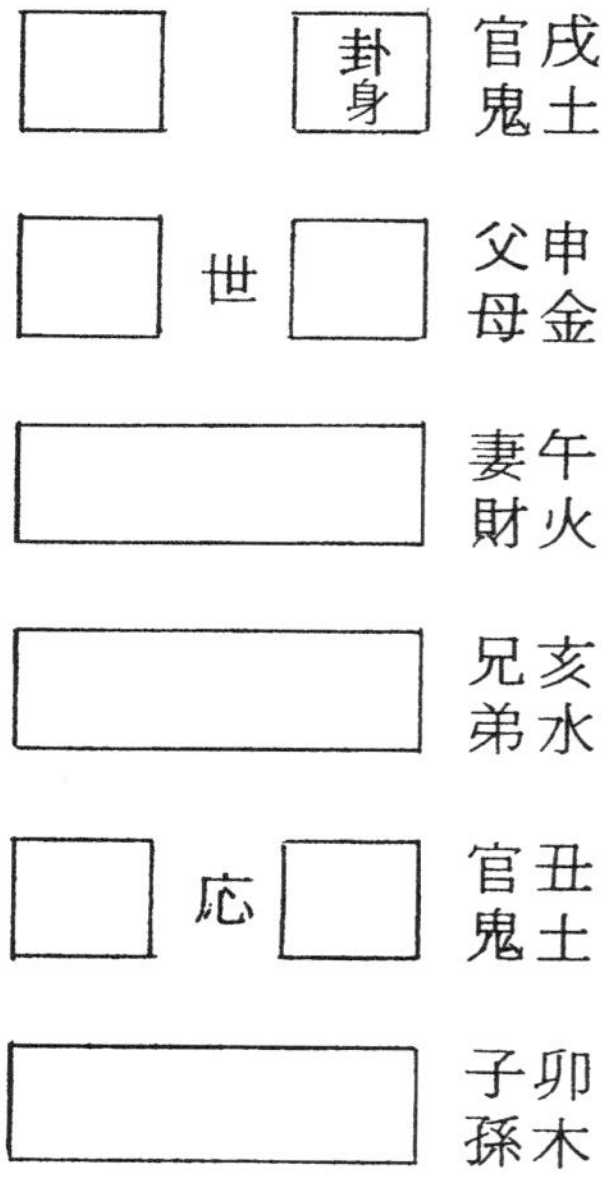

○辰酉合・寅亥合・寅申冲・辰午酉亥自刑

坎卦帰魂

地水師

内戊外癸

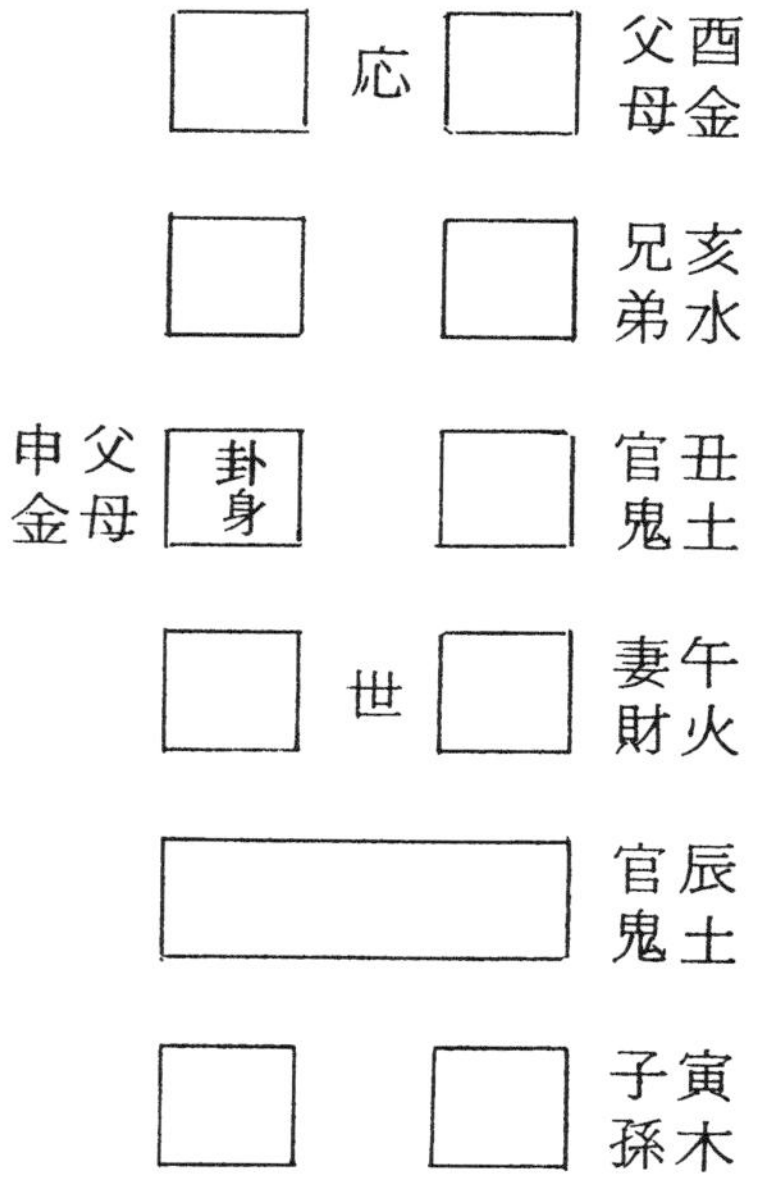

○子水局三合・午火局三合

八純六冲卦

艮為山

内外丙

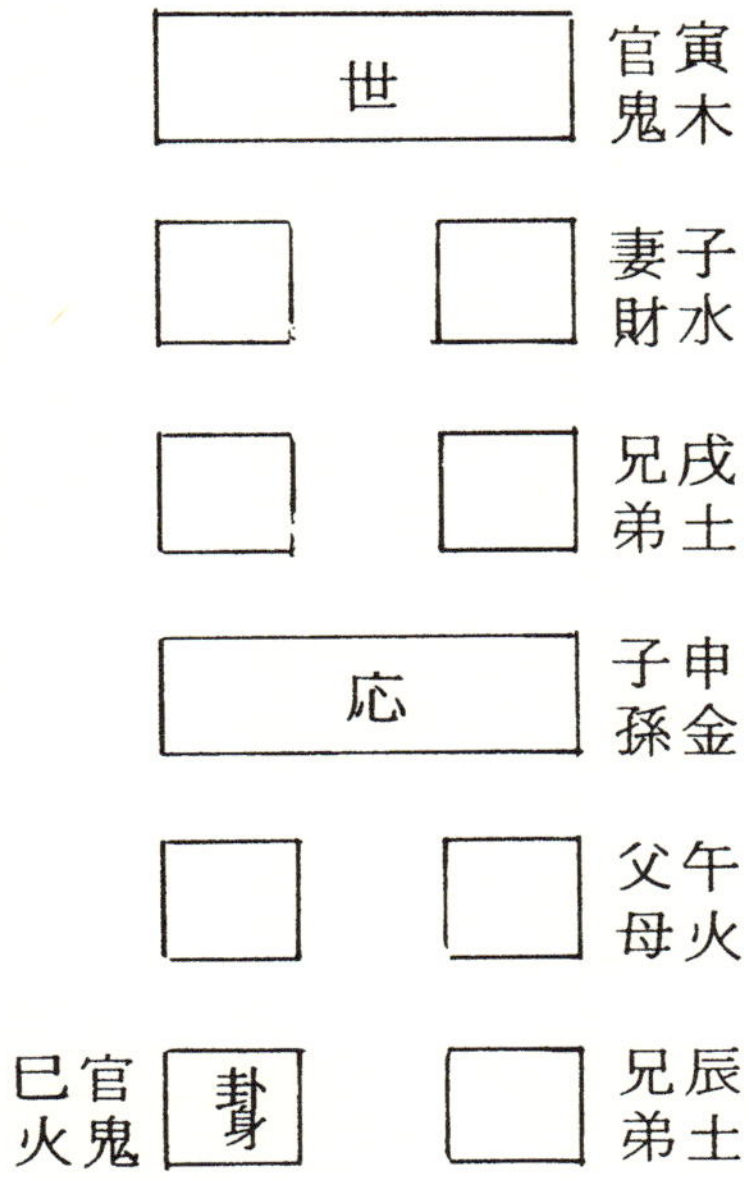

土卦五類全備以下七子卦ノ伏神トナル

○辰申合二子局一・寅戌合二午局一・寅申冲・辰戌冲

○子午冲

艮卦二世

山天大畜

内甲外丙

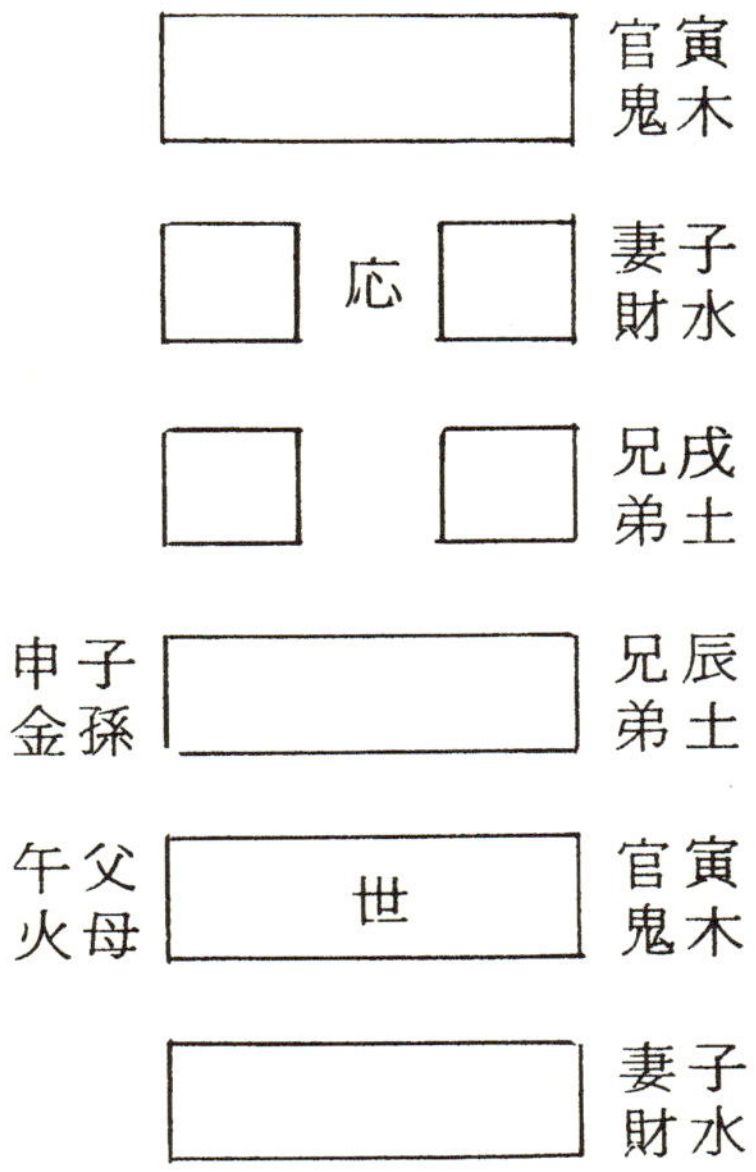

○六合卦・寅戌合ス二午局一ニ・子卯刑・寅申冲・子午冲

艮卦一世

山火賁

内己外丙

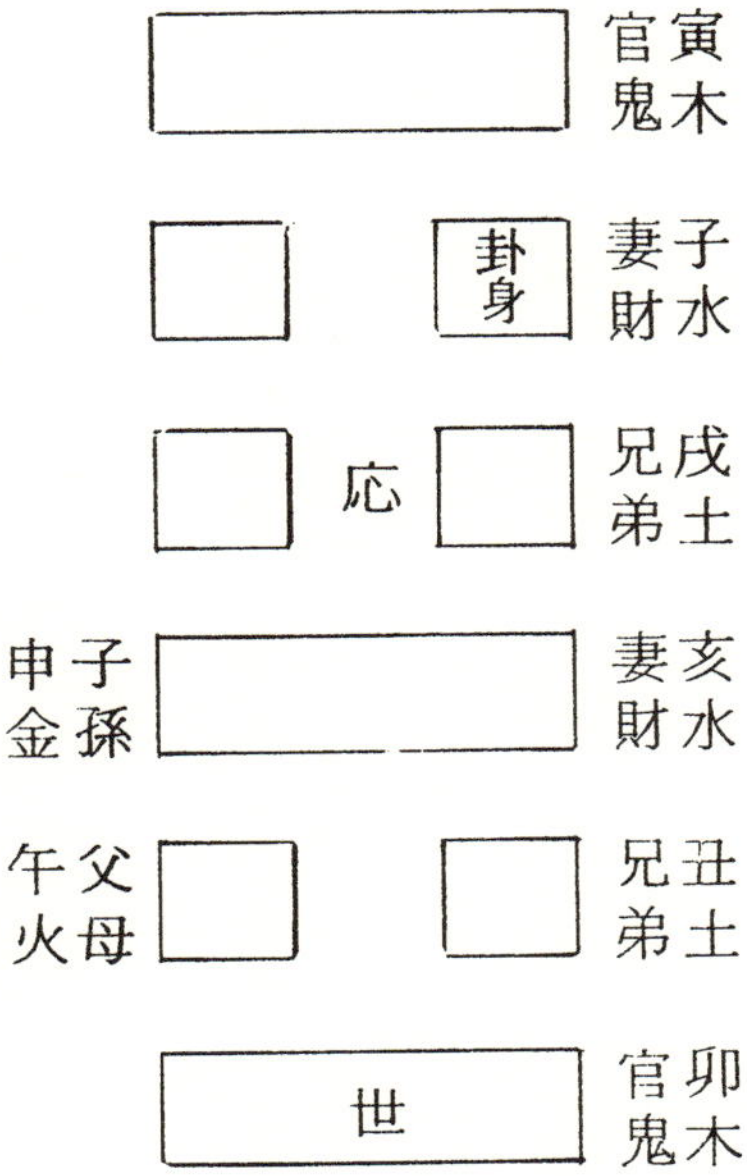

○子丑合・卯戌合・巳申合・子卯刑・寅申冲

○寅巳申三刑

艮卦三世

山沢損

内丁外丙

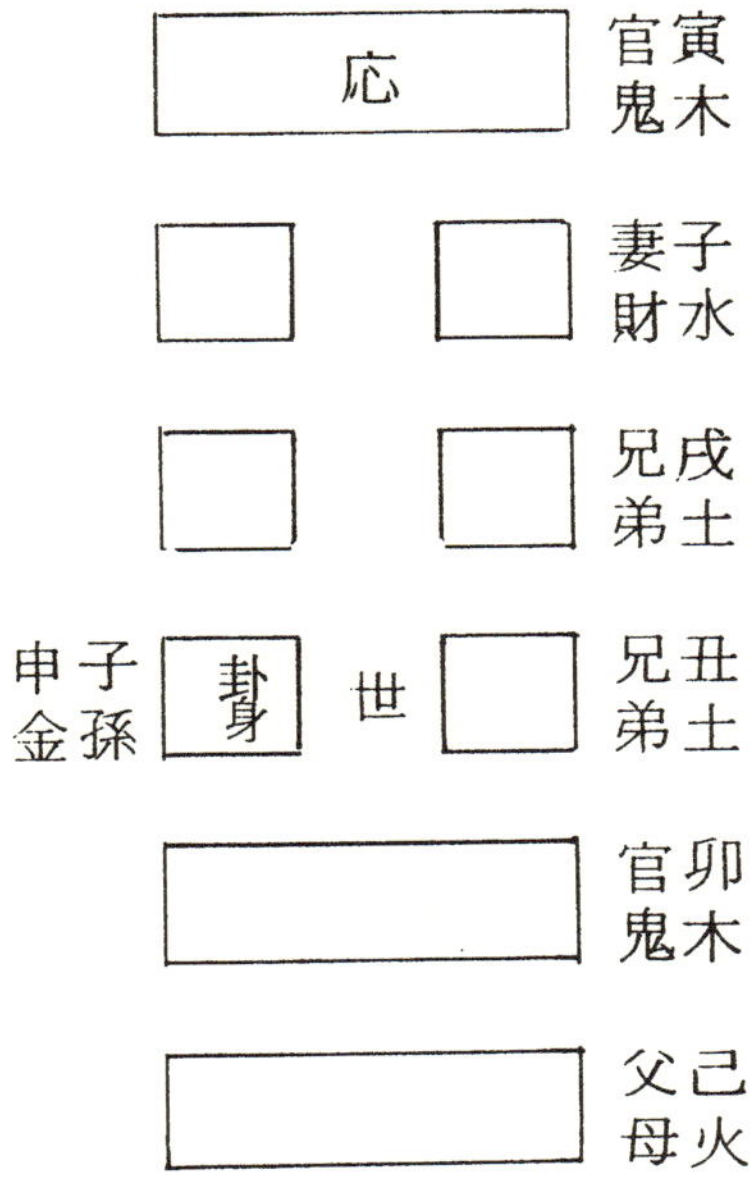

火沢

艮卦四世

内丁外己

	⚊	父母	己火
妻財子水	⚋	兄弟	未土
	⚊ 世	子孫	酉金
	⚋	兄弟	丑土
	⚊ 卦身	官鬼	卯木
	⚊ 応	父母	巳火

○己丑合「酉局」・子丑合・子卯刑・卯酉冲

○丑未冲

風沢中孚

艮卦遊魂

内丁外辛

	⚊	官鬼	卯木
妻財子水	⚊	父母	己火
	⚋ 世	兄弟	未土
子孫申金	⚋	兄弟	丑土
	⚊	官鬼	卯木
	⚊ 応	父母	己火

○己申合・子丑合・丑未冲・子卯刑

天沢履

艮卦五世

内丁外壬

	⚊	兄弟	戌土
妻財子水	⚊ 世	子孫	申金
	⚊	父母	午火
	⚋	兄弟	丑土
	⚊ 応	官鬼	卯木
兄弟辰土	⚊ 卦身	父母	己火

○卯戌合・己申合・子丑合・辰申合「子局」

○子午冲・戌辰冲・子卯刑

風山漸

艮卦帰魂

内丙外辛

官鬼寅木	⚊ 卦身 応	官鬼	卯木
妻財子水	⚊	父母	己火
	⚋	兄弟	未土
	⚊ 世	子孫	申金
	⚋	父母	午火
	⚋	兄弟	辰土

○己申合・午未合・申辰合「子局」・申寅冲・子午冲

○卯子刑

○午火局三合・子水局三合・寅亥合

八純六冲卦
震為雷
内外庚　世

		戌土 妻財
		申金 官鬼
		午火 子孫
	応	辰土 妻財
亥水 父母	卦身	寅木 兄弟
		子水 父母

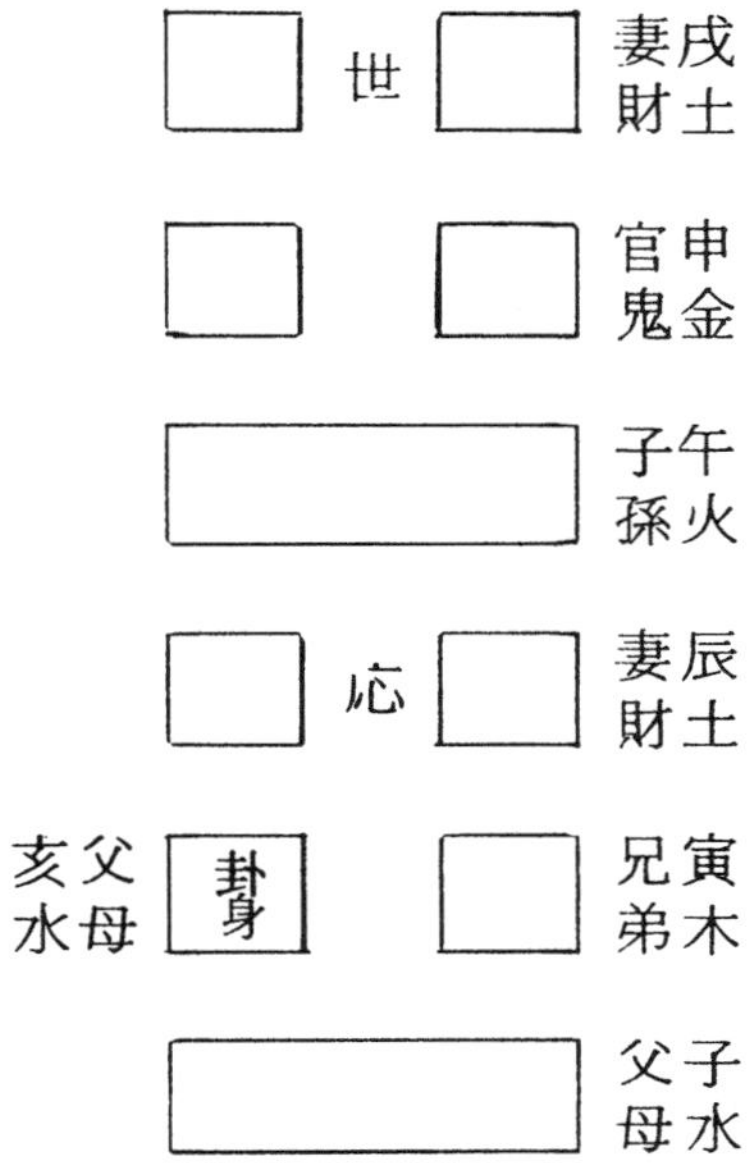

○木卦五類全備以下七子卦ノ伏神トナル

○戌寅合二午局一・申辰合二子局一・戌辰冲・申寅冲

震卦二世
雷水解
内戊外庚

		戌土 妻財
	応	申金 官鬼
		午火 子孫
		午火 子孫
世		辰土 妻財
子水 父母		寅木 兄弟

○午火局三合・子水局三合・寅亥合

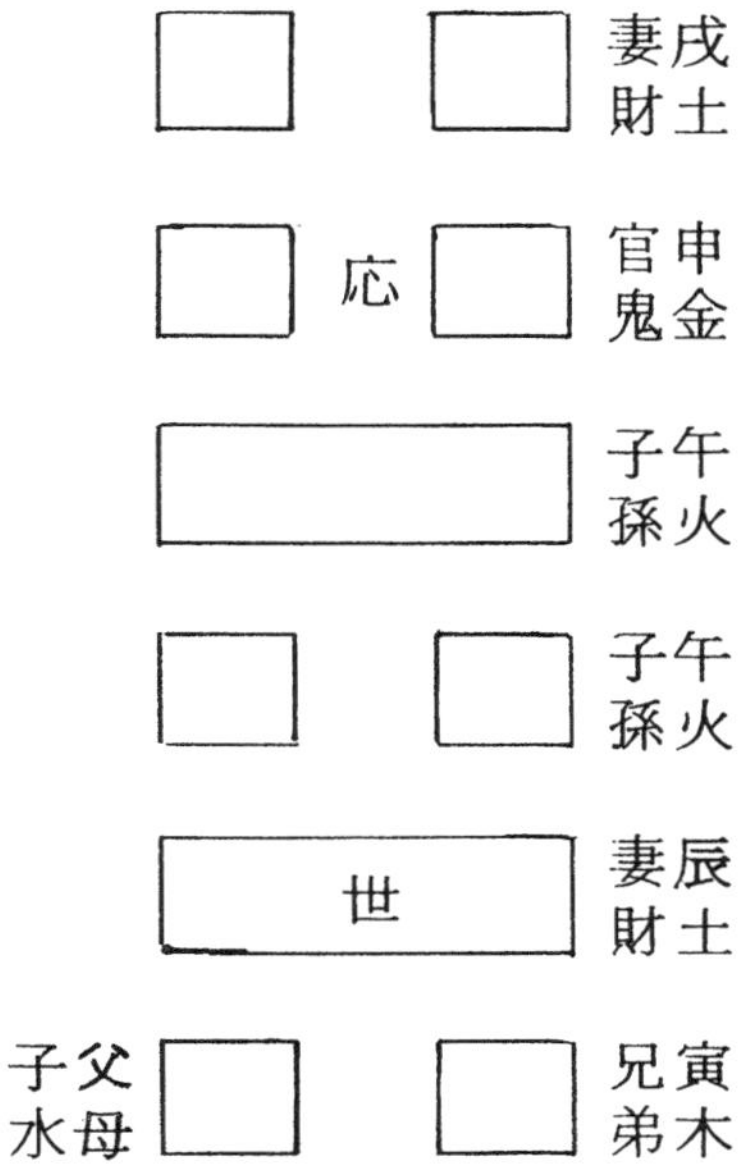

○六合卦・卯子刑・午子冲・庚乙合

震卦一世
雷地予
内乙外庚

		戌土 妻財
		申金 官鬼
応	卦身	午火 子孫
		卯木 兄弟
		己火 子孫
子水 父母	世	未土 妻財

○戌寅合二午局一・亥寅合・申寅冲

震卦三世
雷風恒
内辛外庚

	応	戌土 妻財
		申金 官鬼
		午火 子孫
	世	酉金 官鬼
寅木 兄弟	卦身	亥水 父母
		丑土 妻財

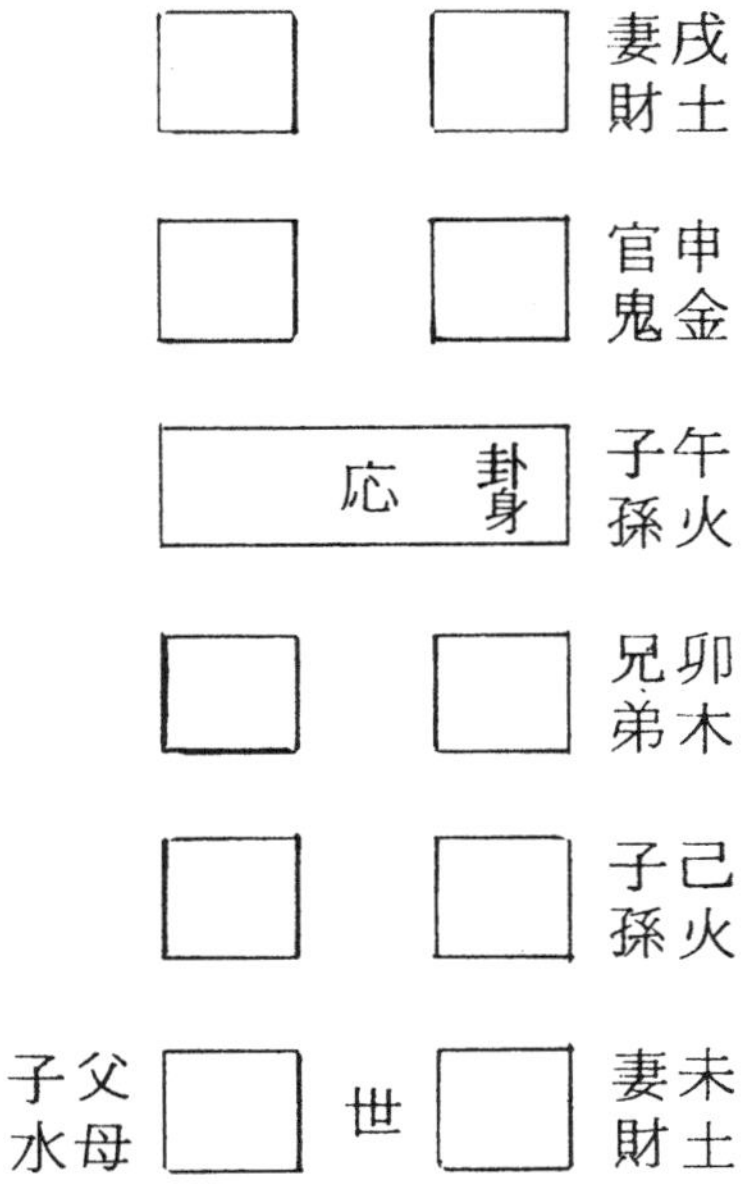

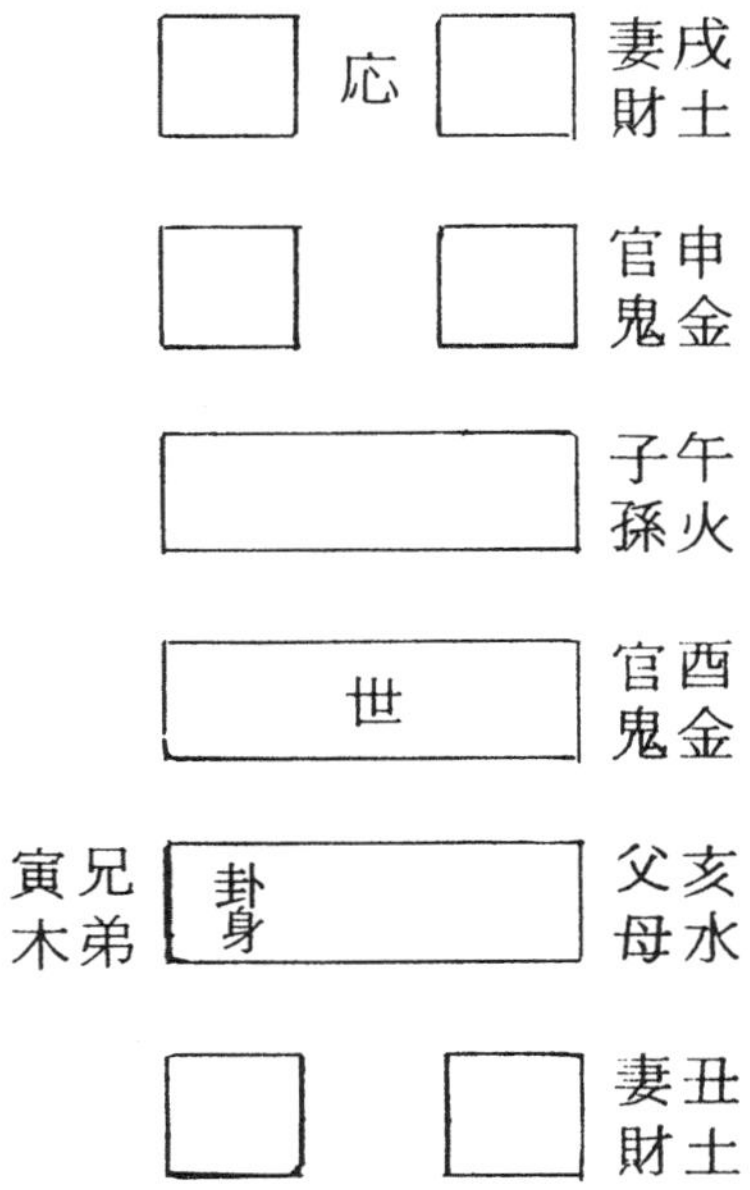

○亥寅合

震卦四世　地風升　内辛外癸

伏神	爻		六親・地支
	- -	卦身	官鬼酉金
	- -		父母亥水
子孫午火	- -	世	妻財丑土
	―――	卦身	官鬼酉金
兄弟寅木	―――		父母亥水
	- -	応	妻財丑土

○午未合・亥寅合・未丑冲

震卦遊魂　沢風大過　内辛外丁

伏神	爻		六親・地支
	- -		妻財未土
	―――		官鬼酉金
子孫午火	―――	世	父母亥水
	―――		官鬼酉金
兄弟寅木	―――		父母亥水
	- -	応	妻財丑土

○子丑合・酉辰合・亥寅合・申辰合＝子局－

○子午冲・戌寅合午局・戌辰冲・申寅冲・酉亥午辰自刑

震卦五世　水風井　内辛外戊

伏神	爻		六親・地支
	- -		父母子水
	―――	世	妻財戌土
子孫午火	- -		官鬼申金
妻財辰土	―――	卦身	官鬼酉金
兄弟寅木	―――	応	父母亥水
	- -		妻財丑土

○亥寅合・酉辰合・未午合・辰申合＝子局－

○子午冲

震卦帰魂　沢雷随　内庚外丁

伏神	爻		六親・地支
	- -	応	妻財未土
官鬼申金	―――	卦身	官鬼酉金
子孫午火	―――		父母亥水
	- -	世	妻財辰土
	- -		兄弟寅木
	―――		父母子水

○未亥合ニ卯局一・丑己合ニ酉局一

八純六冲卦

巽為風

内外辛

爻	世応・卦身	地支	六親	伏神
━━━	世	卯木	兄弟	
━━━	卦身	巳火	子孫	
━ ━		未土	妻財	
━━━	応	酉金	官鬼	
━━━		亥水	父母	
━ ━		丑土	妻財	

○木卦五類全備、以下七子卦の伏神トナル

○未亥合ニ卯局一・己丑合ニ酉局一・丑未冲

○己亥冲・卯酉冲

巽卦二世

風火家人

内巳外辛

爻	世応・卦身	地支	六親	伏神
━━━		卯木	兄弟	
━━━	応	巳火	子孫	
━ ━	卦身	未土	妻財	
━━━		亥水	父母	酉金 官鬼
━ ━	世	丑土	妻財	
━━━		卯木	兄弟	

○辰酉合・卯酉冲・卯子刑

巽卦一世

風天小畜

内甲外辛

爻	世応・卦身	地支	六親	伏神
━━━		卯木	兄弟	
━━━		巳火	子孫	
━ ━	応	未土	妻財	
━━━		辰土	妻財	酉金 官鬼
━━━		寅木	兄弟	
━━━	世 卦身	子水	父母	

○辰酉合・卯酉冲・子卯刑

巽卦三世

風雷益

内庚外辛

爻	世応・卦身	地支	六親	伏神
━━━	応	卯木	兄弟	
━━━		巳火	子孫	
━ ━		未土	妻財	
━ ━	世	辰土	妻財	酉金 官鬼
━ ━		寅木	兄弟	
━━━		子水	父母	

○六冲卦・申辰合二子局一・寅戌合二午局一

巽卦四世
天雷无妄
内庚外壬

伏神	爻		六親
兄弟卯木	━━━	卦身	戌土妻財
	━━━		申金官鬼
	━━━	世	午火子孫
	━ ━		辰土妻財
	━ ━		寅木兄弟
	━━━	応	子水父母

○辰酉合

巽卦五世
火雷噬嗑
内庚外己

伏神	爻		六親
	━━━		巳火子孫
	━ ━	世	未土妻財
	━━━		酉金官鬼
	━ ━		辰土妻財
	━ ━	応	寅木兄弟
	━━━		子水父母

○辰酉合・辰戌冲

巽卦遊魂
山雷頤
内庚外丙

伏神	爻		六親
	━━━		寅木兄弟
子孫己火	━ ━		子水父母
	━ ━	世	戌土妻財
官鬼酉金	━ ━	卦身	辰土妻財
	━ ━		寅木兄弟
	━━━	応	子水父母

○寅亥合・子丑合・己亥冲・丑己合二酉局一
○丙辛合

巽卦帰魂
山風蠱
内辛外丙

伏神	爻		六親
	━━━	応 卦身	寅木兄弟
子孫己火	━ ━		子水父母
	━ ━		戌土妻財
	━━━	世	酉金官鬼
	━━━		亥水父母
	━ ━		丑土妻財

○己丑合ニ酉局一・未亥合ニ卯局一

八純六冲卦
離為火
内外己

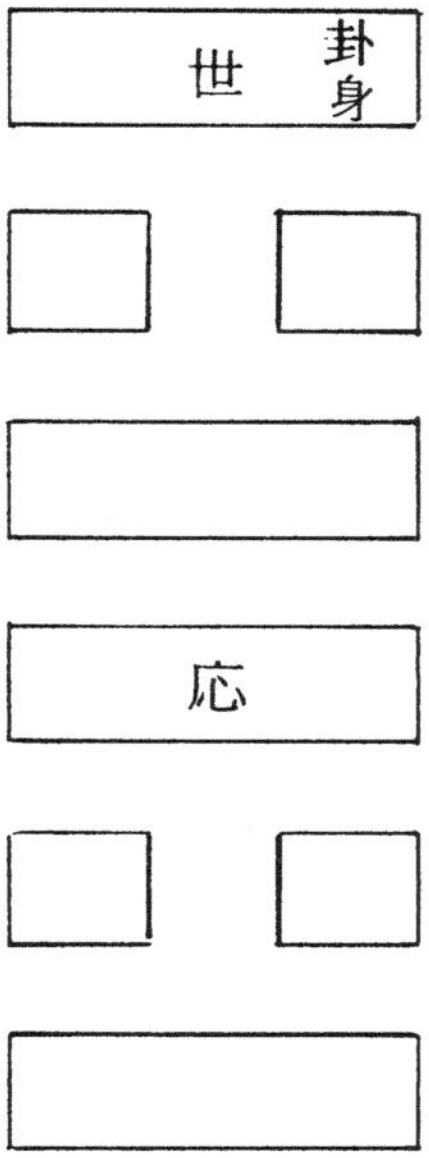

巳火兄弟
未土子孫
酉金妻財
亥水官鬼
丑土子孫
卯木父母

○火卦五類全備以下七子卦ノ伏神トナル

○己丑合ニ酉局一・未亥合ニ卯局一・丑未冲

離卦二世
火風鼎
内辛外己

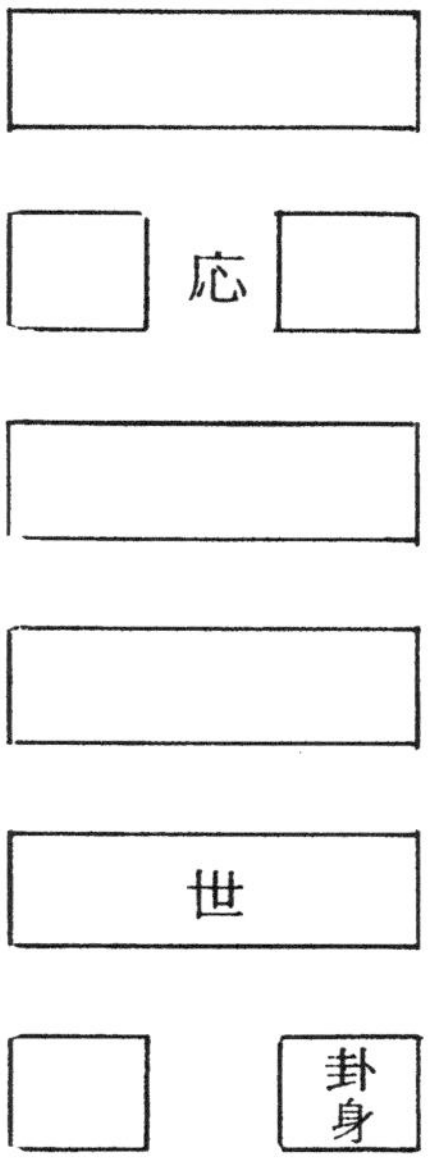

巳火兄弟
未土子孫
酉金妻財
酉金妻財
亥水官鬼
丑土子孫　父母卯木

○己亥冲・酉卯冲

○六合卦・亥未合ニ卯局一・酉卯冲

離卦一世
火山旅
内丙外己

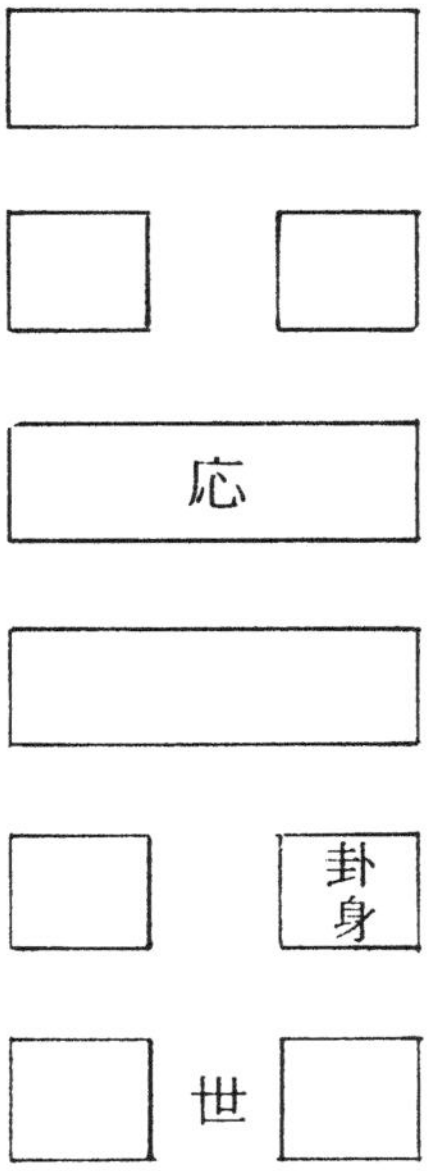

巳火兄弟
未土子孫
酉金妻財
申金妻財　官鬼亥水
午火兄弟
辰土子孫　父母卯木

○己亥冲・酉午辰亥自刑

○午未合・辰酉合・寅亥合・己亥冲

離卦三世
火水未済
内戊外己

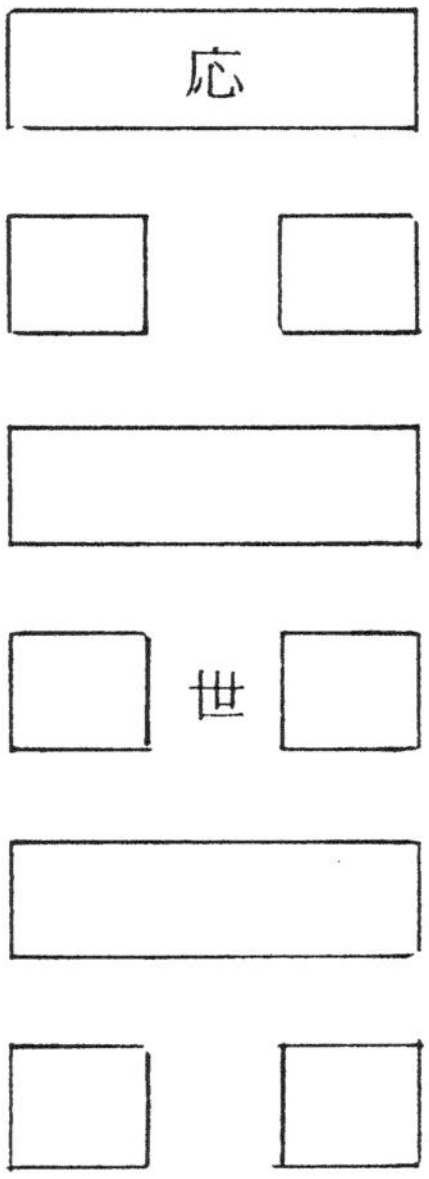

巳火兄弟
未土子孫
酉金妻財
午火兄弟　官鬼亥水
辰土子孫
寅木父母

○辰午酉亥自刑

離卦四世　山水蒙
内戊外丙
○寅戌合午局・辰酉合・子午冲

爻	
父母 寅木	
官鬼 子水	
妻財 酉金 ／ 子孫 戌土　世（卦身）	
兄弟 午火	
子孫 辰土	
父母 寅木　応	

○辰戌冲

離卦遊魂　天水訟
内戊外壬
○戊卯合・寅亥合・申寅冲・辰戌冲
寅戌合二午局一

爻	
子孫 戌土	
妻財 申金	
兄弟 午火　世	
官鬼 亥水 ／ 兄弟 午火	
子孫 辰土	
父母 卯木（卦身）応 ／ 父母 寅木	

離卦五世　風水渙
内戊外辛
○午未合・辰酉合・寅亥合・卯酉冲
○巳亥合・未亥合二卯局一・辰午酉亥自刑

爻	
父母 卯木	
兄弟 巳火　世	
妻財 酉金 ／ 子孫 未土	
官鬼 亥水 ／ 兄弟 午火	
子孫 辰土　応（卦身）	
父母 寅木	

○卯戌合

離卦帰魂　天火同人
内己外壬

爻	
子孫 戌土　応	
妻財 申金	
兄弟 午火	
官鬼 亥水　世	
子孫 丑土	
父母 卯木	

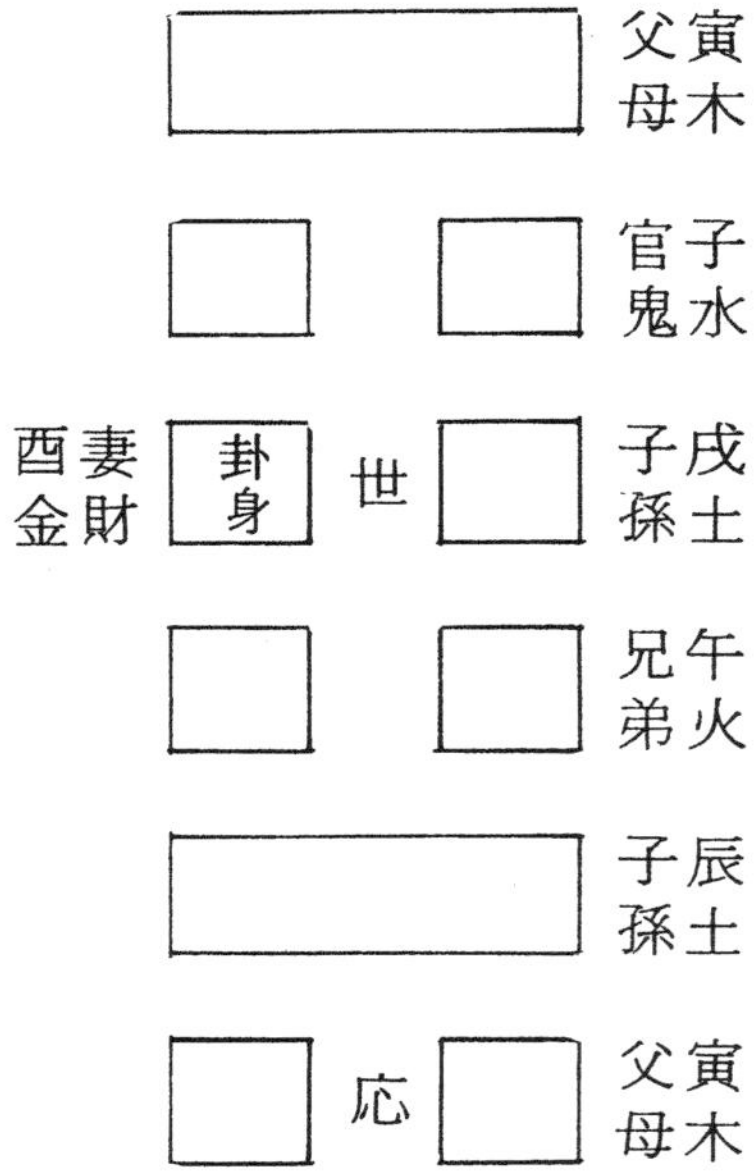

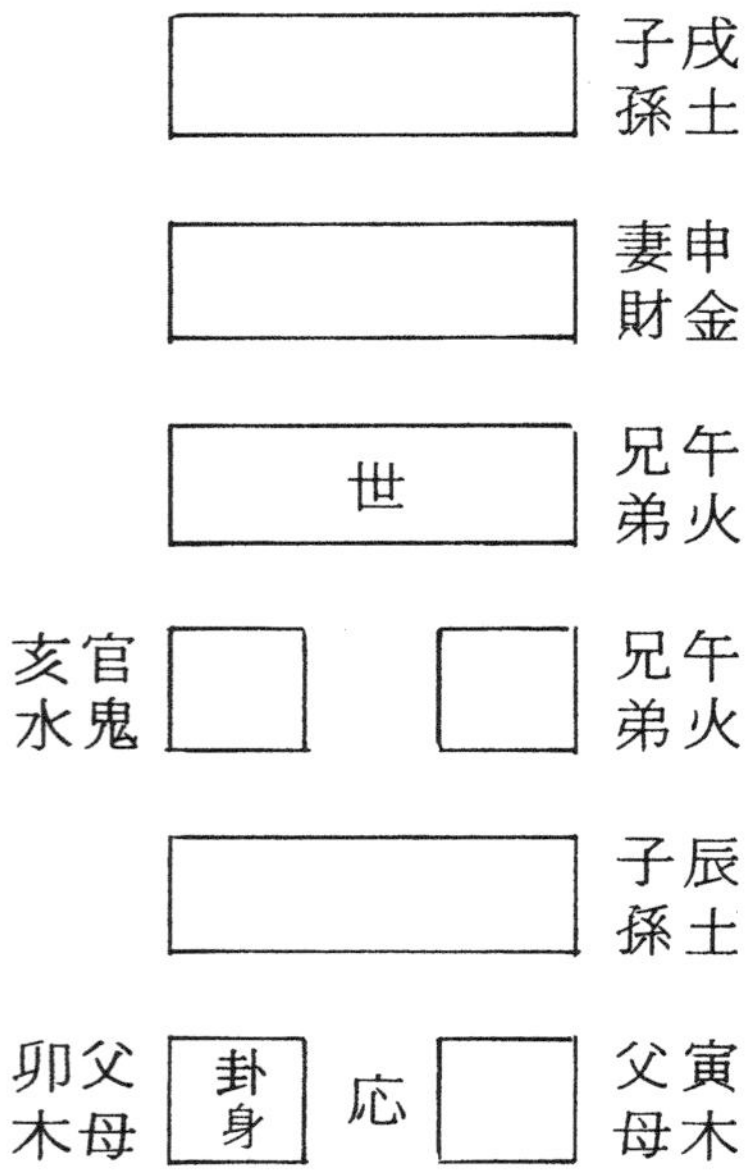

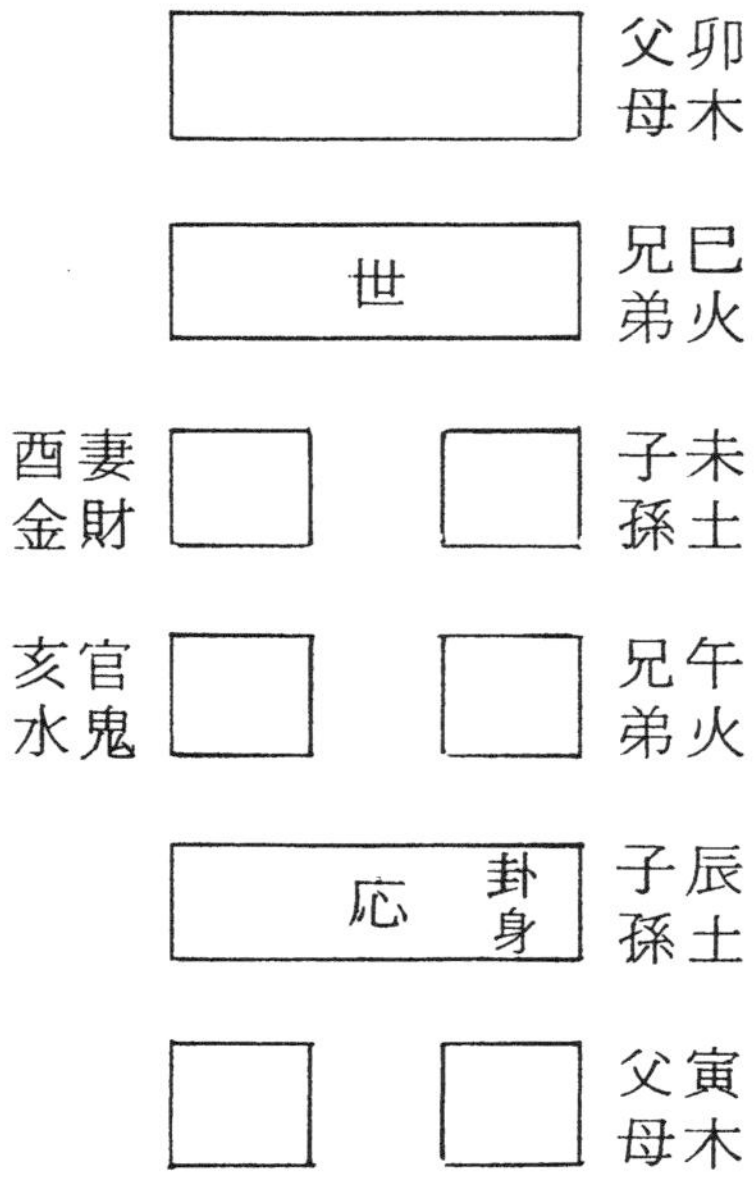

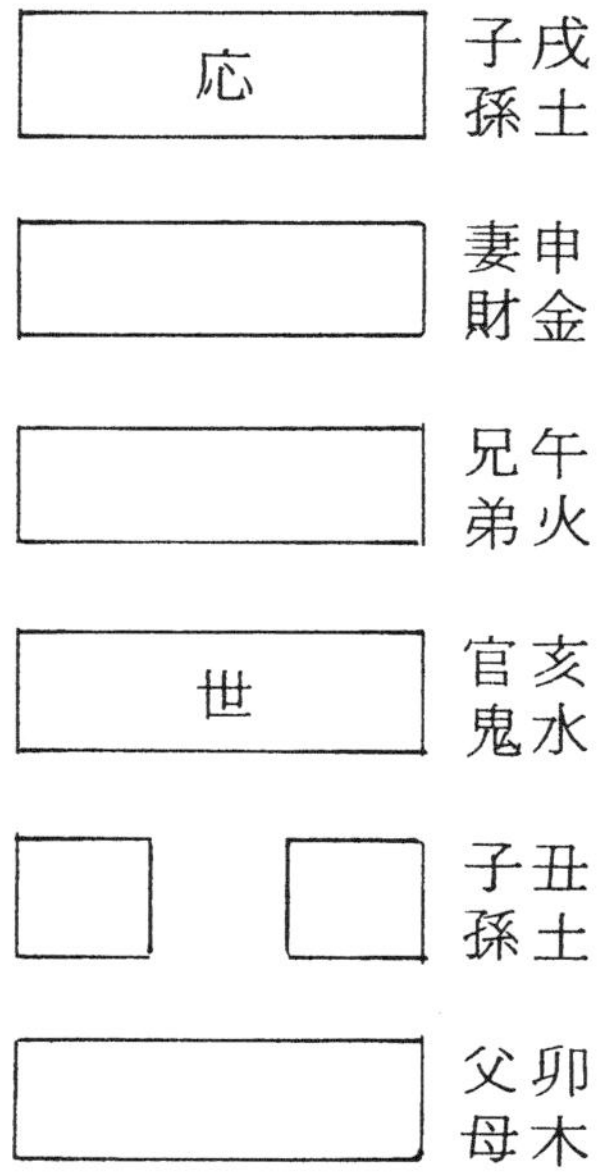

○己丑合ニ酉局一・亥未合ニ卯局一

八純六冲卦

坤為地

内乙外癸

⚋	世		酉金	子孫
⚋		卦身	亥水	妻財
⚋			丑土	兄弟
⚋	応		卯木	官鬼
⚋			己火	父母
⚋			未土	兄弟

○土卦五類全備以下七子卦ノ伏神トナル

○己丑合ニ酉局一・酉卯冲・亥己冲

坤卦二世

地沢臨

内丁外癸

⚋			酉金	子孫
⚋	応		亥水	妻財
⚋		卦身	丑土	兄弟
⚋		卦身	丑土	兄弟
⚊	世		卯木	官鬼
⚊			巳火	父母

○六合卦・丑己合ニ酉局一・亥己冲

坤卦二世

地雷復

内庚外癸

伏神	爻	世応	卦身	干支	六親
	⚋			酉金	子孫
	⚋			亥水	妻財
	⚋	応		丑土	兄弟
	⚋			辰土	兄弟
巳火父母	⚋			寅木	官鬼
	⚊	世	卦身	子水	妻財

○六合卦・丑己合ニ酉局一・亥己冲

坤卦三世

地天泰

内甲外丁

伏神	爻	世応	卦身	干支	六親
	⚋	応		酉金	子孫
	⚋			亥水	妻財
	⚋			丑土	兄弟
	⚊	世		辰土	兄弟
巳火父母	⚊		卦身	寅木	官鬼
	⚊			子水	妻財

○六冲卦・戌寅合二午局一・申辰合二子局一
○戌卯合・子卯刑

坤卦四世
雷天大壮
内甲外庚

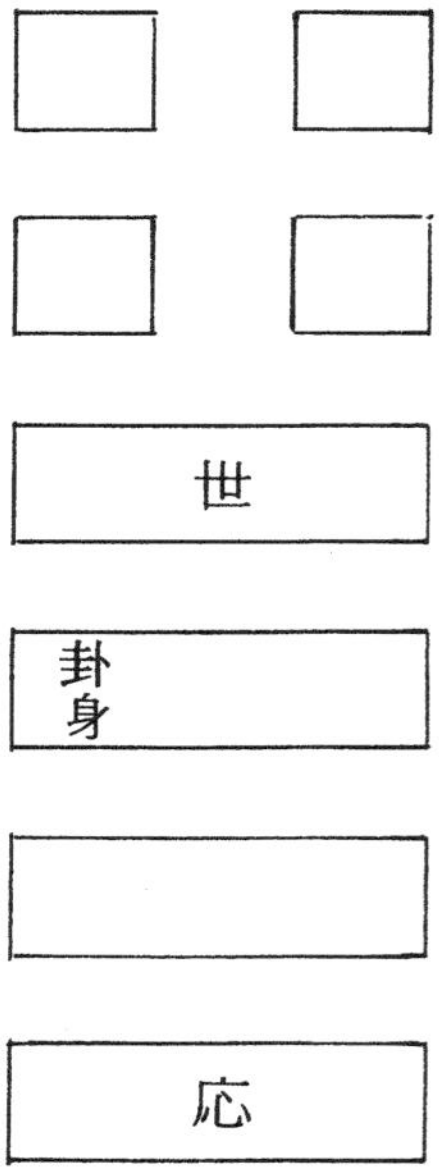

○申辰合二子局一・申己合・辰酉合・申寅冲
○辰戌冲・寅己申三刑

坤卦遊魂
水天需
内甲外戊

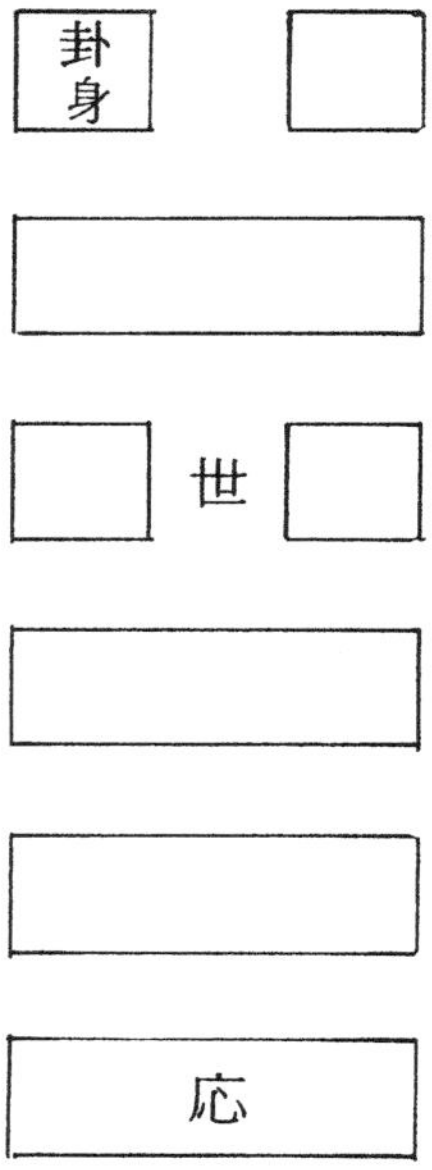

○酉辰合・亥寅合・亥己冲

坤卦五世
沢天夬
内甲外丁

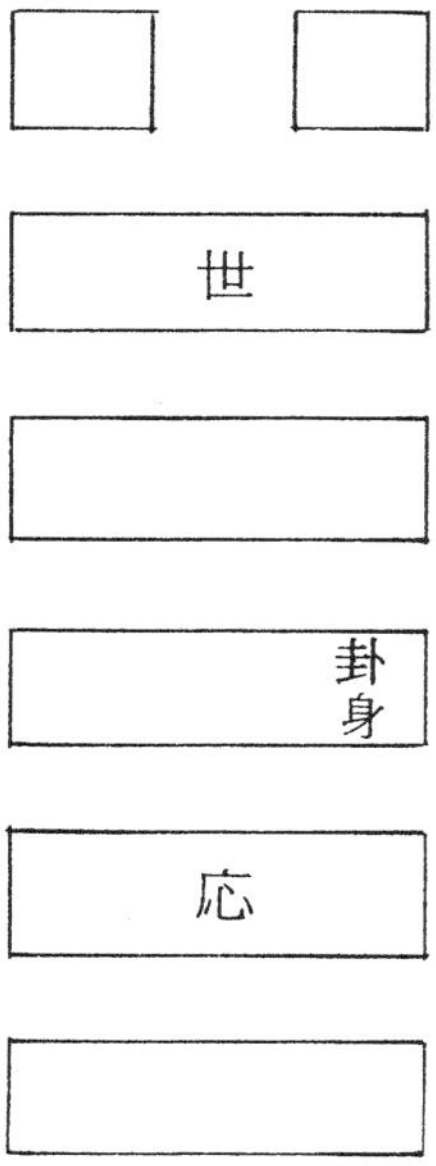

○卯戌合・申巳合・子卯刑

坤卦帰魂
水地比
内乙外戊

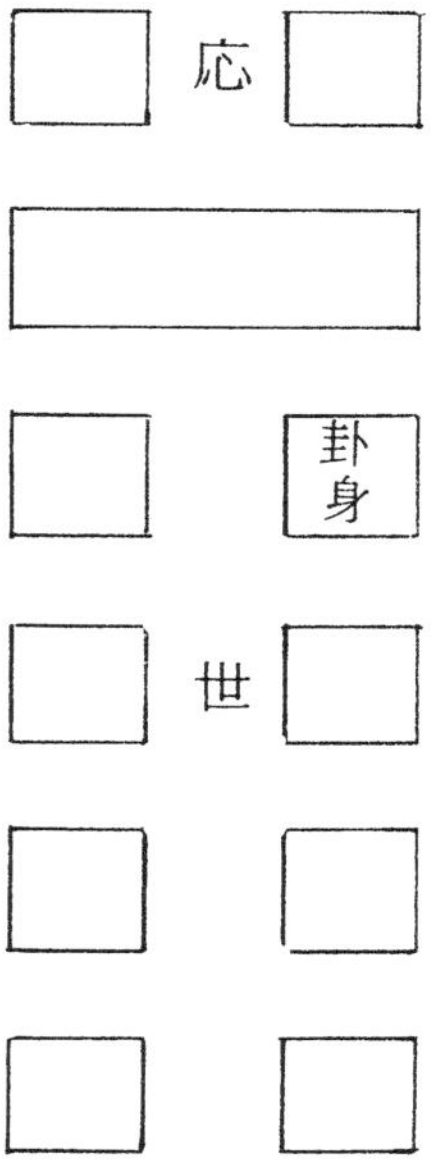

○丑巳合二酉局一・未亥合二卯局一

兌為沢　八純六冲卦

内外丁

　　　父未土　　世
　　　兄酉金
　　　子亥水　　卦身
　　　父丑土　　応
　　　妻卯木
　　　官己火

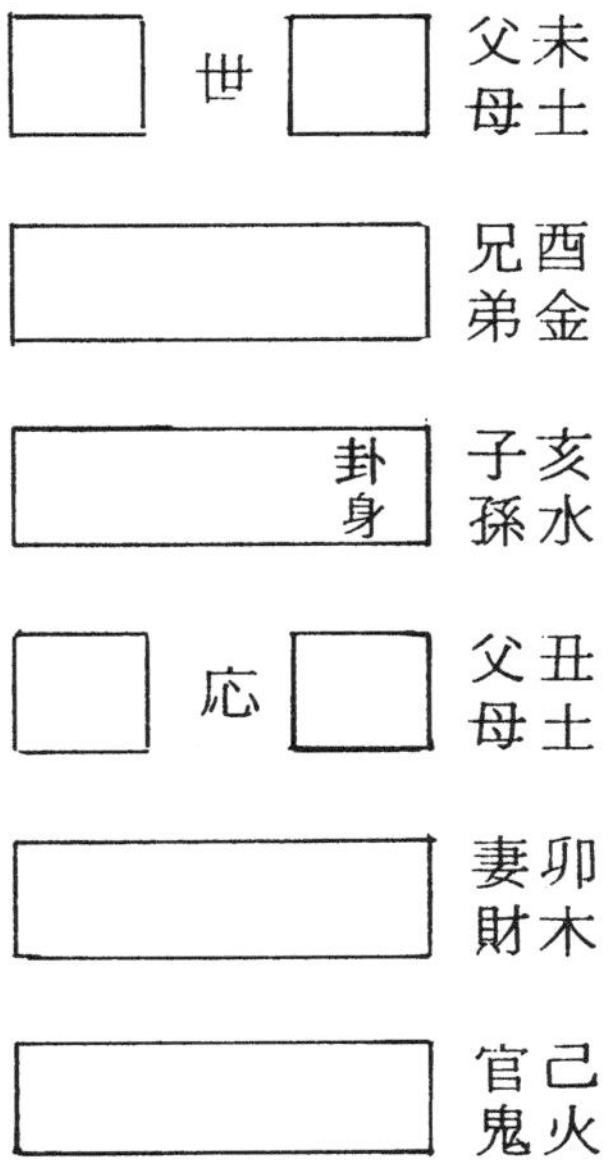

○金卦五類全備以下七子卦ノ伏神トナル

○未亥合二卯局一・亥己冲・酉卯冲

兌卦二世　沢地萃
内乙外丁

　　　父未土　　卦身
　　　兄酉金　　応
　　　子亥水
　　　妻卯木
　　　官巳火　　世
　　　父未土　　卦身

○六合卦・酉亥午辰自刑

兌卦一世　沢水困
内戊外丁

　　　父未土
　　　兄酉金
　　　子亥水　　応
　　　官午火　　卦身
　　　父辰土
　　　妻寅木　　世

○午未合・辰酉合・酉卯冲・未亥合二卯局一
○酉亥午辰自刑

兌卦三世　沢山咸
内丙外丁

　　　父未土　　応
　　　兄酉金
　　　子亥水
　　　兄申金　　世
　　　官午火　　妻卯木
　　　父辰土

― 15 ―

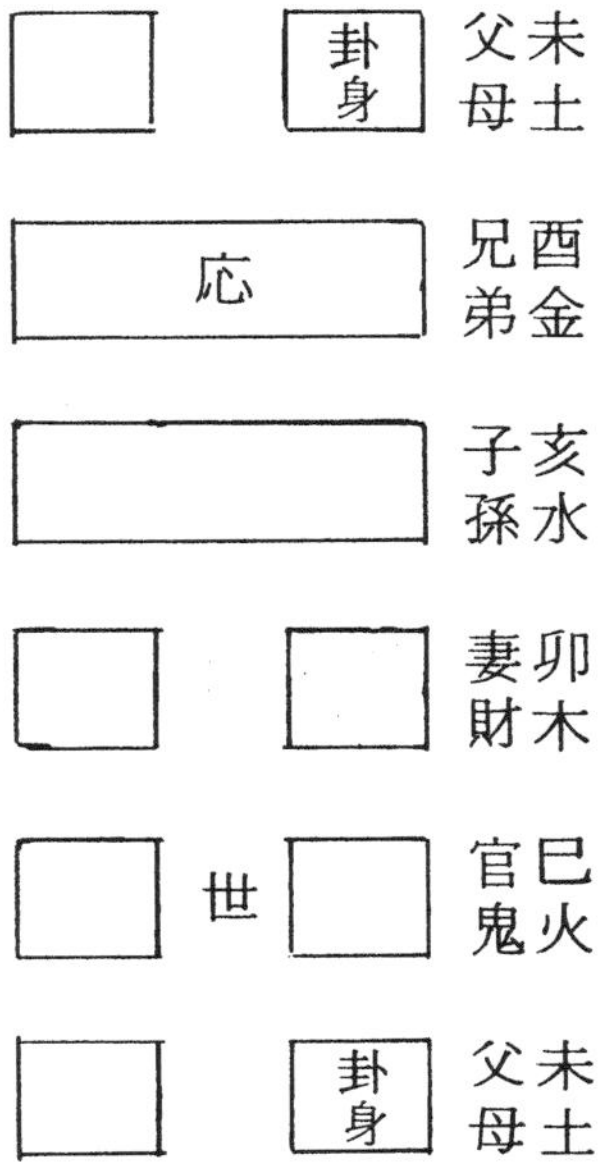

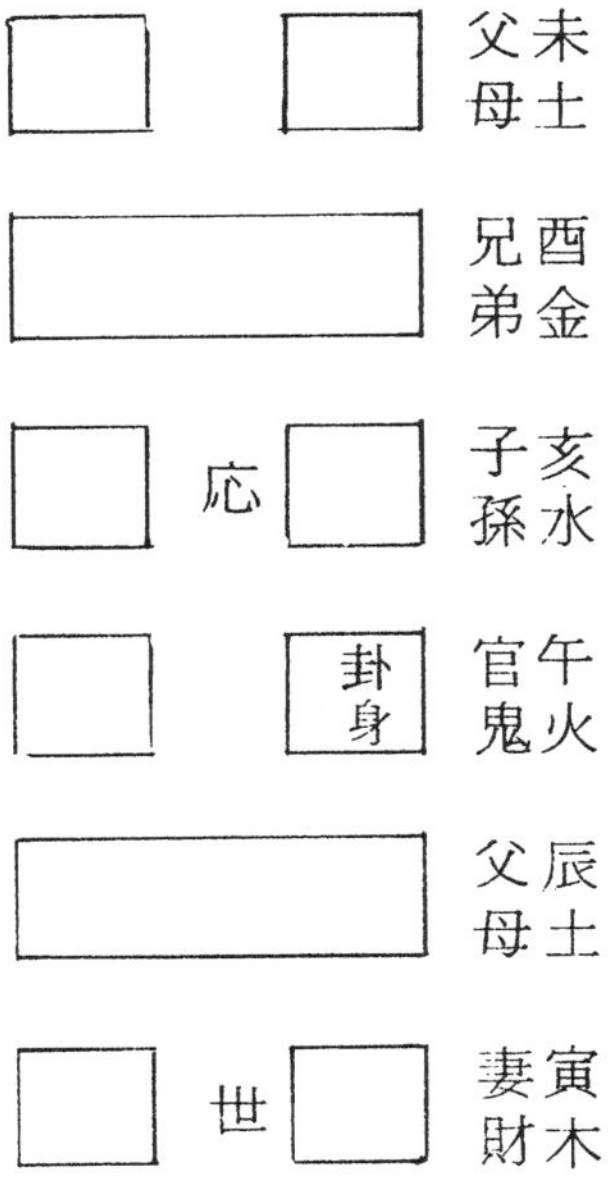

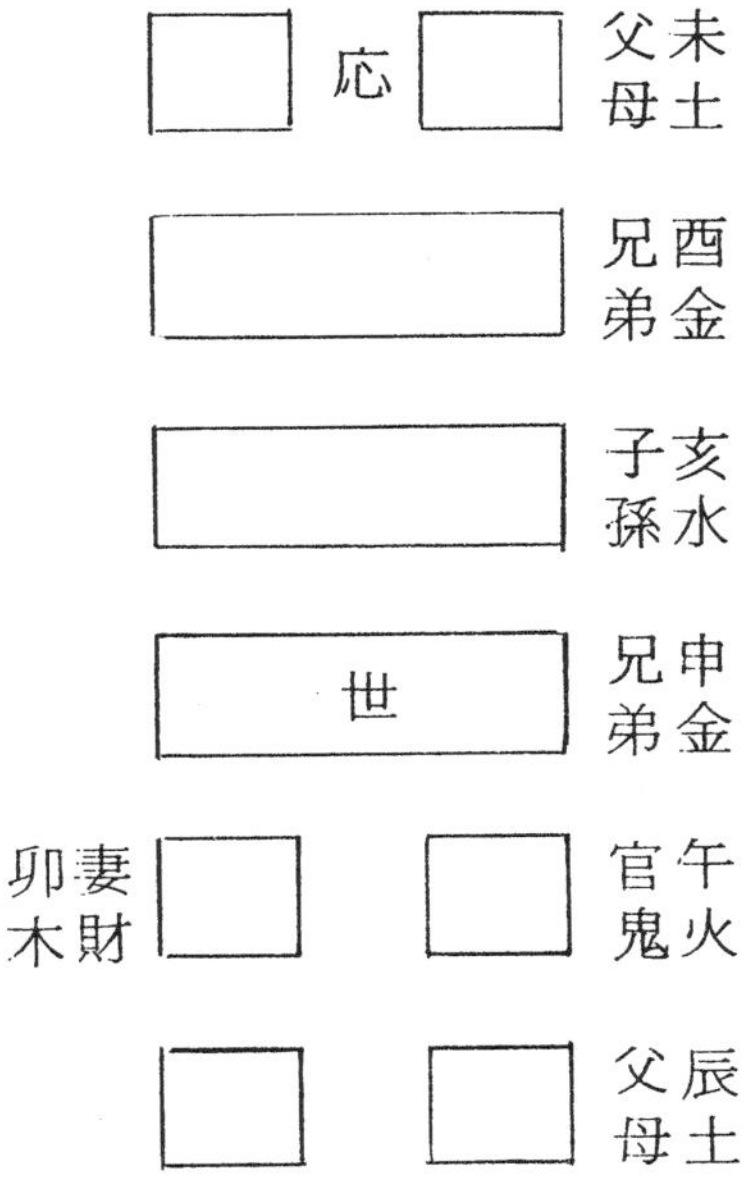

○戌卯合・辰酉合・子午冲・辰戌冲
○卯酉冲・申辰合二子局一・子卯相刑

兌卦四世
水山蹇
内丙外戊

地支	六親	世応・卦身	伏神
子水	子孫		
戌土	父母	卦身	兄弟酉金
申金	兄弟	世	
申金	兄弟		
午火	官鬼		妻財卯木
辰土	父母	応	

○戌卯合・辰戌冲

兌卦遊魂
雷山小過
内丙外庚

地支	六親	世応・卦身	伏神
戌土	父母		
申金	兄弟		
午火	官鬼	世	子孫亥水
申金	兄弟		
午火	官鬼	卦身	妻財卯木
辰土	父母	応	

○酉辰合・酉卯冲・酉亥午辰自刑

兌卦五世
地山謙
内丙外癸

地支	六親	世応・卦身	伏神
酉金	兄弟		
亥水	子孫	世	
丑土	父母		
申金	兄弟		
午火	官鬼	応	妻財卯木
辰土	父母		

○戌卯合・己申合・己亥冲

兌卦帰魂
雷沢帰妹
内丁外庚

地支	六親	世応・卦身	伏神
戌土	父母	応	
申金	兄弟	卦身	
午火	官鬼		子孫亥水
丑土	父母	世	
卯木	妻財		
巳火	官鬼		

地支長生十二運図表

十二運＼五行	木	火	金	水土
長○生○	亥	寅	巳	申
沐○浴○	子	卯	午	酉
冠帯	丑	辰	未	戌
建禄	寅	巳	申	亥
帝○旺○	卯	午	酉	子
衰	辰	未	戌	丑
病	巳	申	亥	寅
死	午	酉	子	卯
墓○	未	戌	丑	辰
絶○	申	亥	寅	巳
胎	酉	子	卯	午
養	戌	丑	辰	未

五行・八卦・十二支・方位・四季表

五行	八卦	数	十二支	方位	四季
木（き）	震 / 巽	4 / 5	寅 ＋ / 卯 −	東	春 寅卯辰
火（ひ）	離	3	巳 − / 午 ＋	南	夏 巳午未
土（つ）	坤 / 艮	2・8・0 / 7	丑 − 辰 ＋ / 未 − 戌 ＋	四隅	土用
金（か）	乾 / 兌	1・9・4 / 2	申 ＋ / 酉 −	西	秋 申酉戌
水（み）	坎	6	亥 − / 子 ＋	北	冬 亥子丑

十二支	子	丑	寅	卯	辰	巳	午	未	申	酉	戌	亥
	＋	−	＋	−	＋	−	＋	−	＋	−	＋	−

三合・干合・支合・冲

三合

申……水の長生
子……水の帝旺
辰……水 の 墓
子に三合して水局をなす。

亥……木の長生
卯……木の帝旺
未……木 の 墓
卯に三合して木局をなす。

寅……火の長生
午……火の帝旺
戌……火 の 墓
午に三合して火局をなす。

巳……金の長生
酉……金の帝旺
丑……金 の 墓
酉に三合して金局をなす。

注意　墓の次の十二支が「絶」であることも、記憶すべきである。

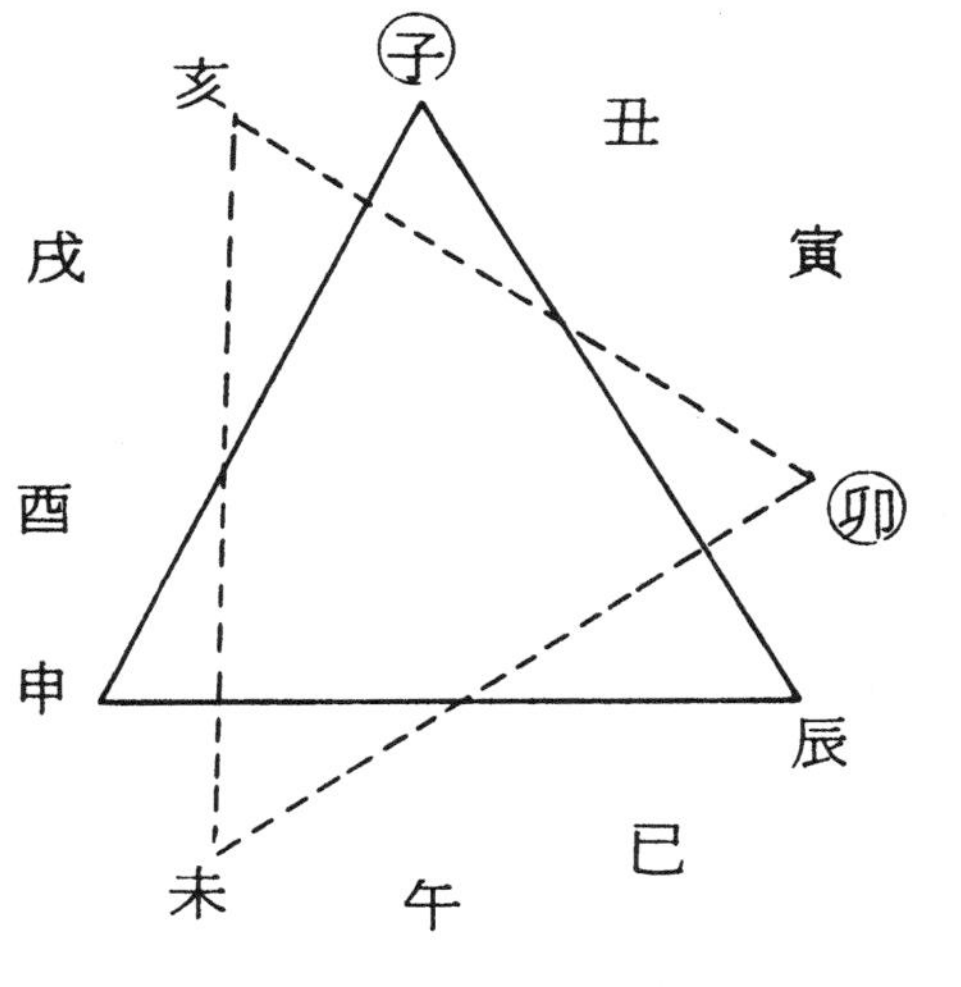

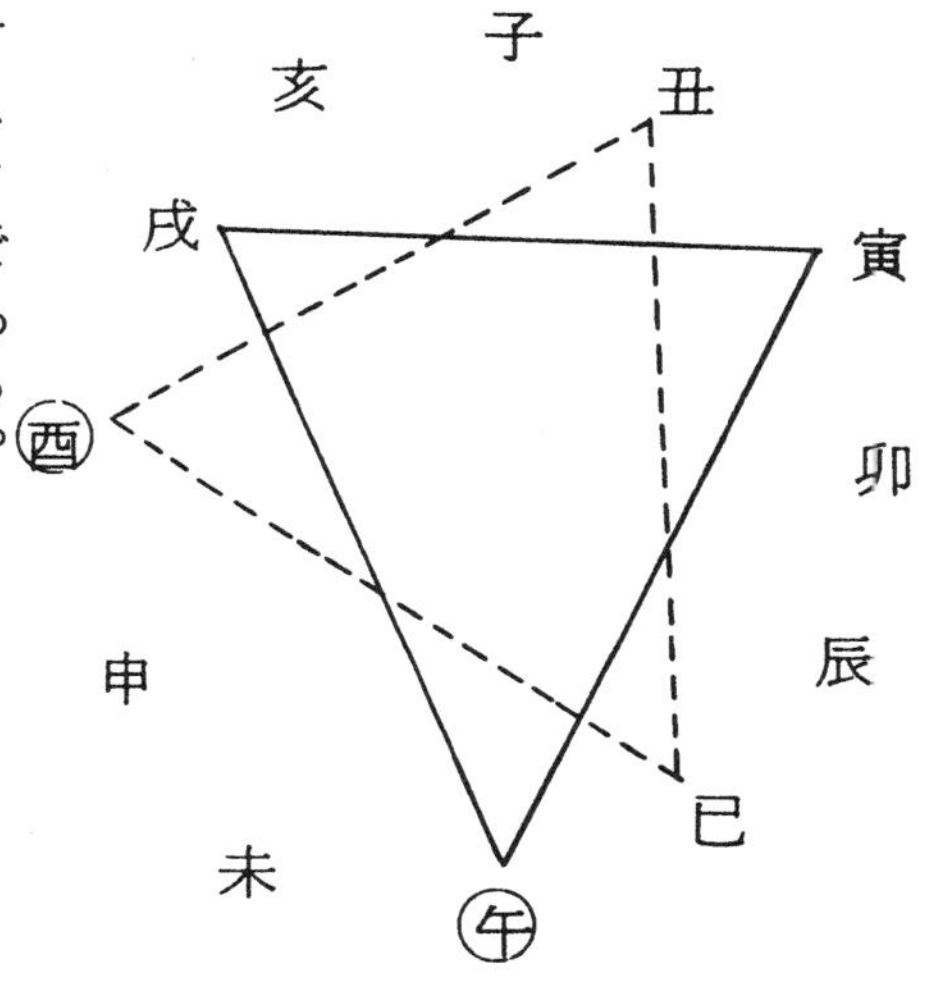

干合

支合・冲

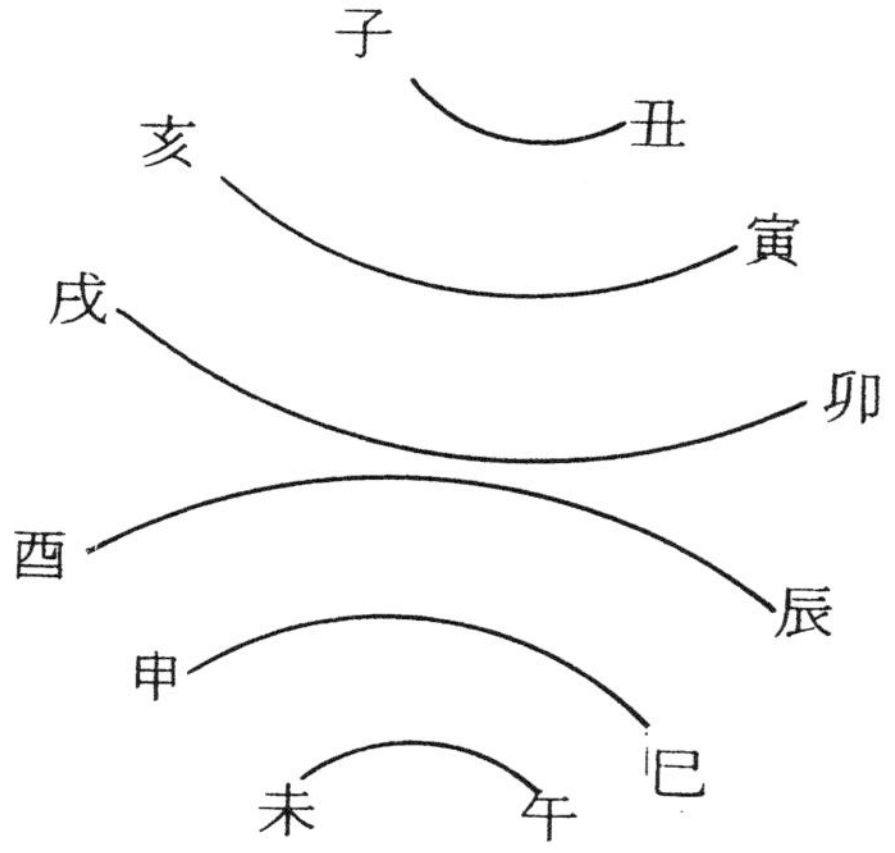

注意

単なる冲と冲剋とがある。

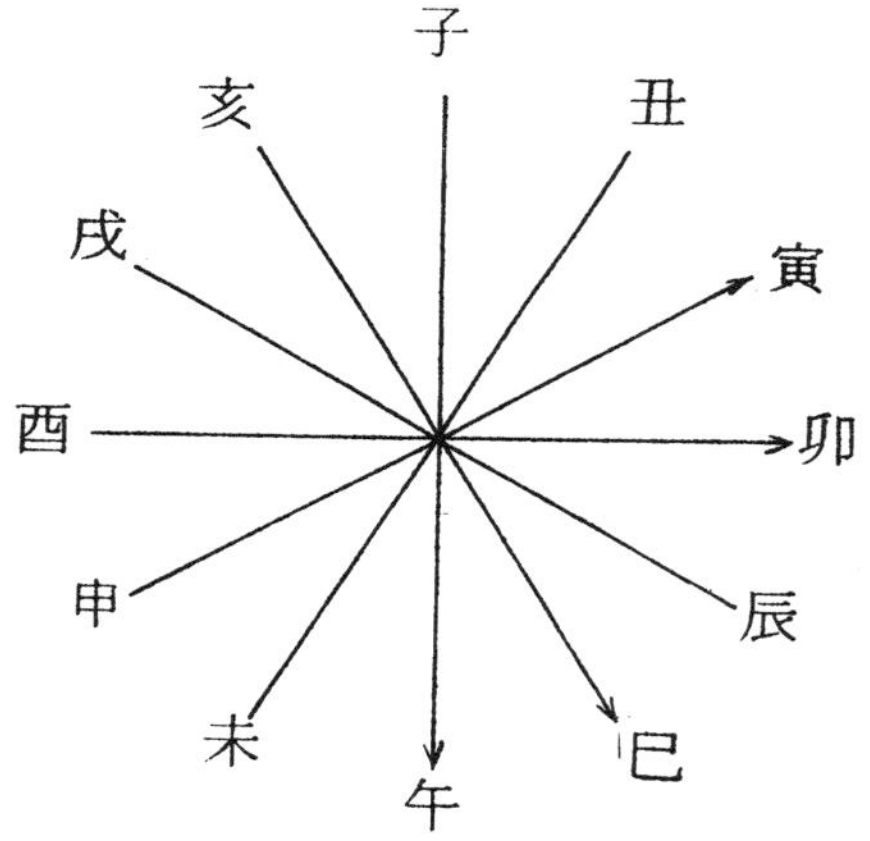

五行の相生・相剋・比和

生……木生火
火生土
土生金
金生水
水生木

剋……木剋土
土剋水
水剋火
火剋金
金剋木

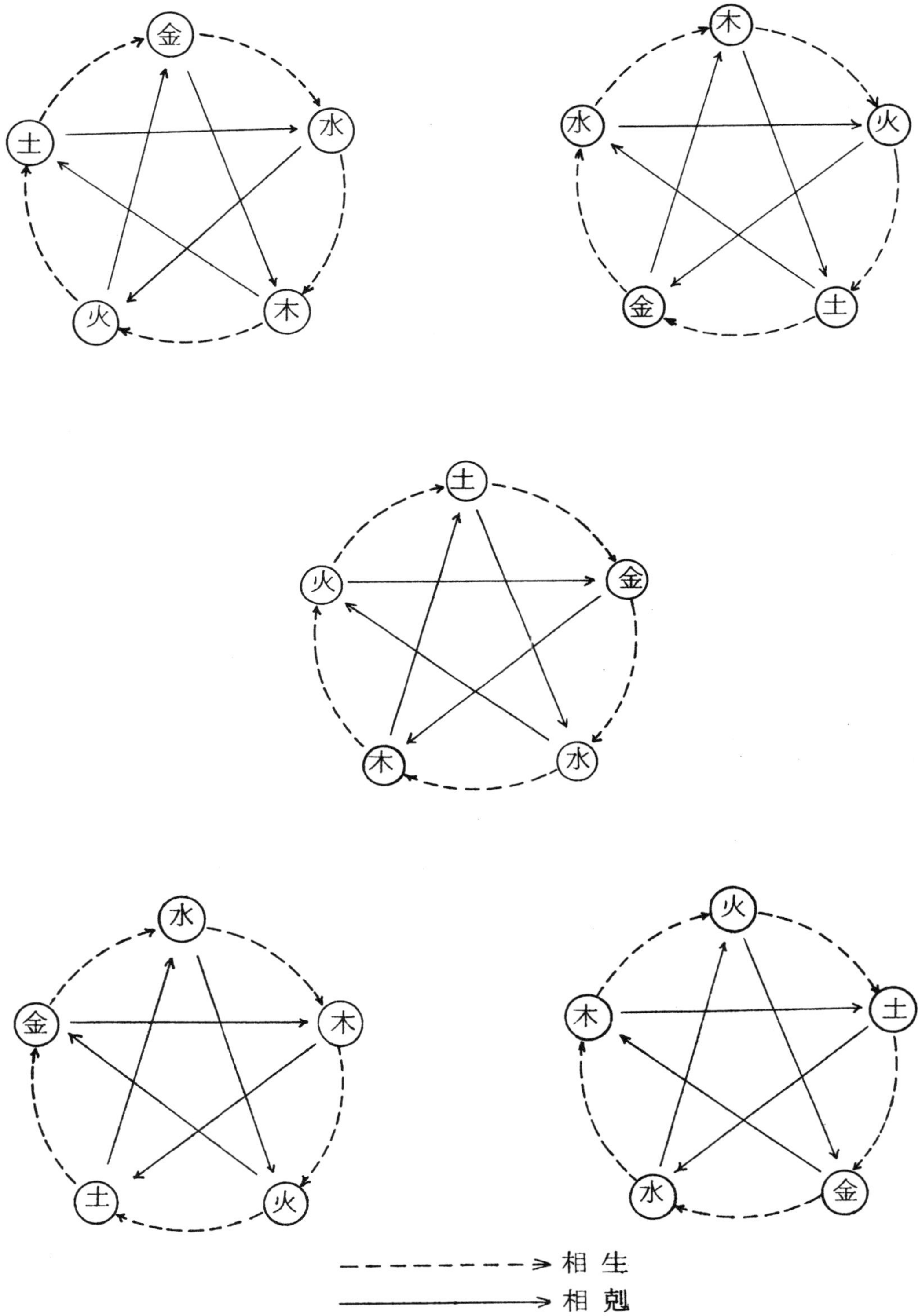

同じ五行同志の関係が比和

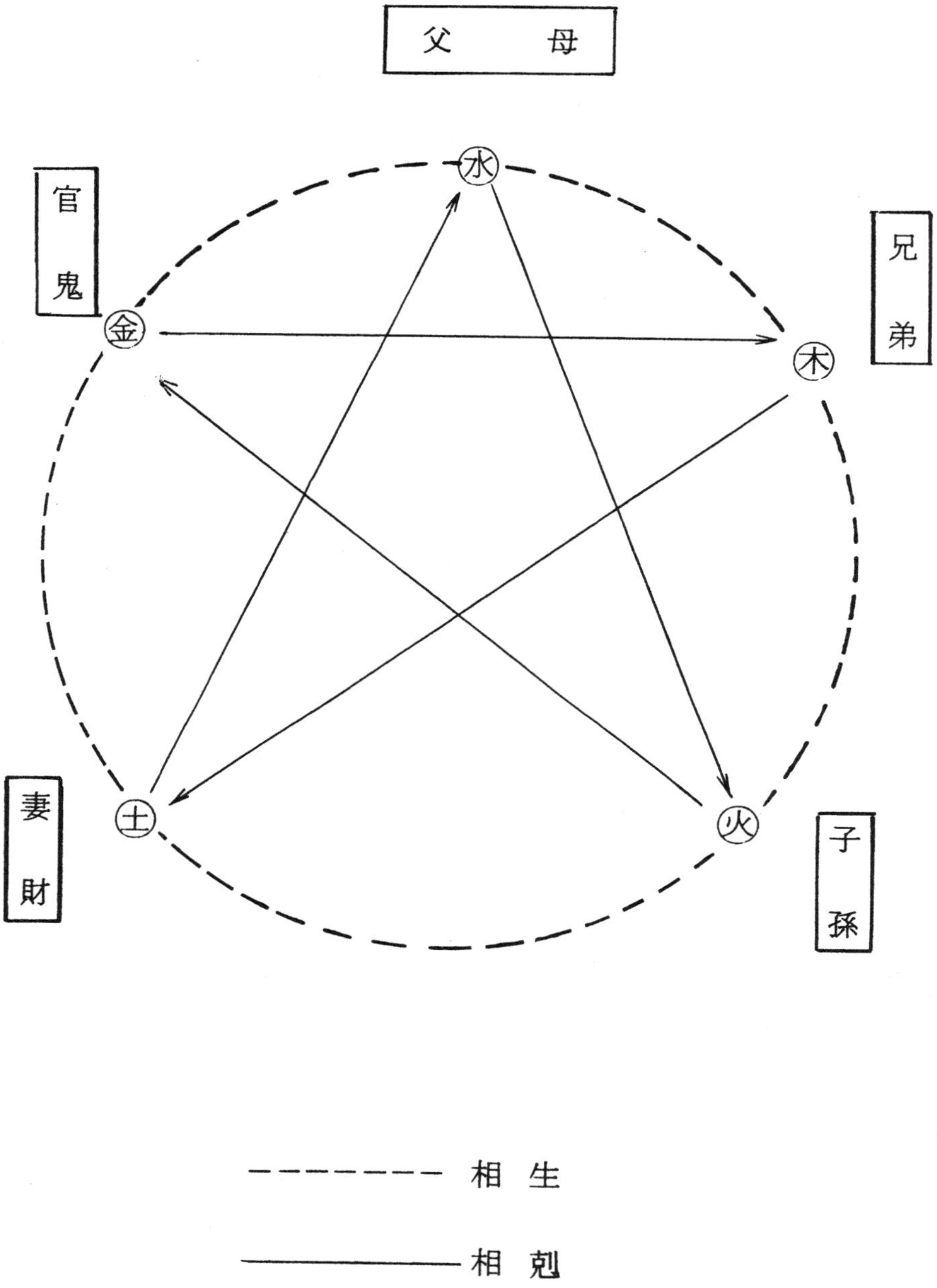
父　母
官鬼
兄弟
妻財
子孫
水
金
木
土
火
相　生
相　剋

四時の旺衰表

	春	夏	秋	冬	四季土用
旺	寅卯 木	巳午 火	申酉 金	亥子 水	丑辰未戌 土
相	巳午 火	丑辰未戌 土	亥子 水	寅卯 木	申酉 金
死	丑辰未戌 土	申酉 金	寅卯 木	巳午 火	亥子 水
囚	申酉 金	亥子 水	巳午 火	丑辰未戌 土	寅卯 木
休	亥子 水	寅卯 木	丑辰未戌 土	申酉 金	巳午 火

四季土用

春　四月十七日（または十八日）から
十八日または十九日間

夏　七月十九日（または二十日）から
十八日または十九日間

秋　十月二十一日（または二十二日）から
十八日または十九日間

冬　一月十七日（または十八日）から
十八日または十九日間

空亡早見表

甲	子	戌	申	午	辰	寅
乙	丑	亥	酉	未	巳	卯
丙	寅	子	戌	申	午	辰
丁	卯	丑	亥	酉	未	巳
戊	辰	寅	子	戌	申	午
己	巳	卯	丑	亥	酉	未
庚	午	辰	寅	子	戌	申
辛	未	巳	卯	丑	亥	酉
壬	申	午	辰	寅	子	戌
癸	酉	未	巳	卯	丑	亥
空亡	戌	申	午	辰	寅	子
	亥	酉	未	巳	卯	丑

◎　五類の意味一覧表

父　母　(辛労の神)

父母。祖父母。伯叔父母。舅姑(夫ノ父母 妻ノ父母)。義父母。師長。主人。年長の同輩およびその親友。乳母。単に天地を指す時。雨。宮室。城。宅舎。田園土地。船艦。汽車。馬車。電車。航空機。その他乗物。衣服類。絹綿布類。雨具。衣具。毛布。甲冑。帽子。天幕及帷。文章。文学。書信。電信。総ての文章。訴状。証拠書類。辛労。学校。会社。商品。機械。

官　鬼　(憂患の神)

夫。夫の兄弟姉妹。夫の同輩及親友。官人。官公職。官庁。功名。公役所。官事。裁判所。判検事。雷。逆風。濃雲。不順の天候。濃霧。電気。神仏。諸霊。神仏像。妖魔。敵将。乱臣。盗賊。邪祟。病症。屍体。銃砲剣。戦具及びすべての武器。憂惧の神。

兄　弟　(破財の神)

兄弟姉妹。従兄弟姉妹。姉妹の夫。妻の兄弟。親友。同門の朋友。同盟の交友。同職同業者中の交友。風雲。同職同業の競争者。物を争い事を破折する主星。財を奪うの主星。

妻　財　(財の主神)

妻妾。兄弟の妻妾。友人の妻妾。婢僕。総てわが使役する人。諸婦女。通貨。金銀宝石類。貴重品類。倉庫。日用器物。食料品。飲食。天気晴。価格(株価)。

子　孫　(安全の主神)

男女子孫。女婿。姪甥。門人。徒弟。忠臣。良将。僧侶。神官。道人術士。辯護士。薬剤師。兵卒。六畜。禽鳥。財源。酒肴。諸安全機。医薬。医療法（応爻なる医師の外に医を求むるには本星を他の医師となすことあり）。憂患を解くもの。難を避くる地。官職公人にありては削職剥官の神となす。天象昼にありては太陽、夜にありては月星。順風。天気好順。

六神早見表

占日の十干＼卦爻	上爻	五爻	四爻	三爻	二爻	初爻
甲乙の日	玄武	白虎	螣蛇	勾陳	朱雀	青竜
丙丁の日	青竜	玄武	白虎	螣蛇	勾陳	朱雀
戊の日	朱雀	青竜	玄武	白虎	螣蛇	勾陳
己の日	勾陳	朱雀	青竜	玄武	白虎	螣蛇
庚辛の日	螣蛇	勾陳	朱雀	青竜	玄武	白虎
壬癸の日	白虎	螣蛇	勾陳	朱雀	青竜	玄武

断易釈故

断易の予備知識

一、断易釈故

㈠ 「断易釈故」とは、天明の易学の大家真勢中州の「周易釈故」に真似て、私が勝手に付けた題名である。中州は中国および日本を通じて、周易研究の第一人者であると私は信じている。難解な周易に関する中州の創意的研究は高く評価すべきものであり、中州が「難波の偉人」とか、「二千年来の人」とか賞讃されたのは理由のないことではない。

㈡ ところが現代の大多数の日本人は真勢中州の名前すらも知らない。これは思うに漢学の衰微と共に、「易経」そのものが雲の彼方の縁遠い存在になり、中州が平易に説いている「周易釈故」すらも現代の人たちには、極めて難解に感じられるからであろう。

㈢ 「釈故」とは古来の諸説を解明して、新しい理論を打ち出す意味である。温故知新が「古きを尋ねて新しきを知る」意味であるのと同工異曲である。この「断易釈故」も中州が周易と取り組んだ態度を真似て、真剣に断易と取り組んでみたいという私の念願をこめての題名である。

㈣ 近代ドイツ刑法の鼻祖リストが、青年時代に難解なローマ法の研究を志すに当たって「ローマ法を通って、ローマ法の上に」をモットーにしたと伝えられている。いったんローマ法の研究に志すからには、ローマ法の隅から隅までに精通すると共に、ローマ法の上に抜け出て、ローマ法を概観してみようという天晴れな気迫が感じられる。何らかの学に志す人は、リストの精神を信条として、その学問の隅々までに精通すると共に、その学問に振り回されることなく、一歩高いところから概観する気迫を失ってはならない。

断易の研究に志す人も、リストの精神を精神とすべきである。

二、周易と断易

(一) 周易は難解である。周易の解釈には理義派と象数派の二派があるが、どちらによっても難解であることに変わりがない。答がいくつも出てくるので、そのいずれを取るべきかに迷う。いくつも出てくる答のなかから、ずばりこれが正解であると分かるようになるためには、難解な漢籍を山ほど読まなければならない。これは中州のような大学者の場合に初めて可能なことであって、現代人には及びもつかぬことである。現代人には周易の研究は無理である。

真勢中州の占例

(A) 七月十六日(甲戌日)に翌十七日と翌々日十八日の天候を尋ねられた。

(イ) 十七日の卦は「晋の観に之く」である

晋は太陽が地上に輝く象、観は風が地上に吹く象であるから、中州は十七日は晴天で午後から風が出ると判断したがその通りの天候であった。

(註) 断易的に解釈すれば

七月　未

十六日　甲戌　(申酉)

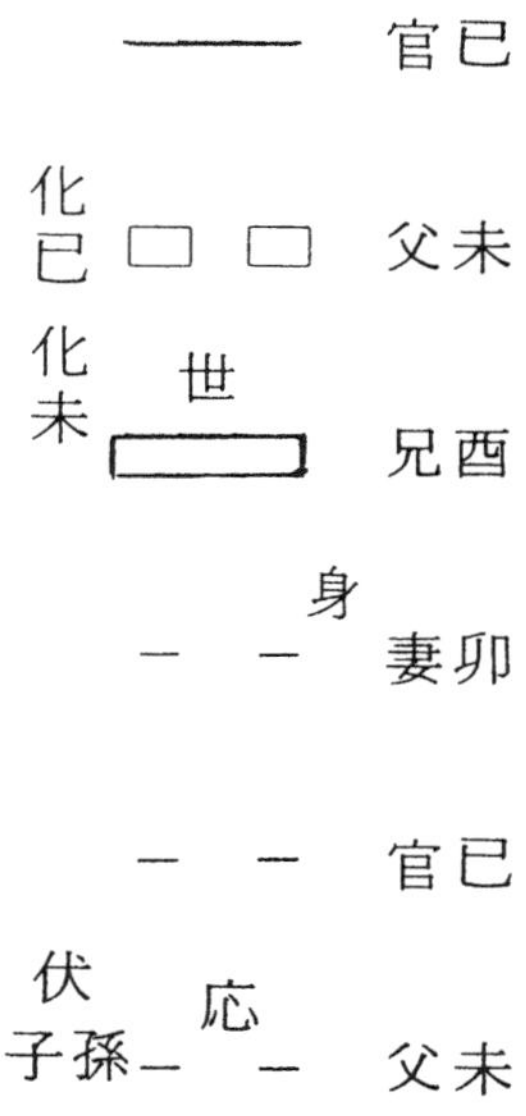

晋の卦身が卯の妻財（晴天）で日辰に合起されているから晴天。

四爻の酉の兄弟（風）が未の回頭の生に化しているから未の刻（午後一時〜三時）から相当の強風になることが考えられる。風の吹き始める時刻、元卦が分かっておれば風速まで見当がつく。断易を用いれば真勢以上の判断が簡単にできる。

(ロ) 十八日の天候の卦は「沢水困の沢地萃に之く」であった。

困は沢から水が漏れる象、萃は地上に水の蓄まる象であるから、中州は十八日は大雨と判断したが、これもずばり的中した。

（註） 断易的に解釈すれば

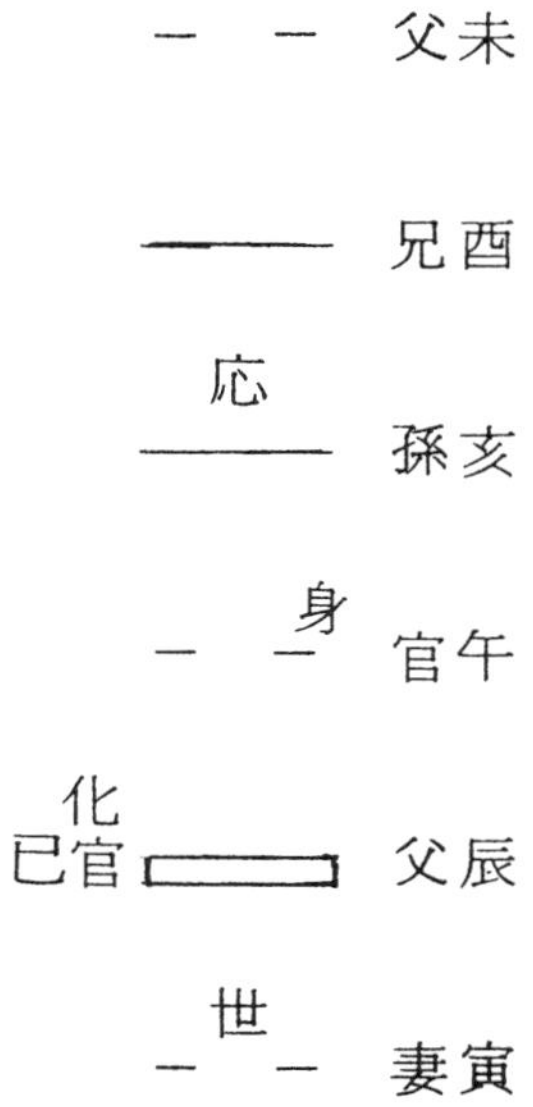

困の卦身の午の官鬼は日辰を一翼として三合の主体をなし天候不良。
二爻の父母（雨）が回頭の生に化して大雨。
内卦の変卦をとり、80ミリくらいの大雨が予想される。

(B)

或る人が邸内に井戸を掘ろうとし、水が出るかどうか中州に易断を求めた。
立筮の日は二月の甲子日である。
「地雷復の震為雷に之く」卦を得た。

- -	- -
- -	- -
□	□
- -	- -
- -	- -
——	——

初爻の石まで掘っても、あとで中段に石崩れが起こるので、結局水は出ないと判断したが、その通りであったという。

（註）　中州は陰爻を土壌、陽爻を障害則ち石と見ているようである。得卦の復は初爻の障害（石）のところまで貫通するが、あとで四爻の陰が陽の障害に化し、中段で崩石が起こり、孔を塞ぐので結局水は出ないと判断したようである。周易だけによる判断としては、まことに美事な判断である。断易的に判断すると、赤子の手をひねるような簡単な判断になる。

寅月
甲子日　（戌亥）

酉孫	- -	- -		
亥妻	- -	- -		
丑兄	□	□	応	化午
辰兄	- -	- -		
寅官	- -	- -		巳父
子妻	——		世身	

(一) まず六合の卦が六冲の卦に変じているから、最初は良水が得られるが、あとで駄目になる。

(二) いったん初爻まで掘って（六間掘る）、日辰を帯びる子の妻財の良水が得られるが、あとで四爻の兄弟（障害）が回頭の生に化し、初爻の子の妻財を剋し、これが良水の口を塞ぐ。おそらく地表から三間位のところに砂利層があり、これが崩れて孔を塞ぐのであろう。

(三) 初爻の日辰を帯びる最良の水は得られないが、日辰から拱扶される五爻（亥の妻財）のまずまずの良水が、地表から二間ぐらいのところに水脈があり得られる。

(四) それならば最初から二間くらい掘って、まずまずの良水で我慢するか、或いは、三間くらいの深さのところにある砂利層の崩れを防止する対策を講じ、六間掘って最良の水を得るかのいずれかに決めてかかるのがよい。

(C) 或る人来たりて中州に筮を乞う。「自分に子供が二人いる。上が女で下が男である。姉に婿をもらって家を継がせるのがよいか、嫁に出すのがよいか」という問題である。「山火賁の火天大有に之く」の卦を得た。

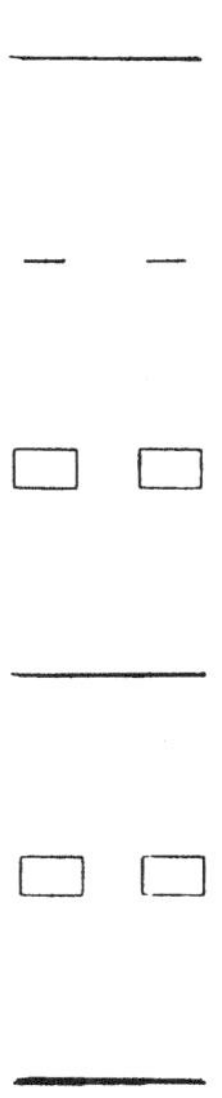

中州の判断は、「賁の内卦の離の中女を姉とする。賁は山の下に太陽のある象であるから、太陽（中女）は家を継いでも山下に隠れている太陽であるから用をなさず外見が少しよくなるだけである（賁は飾るである）。この娘は他家に嫁する者である。（之卦の大有は離の中女が乾の外に出る象）。他家に嫁せば大有となり、婚家を保つことになって大吉」というのであったが果してその娘は嫁して富家の妻となったという。

（註） 周易だけでこれだけの判断ができたということは驚異である。仮りに私がこの問題を周易で判断す

るとすれば、賁は娘（離）が家（艮）にとどまる（艮はとどまる）象であり、家が小綺麗になる（賁の象）。有能な婿が来て（之卦の大有の乾は有能な男性）、夫婦協力して働らき、その家を繁昌に導く（大有の象）と、中州とまったく反対の結論を出すかも知れない。

ところが断易によって判断すると

寅官	———		
子妻	— —	身	
戌兄	□ □	応	化酉
亥妻	———		伏申孫
丑兄	□ □		伏午父　化寅
卯官	———	世	

子供が二人いるのに子孫は三爻に伏している申の子孫だけであるから、子孫を用神としては判断ができない。そこで姉と弟であるから二爻と四爻の兄弟を用神とする。（この卦は兄弟だけが発動しているから、そこに神機ありとの確信が得られる）。

㈠　二爻の丑の兄弟……十二支の序列により、また陰支なので姉とする。五爻の卦身の妻財に剋合し、富家に嫁し、丑兄が寅の官鬼を化出し、良夫を得る。

㈡　四爻の戌の兄弟……十二支の序列により、また陽支なので弟とする。午の父母（生家）に三合し弟が生家を継ぐのである。

このように中州とまったく同じ結論に到達する。

(D)　「易と経営」にも真勢の占例が三つ出ている。いづれも驚歎すべき推理である。他にも真勢の占例がいくつかあるが、占日の干支が書かれていないので断易による推理との比較ができないのが残念である。

三、断易

㈠ 断易は鬼谷子（BC三二三〜四〇三）の研究成果である。鬼谷子は孔子（BC四七九〜五五〇）から約一五〇〇年後の人であり、納甲法（卦に干支を配当する法）を発明し、易の解釈に画期的な新生面を打ち出した大哲学者である。私は周の文王・周公旦、孔子、鬼谷子、朱子、それに敬愛する真勢中州を加えて、易学の六巨星として尊崇している。

㈡ 私には朱子に関する知識がいちばん欠けているが、朱子（本名は朱熹、字は元晦、仲晦、朱子は敬称）は宋代の儒学の大家で、清の時代に孔門の十哲の次にランクされている。中国でもこの時代のころまでは中国が産んだ儒学の大家たちを誇りとし、国家がランキングまで与えて尊敬していたのであるが、毛沢東に至って、儒学は司配階級にだけ都合のよい学説であるとして、批孔の暴挙に出ている。時代の変遷と見るか、魂の荒廃と見るか、後世の史家がこれを決定してくれるであろう。

㈢ 朱子の「易学啓蒙」に展開されている思想は、プリンストン大学のホイラー教授の「複合宇宙説」（易学物語第10話「信仰と運」参照）とも通ずる卓見である。私が朱子を易学の巨星のなかに数える所以である。ただ朱子の論説は余りにもくど過ぎてうんざりするのが欠点である。

㈣ 周易によっていくつも得られる答のなかから、どれが正解であるかをつきとめるには尨大な漢籍の知識が必要であることは前に述べた。いうならば高等数学を使って問題を解くようなものであり、高等数学の問題を解くためには尨大な背景的知識が必要である。これに対して断易は計算尺かミニ計算器を操作して正解を求めるに等しい。世間には断易は難しいなどと寝言をいう人がいるが、その人たちは周易の難しさを知らないのである。高等数学の難解な理論をマスターするのは難しいが、計算尺やミニ計算器を操作する技術の修得は、説明書を一読するだけで十分である。周易は生涯勉強しても、易経は依然として高嶺の花である。断易は二時間勉強すれば十分である。

断易の修得に周易の知識が必要か

一、周易の難解な理論がすべて断易にビルト・イン

㈠ 計算尺やミニ計算器は玩具ではない。高等数学の理論がすべてこれらのものにビルト・インされているから、簡単な操作で正解が得られるのである。断易が余りにも平易簡単であるために、これで易の正解が得られるのかと不安を抱く人がいるかも知れない。しかしながら、周易のあらゆる深遠な理論が断易のなかにビルト・インされているから、それは無用の心配である。

㈡ 前の(B)の井戸掘りの占例でも分かる通り、断易を用いれば、㈠地表から深さ二間のところと六間のところにそれぞれ水脈があり六間のところの水は最上質、二間のところの水も相当に上質であること、㈡たとえ六間掘っても、あとで深さ三間のところの砂利層が崩れて孔を塞ぐから、最初から二間掘るだけにするか、或いは砂利層の崩れを防止する処置をして六間掘ることにするかを決めるべきである。このように古今の大学者真勢と同等の判断、または真勢以上の判断が苦もなく得られる。断易はこのように便利で素晴らしいものである。

二、周易の知識は一切不用

㈠ 以上長々と述べてきたところによって、周易と断易の実用的立場からの優劣はよく理解されたことと思う。いくつも出る答のなかから、正解を探すことの難しい周易よりも(例えば(C)の占例のように、姉娘を嫁に出すのがよいという結論と、家において婿を取るのがよいという相反する結論が、まったく同等に合理的に推理から産まれてくる)、簡単な操作で的確な正解の得られる断易が優れていることには議論の余地がない。

(二) 周易による方が神秘的で高級な答が得られ、断易の場合は、安直で、チャチな答が得られると考えるのも大変な誤解である（占例(B)の場合のように、断易によれば二段の水脈があることが的確に推理できるが周易ではそこまでの推理は困難である）。

(三) 以上のようなわけであるから、断易一本槍の方がずっと良い。周易の勉強は無駄でもあるし、その必要もない。「生じっか」の周易の知識（現代人には周易について「生じっか」以上の知識を得ることは不可能）は、かえって断易による推理の邪魔になる。

ただし私の経験によれば、得卦が一爻変の場合に限り、得卦のその変爻の爻辞を読んでみることは、断易の推理を助ける場合が少なくない。これとても強いてその必要があるわけではない。

(四) 断易が難しいという俗説くらい馬鹿らしいものはない。高等数学が難しいというのなら話は分かるが、計算尺、ミニ計算器の操作が難しいというのは話にならない。計算尺、ミニ計算器にビルト・インされている理論の究明は難しいであろうが、操作そのものは極めて平易である。二時間の勉強だけで十分というのは、決して過言ではない。

断易のアルファベット

一、十干と十二支

甲　＋　剛木　　子　＋　水

乙　－　柔木　　丑　－　土

丙　＋　剛火　　寅　＋　木

丁　－　柔火　　卯　－　木

戊　＋　剛土
己　－　柔土
庚　＋　剛金
辛　－　柔金
壬　＋　剛水
癸　－　柔水

辰　＋　土
巳　－　火
午　＋　火
未　－　土
申　＋　金
酉　－　金
戌　＋　土
亥　－　水

(一)　十干・十二支は易学の先行要因である。暗記する必要があるというようなものでなくて、身体に泌みこませておくべきである。

(二)　四柱推命の場合は十干・十二支が共に極めて重要であるが、断易の場合は十干はほとんど必要がなく、十二支が圧倒的に重要である。（十干は断易計算尺作成の基礎になっているが、計算尺の使用には不必要である。）

(三)　十干の戊（つちのえ）と十二支の戌（いぬ）の相違は点（、）の有無である

(四)　己（つちのと）と巳（み）の相違については、昔の人は次のように区別したものである。

巳（み）は上に
己（おのれ、つちのと）下につき
已（すでに、とやむ）は半ばなりけり

または

己……（き、こ）の声、（おのれ、つちのと）下につき

已……（い、すでに）中に

巳……（し、み）はみなつく

しかしながら、現代のような高度な文明時代において、このような些細なことに拘泥するのは愚の骨頂である。己（つちのと）は少し大き目（特に頭部）に書き、巳（み）は少し小振り（特に頭部）に書いて区別するのが実用的である。

二、十二支の方位の配当

㈠　方位の角の総和は360度である。従ってこれを12で割ると一支のカバーする方位は30度である。

㈡　方位の十二支も身体に泌みこませて、精確に記憶しておく必要がある。子卯午酉を方位の四正という。

㈢　走り人、待ち人、縁談、金談、商談の有利な方角などすべて用神の方位によって判断する。

㈣　特に病人の場合などは、子孫の方位の病院または医師にかかることによって殆ど奇跡的とも言い得るほどに快癒する場合がある。

※子孫……治癒の用神

子孫の方位……子孫そのものの方位または、子孫が長生に当たる方位など

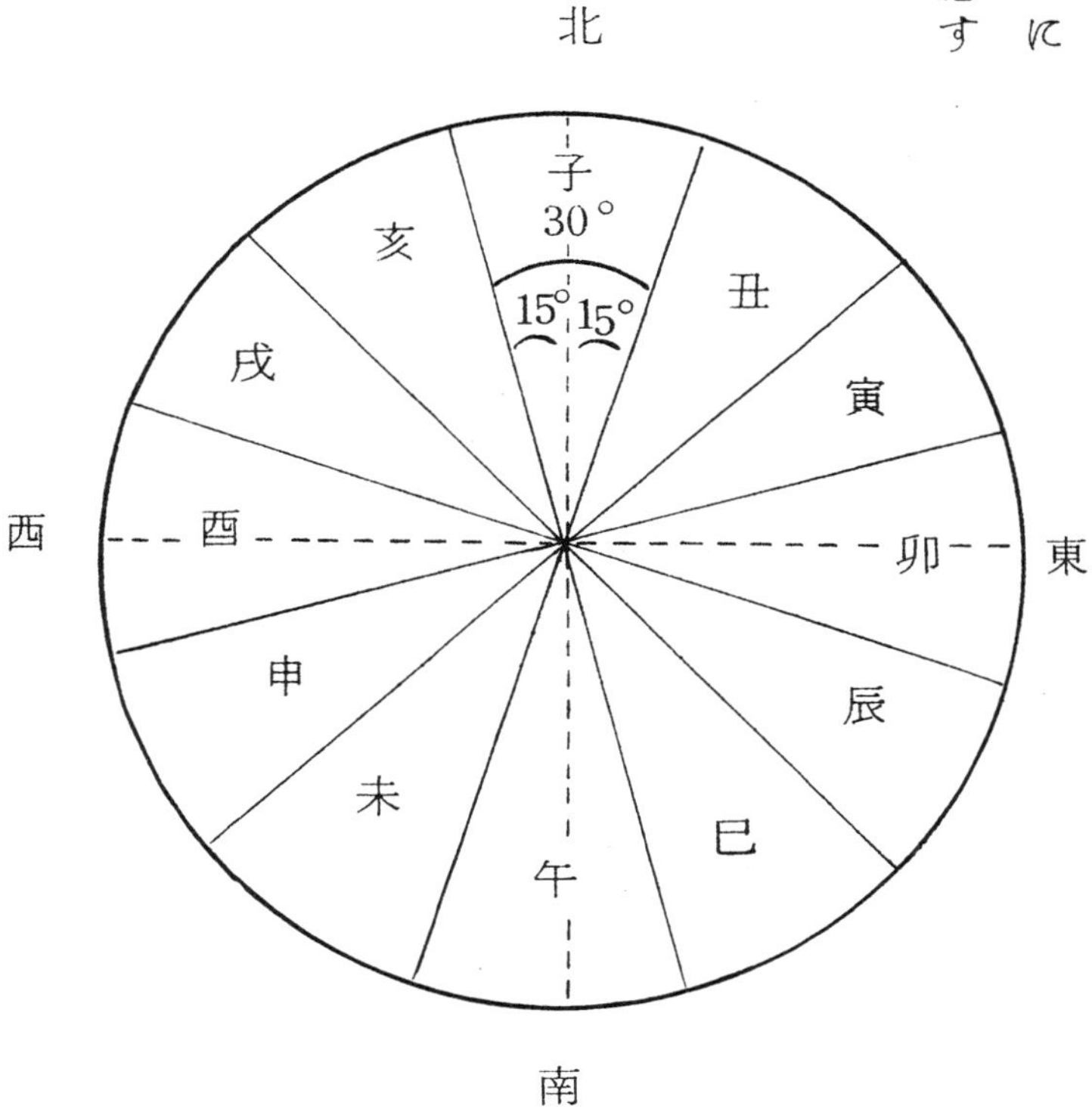

三、十二支の時間的配当

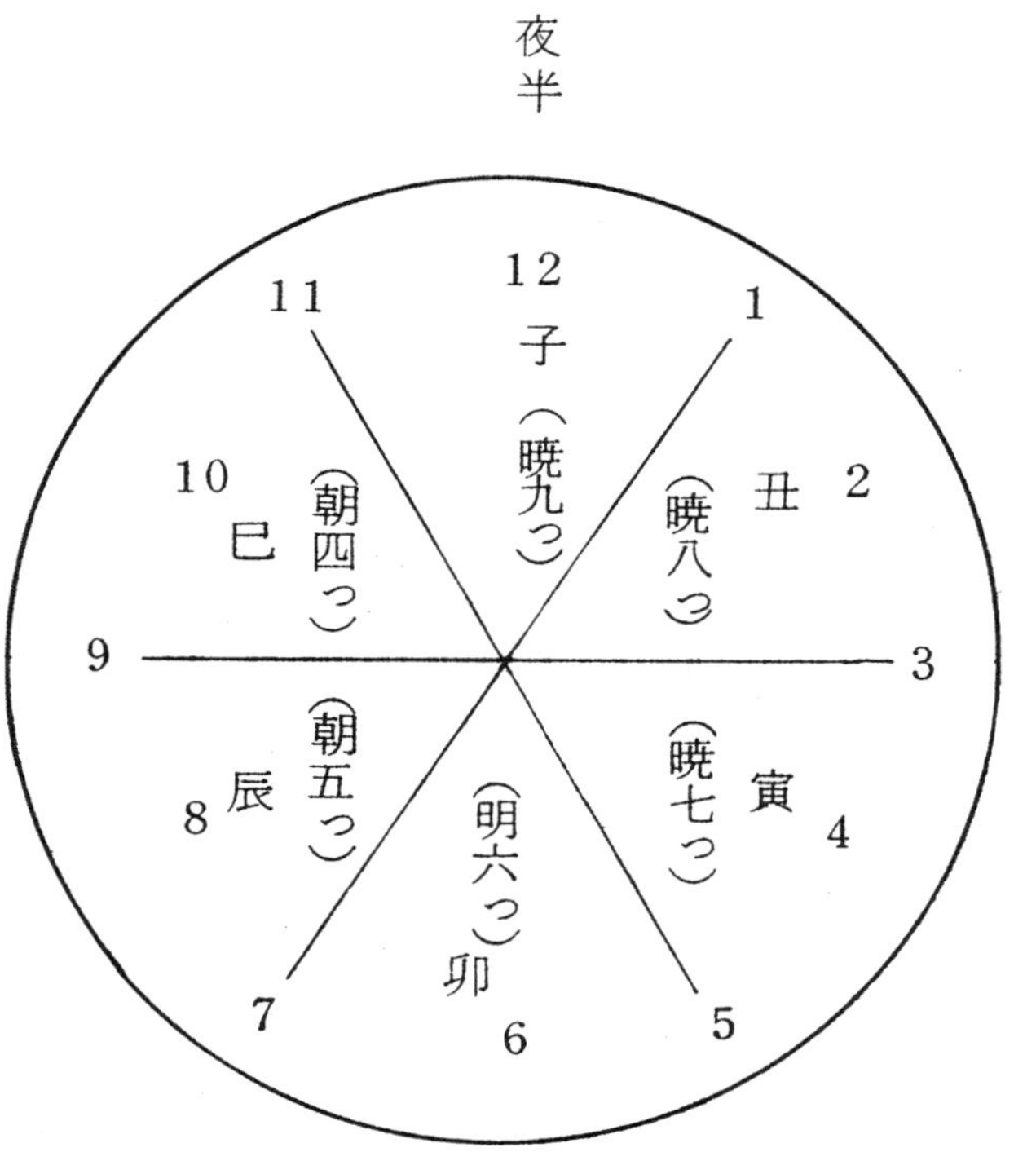

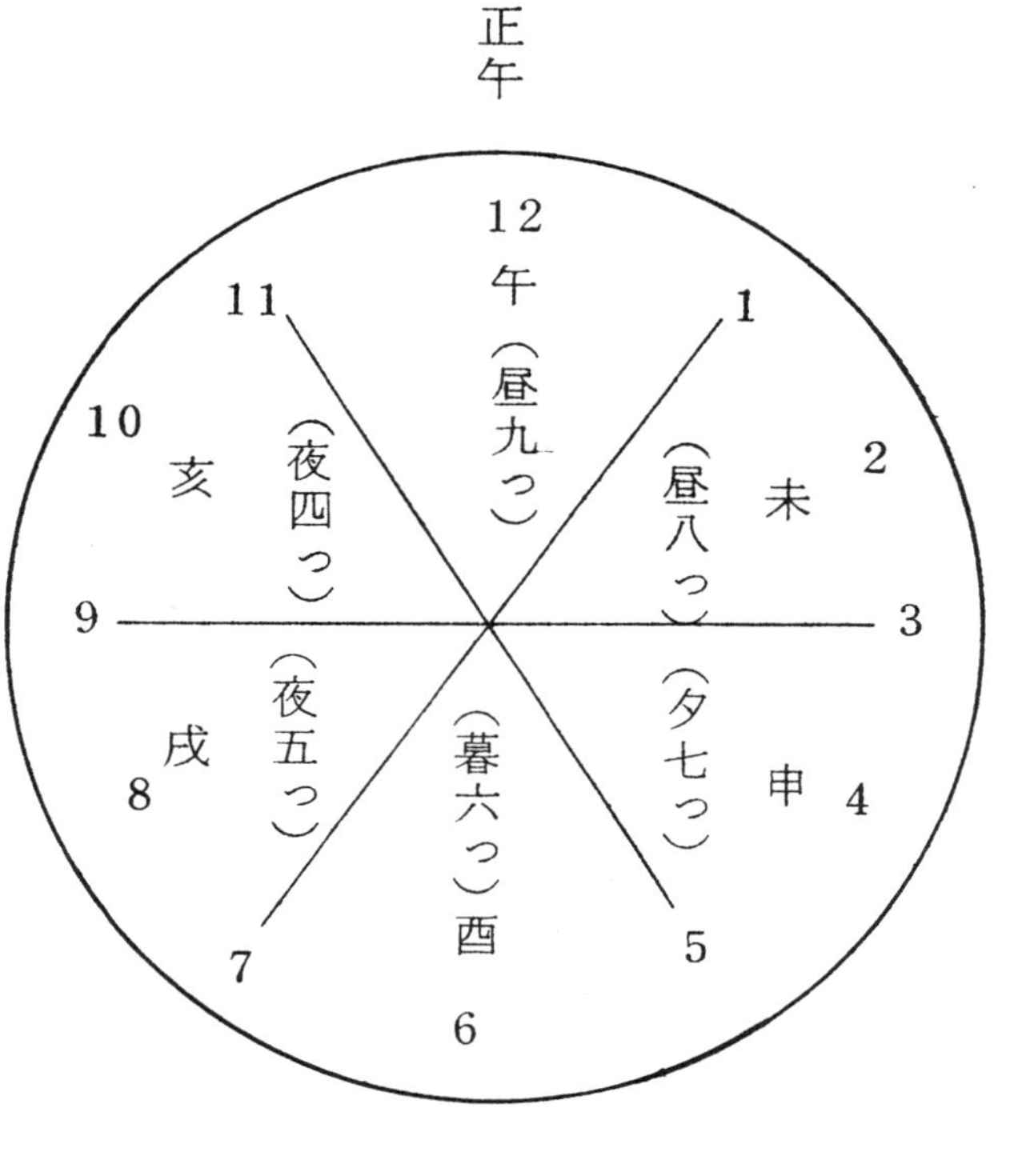

㈠ 一支の時間は今の二時間である。それを四等分して使っていた。例えば「丑三つ」というのは、今の午前二時から二時三十分で、いかにも妖怪幽霊の出易い時間である。

㈡ 時代小説などに出てくる「小半とき」というのは、今の「一時間足らず」の意味である。

㈢ 昔は寺などの鐘によって庶民に時間を知らせた。これは断易と関係ないが、近松の「曽根崎心中」の「七つの鐘が六つ鳴りて、残る一つが今生の、鐘の響きの聞き納め」という名調子は、情死を決意した男女もいろいろ浮世の名残りに手間取り、いつの間にか明方の四時頃になったのかと思うと、一入哀れに感じられる。

(四)「九は病い、七つの雨に、四つ旱天、六つ、八つならば騒がしい」という地震占いも、昔の時鐘によって理解すべきである。

四、陰　陽

(一)昼と夜、人間及び生物の男女雌雄、電気のプラスとマイナス、この宇宙は陰陽の世界である。朱子は「易学啓蒙」のなかで、「易有㆓大極㆒。是生㆓両儀㆒。両儀生㆓四象㆒。四象生㆓八卦㆒。」と言っているが、これが易学成立の原本理論である。

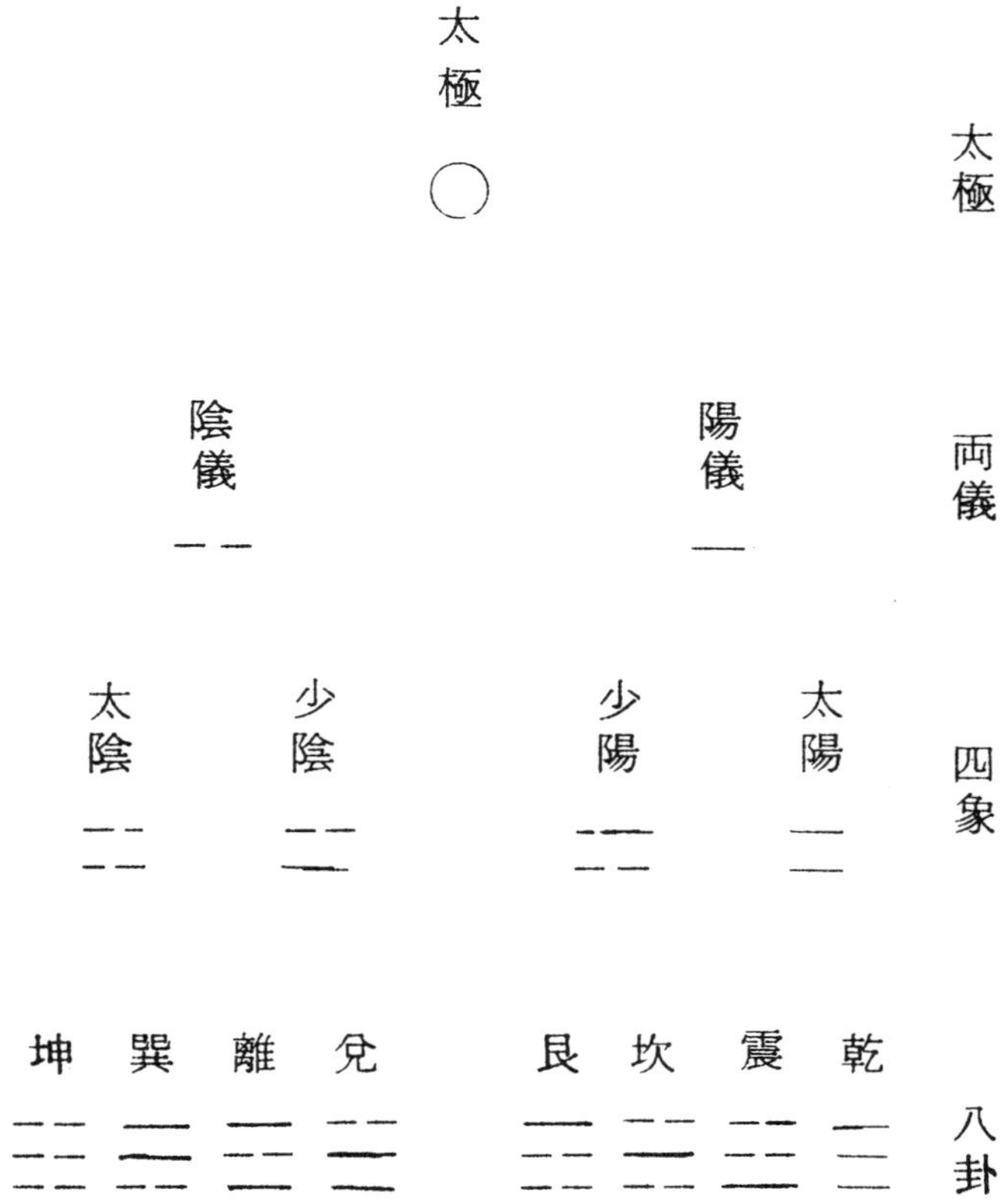

(二) また五行哲学が宇宙の究極のエレメントを木火土金水の五つと見たのは一大卓見である。これらの五つのエレメントに陰陽を配しているので、十行哲学と見ることもできる。

現代の原子物理学は、プロトン（陽子）、メゾン（中間子）、ニュートロン（中性子）、エレクトロン（電子）の四つのエレメントだけである。私は第五のエレメントとしてサイクロン（霊子）の存在の可能性を三十年来提唱してきたが、最近プリンストン大学のホイラー教授が言い出しているジェオンは、私の言う霊子に相当するようである。

五、卦の基本的意味

	性情	人間	身体	動物	色	方位
乾（天）☰	剛健	父	首	竜	赤	西北
震（雷）☳	動く	長男	脚	竜・馬	青・黄	東
坎（水）☵	陥る	中男	耳	豚	黒	北
艮（山）☶	止る	少男	手	犬	黄	東北
兌（沢）☱	懦弱	少女	口	羊	白	西
離（火）☲	付着	中女	眼	雉	赤	南
巽（風）☴	従う・入る	長女	股	鶏	青・緑	東南
坤（地）☷	柔順	母	腹	馬	黄	西南

㈠ 断易では子孫は場合によっては動物を意味するが、動物の種類までは不明の場合が多い。その場合は卦の基本的意味を参考として種類を考える。

㈡ 断易による病占では、上爻を頭と顔、五爻を胸部、四爻を上腹部、三爻を下腹部、二爻を上脚、初爻を下脚と見るのであるが、卦の基本的意味による身体の部位も考えるべきである。

六、周文王の八卦図

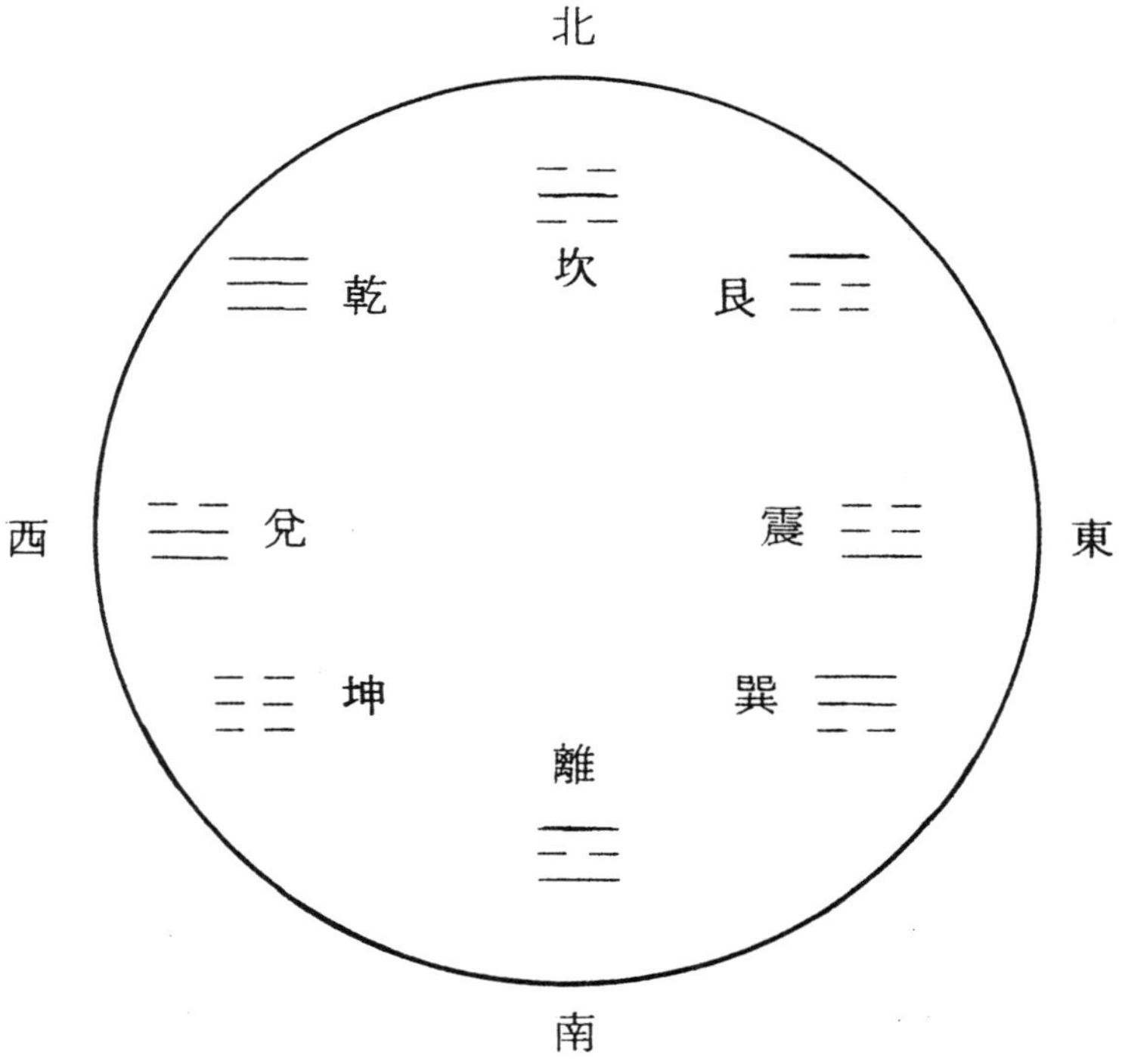

(一)きわめて重要な図である。すべての易学的理論がこの図を基礎にして構成されていると言っても過言ではない。例えば卦の配色なども、北が黒、東が青、南が赤、西が白、中央と四隅が黄であるが、四隅の場合は隣接する色との混色も考えるべきである。

(二)卦の四季もこの図によるべきである。坎は冬、艮は早春、震は中春、巽は晩春、離は盛夏、坤は早秋、兌は中秋、乾は晩秋である。

(三)家相、方位などもすべてこの図を基礎とすべきである。九星、八門遁甲などに頼るのは迷信に過ぎない。

(易学物語、第五話「家相と運」参照)

六十四卦の分類

一、易経の卦の配列は乾坤から始って、屯蒙需訟師といかにも天地創造の順序を追っているようであるが、途中から複雑多岐になり、卦の順序に一貫した思想を求めることは不可能のようである。そこで古来幾多の俊秀が六十四卦の合理的な分類を企図したのは、易学に志す者として当然のことである。

二、朱子は変爻の数によって分類している。乾の例だけを示せば次の通りである。

〔乾の不変
坤の六爻変〕 乾

〔乾の一爻変
坤の五爻変〕 姤・同人・履・小畜・大有・夬

〔乾の二爻変
　坤の四爻変〕　遯・訟・巽・鼎・大過・旡妄・家人・離・革・中孚・睽・兌・大畜・需・大壮

〔乾の三爻変
　坤の三爻変〕　否・漸・旅・咸・渙・未済・困・蠱・井・恒・益・噬嗑・随・賁・既済・豊・損
　節・帰妹・泰

〔乾の四爻変
　坤の二爻変〕　観・晋・萃・艮・蹇・小過・蒙・坎・解・升・頤・屯・震・明夷・臨

〔乾の五爻変
　坤の一爻変〕　剥・比・予・謙・師・復

〔乾の六爻変
　坤の不変〕　坤

(一)　大学者朱子の分類としては、いかにも粗末な分類である。こういうのを「分類のための分類」というのであろう。象数派がテクニック（易位生卦・顚倒生卦・内顚生卦・外顚生卦・その他）を駆使する上において若干の参考になるかも知れないが、それ以外には殆んど無意味な分類である。

(二)　朱子は乾為天以下の三十二卦について、こういう克明な分類をしている。六十四卦の半数を取り扱えばあとは自明ということであろう。成果は兎も角として、易学に対する朱子の情熱は高く評価すべきであろう。何らかの学に志す人は、まずその学に対して情熱を燃やすべきである。

三、ブロフェルド教授（「易と経営」一八頁参照）の分類は次の通りである。

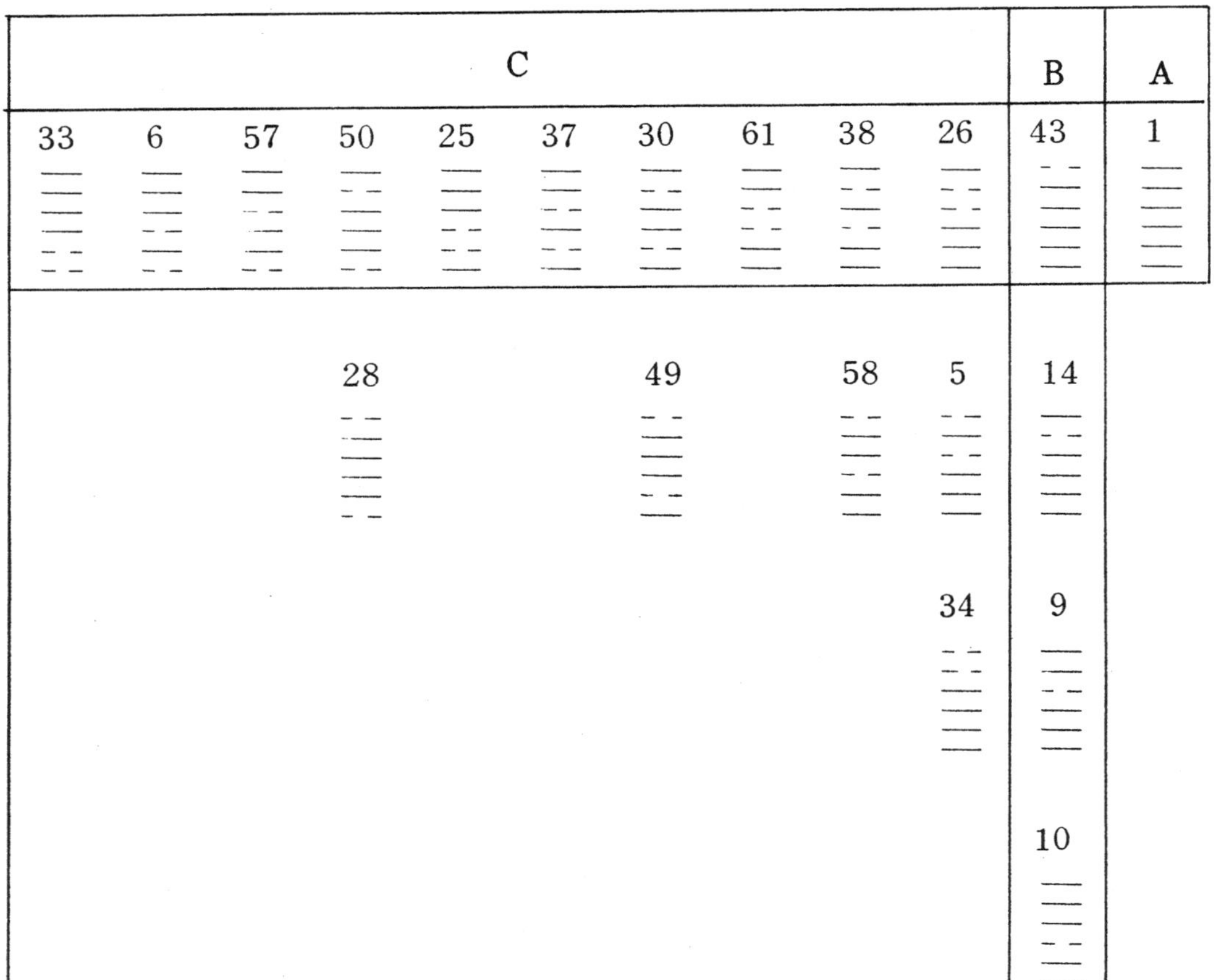

A ＝ HEXAGRAMS WiTH 6 YANG LiNES
6 図 持っている 陽 線

B ＝ 〃 〃 5 〃 〃

C ＝ 〃 〃 4 〃 〃

D ＝ 〃 〃 3 〃 〃

E ＝ 〃 〃 2 〃 〃

F ＝ 〃 〃 1 〃 〃

G ＝ 〃 〃 0 〃 〃

G	F	E					D							
2	23	20	35	52	4	27	31	59	64	18	42	21	22	41
	8		45	39	29	3	56		47	48		17	63	60
	16			62	40	51	53			32			55	54
	15				46	36	12							11
	7					19								
	24													

㈠　ブロフェルド教授の分類は、分類というよりは索引という感じである。易に関して全く無知な欧米人に六十四卦の検索を便利にしたことが主旨のようである。各卦の上の数字は乾為天から数えての序列数である。

㈡　例えばB欄には夬・大有・小畜・履・同人・姤の六卦が収められているが、これらの卦は唯一の陰爻が上爻から順に初爻まで下っているだけであって、これらの六卦に何らかの共通点があるとは考えにくい。

ブロフェルド教授は六十四卦を七種類（A〜G）に分類し、一卦ごとにカードを作り、これを机の上にならべ、じっと見ているだけで何時間も楽しい時間が過ごせる、そして最初に易を作った人たちの考え方が、おぼろげながら分かってくるような気がすると言っているが（「易と経営」二〇頁参照）、これは彼の単なる自己満足であったのか、或いは例えば上記の六卦の場合などについて、何らかの共通点に気がついていたのか、興味ある課題の一つである。

四、鬼谷子は八卦の重卦を主卦とし、一つの主卦に七つの従卦を配し、八つの卦をもって一グループとし、六十四卦を八ブループに分類している。

八卦

乾　坎　艮　震　巽　離　坤　兌

重卦

乾為天　坎為水　艮為山　震為雷　巽為風　離為火　坤為地　兌為沢

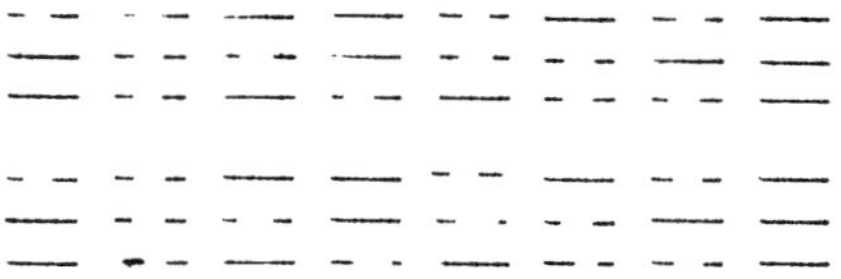

(一)　これはすっきりとして、胸のすくような卓抜な分類である。これを凌駕するほどの分類は考えられないから、易学の研究に志す人は、鬼谷子の分類を決定版と心得て、他の分類などに一切首を突っこまないほうがよい。私が極力断易を推奨する所以も、その理論大系が卓抜だからである。

(二)　二千数百年もの昔に、こういう優秀な分類があったのに、後代の朱子やブロフェルドがくだらない分類を試みているのは理解し難いことである。朱子やブロフェルドは鬼谷子の分類を知らなかったのであろう。

五、断易では、八卦（乾、坎、艮、震、巽、離、坤、兌）の重卦（乾為天、坎為水、艮為山、震為雷、巽為風、離為火、坤為地、兌為沢）をそれぞれ親玉の卦とし、その下に七つの子分の卦を配属させ、八つの卦ずつの八グループに分類していることは四で述べた。すなわち８×８＝64卦である。

乾為天を例にとれば、グループの構成は次のようになっている。

親玉の卦		乾為天（䷀）	
子分の卦	一世	天風姤（䷫）	初爻が変じたもの
	二世	天山遯（䷠）	初爻、二爻が変じたもの
	三世	天地否（䷋）	初爻、二爻、三爻が変じたもの
	四世	風地観（䷓）	四爻までが変じたもの
	五世	山地剥（䷖）	五爻までが変じたもの
	遊魂	火地晋（䷢）	上爻まで変化させると坤為地と別種の卦になるので逆戻りして四爻を元に戻す
	帰魂	火天大有（䷍）	遊魂の卦の内卦全部を元に戻す

納甲

一、納甲とは「甲を納れる」、すなわち甲によって代表される十干十二支を六十四卦の内卦、外卦、六爻に配当することであり、これによって断易という素晴らしいテクニックが産まれたのである。

鬼谷子の八分類が素晴らしいばかりでなく、その納甲法がまた素晴らしい。これによって易学が画期的な進歩を遂げた。鬼谷子は易学の巨星である。ただし断易の学習者の場合は、納甲ずみの六十四卦の使用に熟達するだけで十分であって、納甲の理論に関する研究はまったく不用である。

二、納甲はまず両親の乾坤二卦の内卦に東の木（甲乙）を配し、以下三男三女の艮兌の内外卦に火（丙丁）、次男次女の坎離の内外卦に土（戊己）、長男長女の震巽の内外卦に金（庚辛）を配し、最後にまた両親の乾坤に戻って、その外卦に水（壬癸）を配して終っている。

	乾	坎	艮	震	巽	離	坤	兌
外卦	壬	戊	丙	庚	辛	己	癸	丁
内卦	甲	戊	丙	庚	辛	己	乙	丁

三、前項は断易の順序による配列であるが、これを両親と子供の卦の配列にすると、納甲の理論が一層分かりよいかも知れない。陽卦に陽干・陰卦に陰干を配してあるのも当然である。

乾の内卦に　甲　　坤の内卦に　乙
艮の内外卦に丙　　兌の内外卦に丁
坎の　〃　　戊　　離の　〃　　己
震の　〃　　庚　　巽の　〃　　辛
乾の外卦に　壬　　坤の外卦に　癸

四、卦に十干を配当するのを納甲、爻に十二支を配当するのを装卦と呼ぶのが定法であるが、一括して納甲と呼んで少しも差支えない。納甲装卦の原則は次の通りである。

陽卦の納甲

乾金は内卦が甲で初爻が子、外卦は壬で四爻が午。（干支がすべて陽）

乾
—— 壬戌
—— 申
—— 午
—— 甲辰
—— 寅
—— 子↑
（父）

坎水は内卦が戊で初爻が寅、外卦も戊で四爻が申（干支がすべて陽）

坎
－ － 戊子
—— 戌
－ － 申
－ － 戊午
—— 辰
－ － 寅↑
（次男）

艮土は内卦が丙で初爻が辰、外卦も丙で四爻が戌。（干支がすべて陽）

艮
—— 丙寅
－ － 子
－ － 戌
—— 丙申
－ － 午
－ － 辰↑
（三男）

震木は内卦が庚で初爻が子、外卦も庚で四爻が午。（干支がすべて陽）

庚戌	申	午	庚辰	寅	子↑	
- -	- -	——	- -	- -	——	（長男）

父の乾には初爻に子を配し、二爻以上寅辰午申戌と順次陽支をつけて上って行く
長男の震は父を継ぐもの故、父の乾と同じに初爻に子を配し
次男の坎は長男に後れるもの故、子の次の陽支寅を初爻に配し順次上に昇って行く
三男の艮は次男に次ぐもの故、寅の次の陽支辰を初爻に附して順次上に行く。
陰卦の納甲巽木は内卦が辛で初爻が丑、外卦も辛で四爻が未（干支ともに陰）

	辛卯	巳	未	辛酉	亥	丑	
巽	——	——	- -	——	——	- -	（長女）

離火は内卦が己で初爻が卯、外卦も己で四爻が酉。（干支ともに陰）

	己巳	未	酉	己亥	丑	卯	
離	——	- -	——	——	- -	——	（次女）

坤土は内卦が乙で初爻が未、外卦は癸で四爻が丑。（干支ともに陰）

	癸酉	亥	丑	乙卯	巳	未	
坤	- -	- -	- -	- -	- -	- -	（母）

兌金は内卦が丁で初爻が巳、外卦も丁で四爻が亥。（干支ともに陰）

兌　‐‐　丁未
　　━━　酉
　　━━　亥
　　‐‐　丁丑
　　━━　卯
　　━━　巳
（三女）

坤の初爻には未をつけ、

巽は長女であるから陰支の首初の丑、離は次女であるから卯、兌は三女であるから巳を初爻につける。

五類　六親

前に述べた通り、断易では各爻に十二支が配当されており、それらの十二支の生剋によって、占題についての推理を行うのであるが、推理を一層容易にするために、それらの十二支に父母、兄弟、子孫、妻財、官鬼の名称が付記されている。これを五類（五種類だから）または六親（肉親関係の名称だから）という。

一、五類は次の関係から発生している。

我（親玉の卦の五行）を生ずるものは父母
我より生ずるものは子孫
我を剋するものは官鬼
我が剋するものは妻財
我と比和するものは兄弟

例えば乾為天（五行は金）の例をとれば、初爻の子は卦から生じられているので子孫、二爻の寅は卦から剋されているので妻財、三爻の辰は卦を生じているので父母、四爻の午は卦を剋しているので官鬼、五爻の申は卦の五行と同じなので兄弟、上爻の戌は卦を生じているので父母である。

二、五類相互の関係は次の図の通りである。

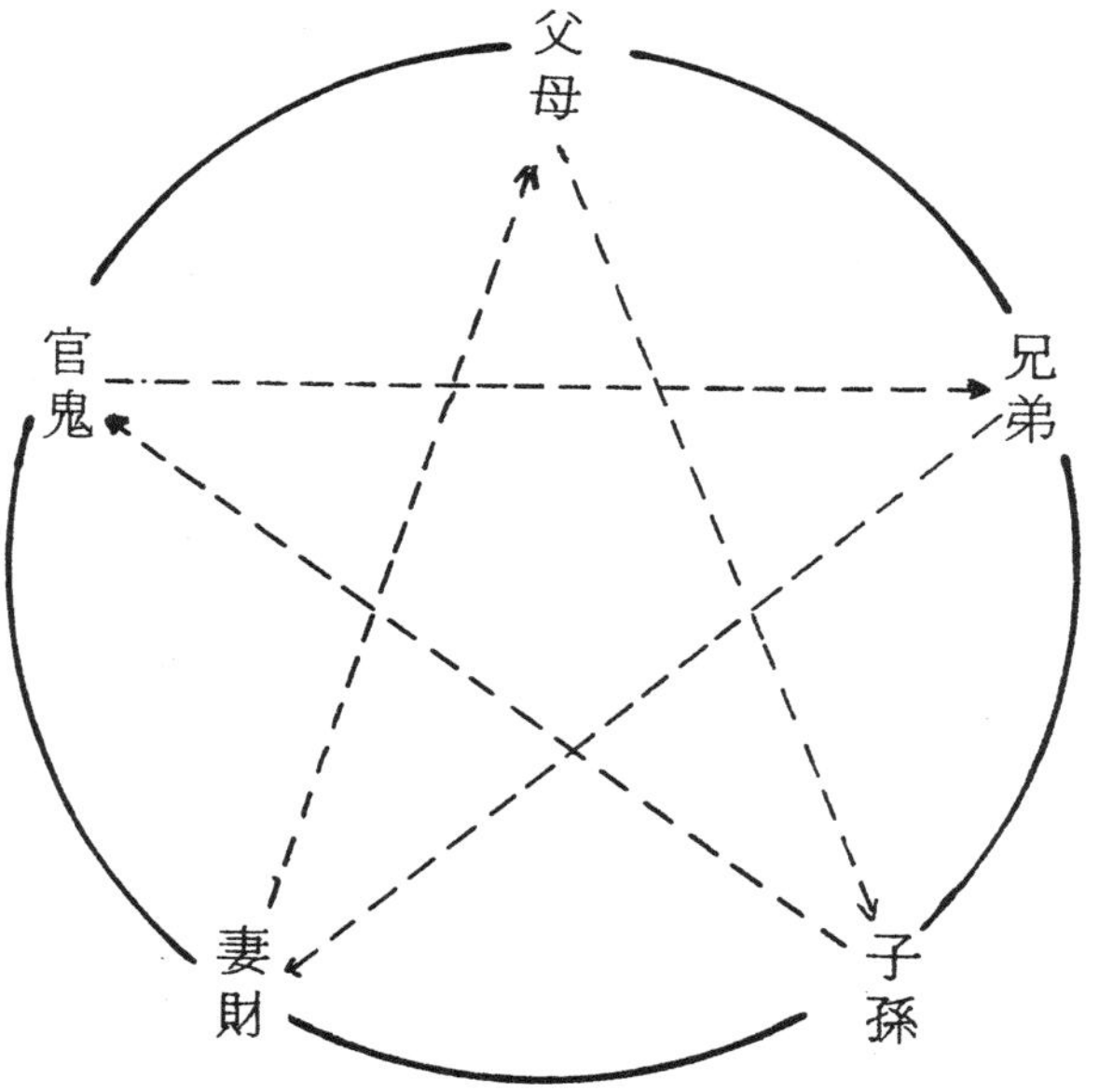

実線――――相生の関係
点線－－－－相剋の関係

この図から察知し得る通り、五類の関係というのは六十四卦の各六爻の相互関係をコンピュータライズしたものであるから、周易の顚倒生卦、運移生卦というような局部的なテクニックよりも数段優っていることは明らかである。

三、右の図を次のように書き換えてみると、鬼谷子の家族観がよく分かり、微笑がこみ上げてくる。

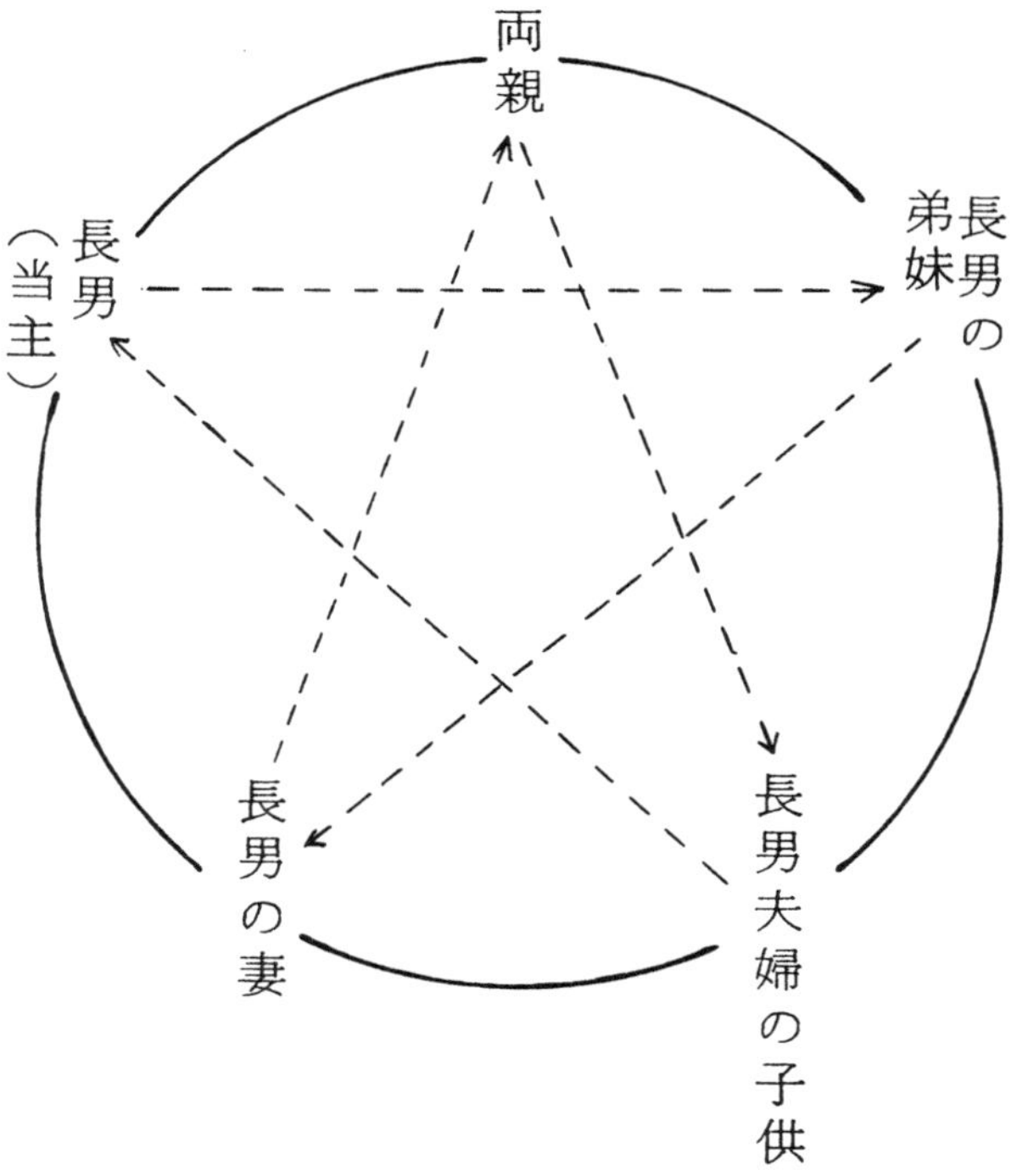

㈠　どのようにグレている長男でも、長男はどこか親思いなものである。

㈡　親は長男からの心づくしを、さほどに感じないものであって、もっぱら次、三男や娘たちを可愛がるものである。

㈢　長男の妻すなわち嫁は、長男の両親すなわち舅姑に対しては、本質的に反感を持つものである。

㈣　長男の弟妹は長男の嫁に対しては敵意を持ち、いわゆる鬼千匹の小姑の立場をとるが、長男夫婦の間の子供たちのことはよく可愛がるものである。この図から考えると、長男の嫁が鬼千匹からの圧力を回避する道は、自分の子供たちを防壁にして、接続の生の対策を考えるべきであろう。

(五) 長男の両親は、長男夫婦の間の子供すなわち孫に対しては有害な存在のようである。それは孫を溺愛するからであろう。

(六) 子供は母親のことは無条件で敬愛するが、父親に対しては敵意を持っているようである。人間は誰でも或る程度のエーディプス・コンプレックスを持っているようである。

卦身

断易ではたいがいの卦に卦身というものが付いているが、卦身のない卦もある。

一、卦身はその卦のテーマ（題目）を示すものである。「黙ってすわれば、ぴたりと当たる」というのは、周易ではむずかしいことであるが、断易の場合は卦身によって、用件をあらかじめ察知し得る場合が少なくない。例えば卦身が妻財ならば、金銭・婚姻の件、官鬼ならば就職・功名の件、兄弟ならば同僚・出費の件という具合である。

卦身はきわめて重要なものであるから、立筮の場合には真っ先に卦身を見、卦身が日月動爻から生扶されている場合は、その件が成功し易く、剋傷のある場合は成功し難いことを察知すべきである。

二、卦身は次の原則にもとづいて付けられている。

(一) 世爻が陽爻の場合は、初爻を子とし、子丑寅と順に世爻まで数え、世爻につき当たる支が卦中にある場合はその支が卦身になる。

乾為天の世爻は上爻の陽爻であるから、初爻を子とし、子丑寅と順に数えると、世爻（上爻）が巳となる。したがって二爻に伏している巳の父母が卦身になる。（ただし理論的にはこの巳の父母は三爻の下に伏しているはずである。伝承の途中で生じた間違いであろうと私は信じている。）

飛神	爻	世応・卦身	伏神
戌父	――	世	
申兄	――		
午官	――		
辰父	――	応	
寅妻	――	卦身	巳父
子孫	――		

㈡ 世爻が陰爻の場合は、初爻を午とし、午未申と順に世爻まで数え、世爻につき当たる支が卦身になる。
天風姤の世爻は初爻の陰爻であるから、初爻を午とし、午が四爻にあるので四爻の午の官鬼が卦身になる。

飛神	爻	世応・卦身	伏神
戌父	――		
申兄	――		
午官	――	応 卦身	
酉兄	――		
亥孫	――		寅妻
丑父	‐ ‐	世	

㈢ 前述の方法で卦身となる支が決定されても、无妄のように飛神にその支がない場合がある。この場合は伏神に該当する支を求めて卦身とする。

飛神	爻	世応・卦身	伏神
戌妻	――	卦身	卯兄
申官	――		
午孫	――	世	
辰妻	‐ ‐		
寅兄	‐ ‐		
子父	――	応	

㈣ 飛神にも伏神にも該当する支のない場合はその卦は卦身を欠くことになる。

㈤ 卦身は一応上述の原則に従って付けられているが、この原則が終始一貫して守られているわけではない。例えば乾為天の卦身は巳になることはわかるが陽卦に陰の卦身を与えたこと、巳の五類を官鬼でなく父母としたこと及び巳を二爻にもって来たことは不可解である。これは坎・艮・震にも言えることである。この点に関しては二つの考え方が可能であろう。

a、鬼谷子に何らか別段の理論があったか

b、二千数百年にわたって筆記によって伝承されているうちに、誤記、脱落が混入したか

いずれにしても、卦身を全体的に検討し直すことが、今後の易学者に与えられている大きな課題の一つであろう。

用　神

「自占の卦では世爻が自分の用神」とか、「天候の占では、妻財が晴れの用神、父母が雨の用神」という具合に、得卦の解釈に関して駆使すべき個々の具体的な世応六親を用神という。易断が的中するか否かは一に用神の選択が適正か否かにかかっているといっても過言ではない。

一、世　応

㈠　世爻は我、応爻は相手または第三者である。換言すれば世爻は一人称、応爻は二人称または三人称である。

a　自占の卦はすべて自分を世爻とする。

b　依頼による卦は、本人が眼の前に来ている場合と、電話、手紙などによる依頼の場合とを問わず、すべて依頼者本人を世爻とする。

c　彼我の関係を見る場合は、我の立場は世爻、彼（相手）の立場は応爻である。

d　妻、子供、友人などについて立筮する場合は、世応を用神とせずに、それぞれ妻財、子孫、兄弟を用神とすることが定法である。ただしこの定法に拘泥し過ぎると、妻は妻財でいつも金廻りがよく、子供は子孫でいつも安全健康、友人は兄弟でいつも金に困っているという不合理なことになる。こういう場合は定法を捨てて、世爻または応爻を用神とする場合もある。これはきわめて厄介な問題であるから、あとで「妻が夫の病気を占う」の項で詳述する。

㈡　世爻は次の原則によって決っている。

a　八つの親玉の卦は、すべて上爻である。

b　一世の卦から五世の卦までは、一世は初爻、二世は二爻という具合に、世の番号と同じ番号の爻が世爻である。

c　遊魂の卦は四爻が世爻である
d　帰魂の卦は三爻が世爻である

二、飛神と伏神

㈠　飛神とは六爻の表に顕出している五類のことである。八つの親玉の卦（八純卦という）は五行完備であるから、飛神に五類が全部揃っているが、子分の卦には五行不完備のものが多く、そのために飛神に五類のうちの一つか二つを欠く場合が生じてくる。これでは推理に不都合を生ずるので、こういう場合は欠けている五類を親玉の卦から借用して、これを卦の左側におく。これが伏神である。

例えば天風姤の外卦は親玉の卦の乾為天の外卦そのままであるが、内卦が巽に変じているので、初爻、二爻、三爻は巽の十二支を帯びることになり、そのために天風姤の六つの爻に寅卯の妻財の五類が欠けることになる。これでは不都合なので、親玉の乾為天の二爻の寅の妻財を借用し、天風姤の同じく二爻の左側に寅の妻財を伏神としておくことになる。

㈡　前項に関連して、親玉の卦の十二支配当のプリンシプルを一応理解しておくことは無駄ではない。こういうことは断易計算尺の使用には全然不必用なことであるが、断易の基礎理論の研究には一つの大きな手がかりになる。

陽卦

乾

戌	──	(亥)
申	──	(酉)
午	──	(未)
辰	──	(巳)
寅	──	(卯)
子	──	(丑)

震

戌	--	(亥)
申	--	(酉)
午	──	(未)
辰	--	(巳)
寅	--	(卯)
子	──	(丑)

陰卦

坎			坤			離		
子	- -	(丑)	酉	- -	(申)	巳	——	(辰)
戌	——	(亥)	亥	- -	(戌)	未	- -	(午)
申	- -	(酉)	丑	- -	(子)	酉	——	(申)
午	- -	(未)	卯	- -	(寅)	亥	——	(戌)
辰	——	(巳)	巳	- -	(辰)	丑	- -	(子)
寅	- -	(卯)	未	- -	(午)	卯	——	(寅)

艮			巽			兌		
寅	——	(卯)	卯	——	(寅)	未	- -	(午)
子	- -	(丑)	巳	——	(辰)	酉	——	(申)
戌	- -	(亥)	未	- -	(午)	亥	——	(戌)
申	——	(酉)	酉	——	(申)	丑	- -	(子)
午	- -	(未)	亥	——	(戌)	卯	——	(寅)
辰	- -	(巳)	丑	- -	(子)	巳	——	(辰)

a　乾の内卦は甲であり、六十干支の首初の子を初爻に与え、輪上して陽支のみを六爻に与えたものであること及び以下の各項も前に述べた。

b　震は乾（父）の嫡子なるが故に、乾とまったく同じに十二支が配当されている。

c　坎は次男なるが故に、子の次の陽支の寅が初爻に配当されている。

d　艮は三男なるが故に、寅の次の陽支の辰が初爻に配当されている。

e　坤の正位が西南なるが故に、西南の未申の二支のうちの陰支の未が初爻に配当されており、また陰卦なるが故に、十二支の順序を逆にして、陰支のみが輪上して六爻に配当されている（或いは初爻から上爻に飛び、十二支の順序で降下していると見てもよい）

f　巽は長女であるから、陰支の首初の丑が初爻に配当されている。

g　離は次女なるが故に、丑の次の陰支の卯が初爻に配当されている。

h　兌は三女なるが故に、卯の次の陰支の巳が初爻に配当されている。

㈢　用神の選択には、飛神に顕出している用神を第一、化出の用神を第二、伏している用神を第三の順序で採用するのが原則であるが、これも杓子定規に解釈してはならない。旺相休因および生剋の関係を検討し、場合によっては飛神の用神を捨てて、いきなり伏神の用神を選ぶなど、融通無礙の解釈が必要である。要するに易を殺してはならないのである。私が卦の解釈にはリーズン（理屈）のほかにイマ　ネーション（想像力）の大切なことを強調する所以である。

三、用神としての五類

㈠　断易は得卦の各爻の五類のなかから用神を選定し、用神の旺衰、他の五類との関係を縦横に考究して、占題についての明確な判断を行うべきものである。したがって五類のそれぞれの意味（別表）の大要に通暁していることが絶対に必要である。

㈡　「易は萬象に通ず」とある通り、自然現象から人事百般に至るまで、断易の取り扱い得ない問題はない。ところが断易が駆使するファクターは父母、兄弟、子孫、妻財、官鬼のわずか五種類に過ぎない。それだから五類を幅広く、いろいろな意味に使用すると共に、場合によっては同じ五類を二重にも三重にも使用する心構えが必要である。

例えば会社を占う場合は、会社が父母であると共に、設備も父母、製品も父母である。それだから断易では一卦兼断を避け、「会社の機運」、「設備の良否」、「製品の良否」という具合に、分占すべきであると古来やかましく言われているが、この点については私に異論がある。分占は煩雑で、意外に厄介である。私は平気で一卦兼断を行うが、そのほうがむしろ深味のある判断が得られる場合が多い。例えば上記の例で父母が休囚または剋傷がある場合は、その会社は衰運にあり、設備も劣り、製品も優秀でないと、父母を三重に使って判断する。

また、妻財も休囚剋傷がある場合は、利益も薄く、従業員のモラールも低いと、妻財を利益と従業員の二重の意味に使って兼断する。利益のあがらないような会社は、従業員のモラールも低いのが通例であり、両者に関連性がある。

このように私はむしろ兼断主義であり、「分占、分占」と騒ぐ人は、想像力の足りない人ではないかとさえ考えている。ただし兼断も分占も程度問題であることを忘れてはならない。

㈢ 用神の選択も融通無礙に取捨選択することが大切であって、杓子定規に考えてはならない。例えば前に述べた真勢の占例、(c)の場合も、子供の用神を自由奔放に使うことは断易の高等戦術の一つである。

立筮の方法

一、円子筮

筮竹と算木を用いる方法は略筮（一爻だけが変ずる卦）を得るのには便利であるが、本筮を得るのには手数が厄介であり、時間もかかり、その間に雑念が混入する可能性もあるので、本筮を必要とする断易には、真勢が推奨している円子筮が最良である。

二、用　具

(一) 白い碁石を十九個用意し、それに白紙を貼布して次のように書く。すべて表を赤（陽）、裏を黒（陰）で書く。

(二) 碁石をパッと落とすための厚紙と、卦を記載するための便箋も用意する。

(三) 便箋には占日の月日と占題を次のように記載しておく。

(四) 簡単な暦（こよみ）も必要である。

五月　乙巳

七日　甲子　空亡　戌亥

（占題）五月の財運

三、方法

㈠ まず太極の石を赤を表にして厚紙の上端の中央におく。

㈡ 残りの十八個の石を両方の掌の間を往復させて、よく掻き混ぜ、石が掌から分離するような感触が得られたところで、パッと石を厚紙の上に落とす。

㈢ 厚紙の上に落ちた石を二の㈠の図の通りに並らべる。

㈣ 赤を陽（—）とし、黒を陰（- -）として、二の㈢で用意した便箋に卦を写しとる。

(1) 例えば並べられた石が次の通りとする。

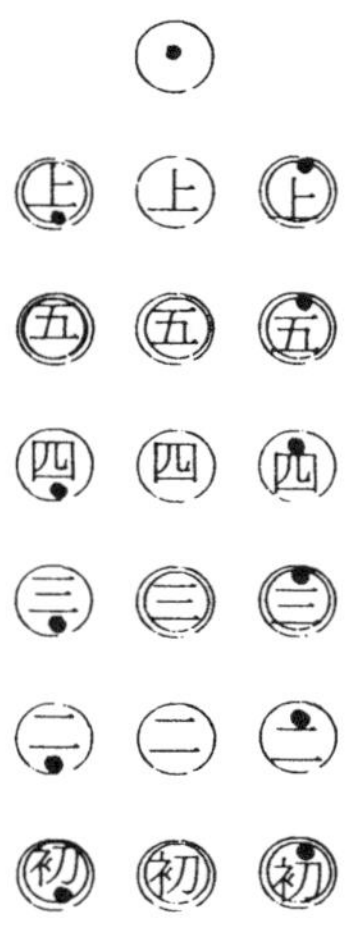

一重丸を赤
二重丸を黒とする

(2) これを便箋に書きとると次のようになる。

(3) 三陽の爻は□、三陰の爻は□□、陰陽の混じっている爻は、「易は少数を尚ぶ」の原則に従い、一対二で少ないものを採り、次のように「火風鼎の風火家人に之く」という卦が得られる。

(4) 最後にこの得卦に十二支および五類をつければ、立筮が完了である。

鼎之家人

巳火 兄弟	—			
未土 子孫	□ □	応	化巳	兄
酉金 妻財	▭		化未	孫
酉金 妻財	—			
亥水 官鬼	▭	世	化丑	孫
丑土 子孫	□ □	身	伏卯父	化卯父

重要な注意事項

㈠　化出の十二支は之卦（この場合は家人）の飛神の十二支である。（例えば鼎の五爻の未が家人の五爻の巳に変ずる、すなわち巳を化出する）

㈡　ところが化出の十二支の五類は、之卦の五類ではなくて、本卦の五類であることを銘記すべきである。（例えば右の例の場合の五爻の化出の巳は、之卦の家人では子孫であるが、五類はすべて本卦の鼎の立場から見るべきものなので、この巳は子孫ではなくて、兄弟であることを忘れてはならない。

四、立筮の際の心構え

㈠　立筮に当って斎戒沐浴とか精神統一などは全然不用である。占題を的確に頭のなかに描きながら（天候を占う場合は大空の状態、社運を占う場合はその会社の所在地、入学を占う場合はその学校の所在地という具合に）、静かに石を厚紙の上に落とせばよい。

㈡　占題を頭のなかに描くということも、べつに神経質に考える必要はない。それは自分が的中させるのではなくて、易が的中してくれるからである。占題を決めた瞬間に、すべてのことが易のなかにビルトインされてしまうから、占題の念じ方が不十分かも知れないなどと、くよくよ心配する必要は少しもない。それだけの威力を持つものであればこそ、「易は萬象に通ず」と言い得るのである。易のこの摩訶不思議な威力に絶対の信頼をおくことが何よりも大切である。

四時の旺衰

一、筮を立てたら、あとは用神を選定し、用神の強弱と他の五類との関係を検討して、占題についての的確な判断を得るのである。難解な周易と比較して、断易は赤子の手をひねるが如く簡単である。外国の名女優の「ショーほど儲かるものはない」というセリフの表現を借用すれば、「易ほど、やさしいものはない」、或いは「易ほど楽しいものはない」ということになるかも知れない。

二、用神の強弱を知るためには、先づ第一にその用神の五行が占日の季節に照らして強いか弱いかを知る必要がある。例えば用神が寅か卯の妻財ならば、その五行が木であるから、占日が春か冬ならば、その妻財が強く、夏か秋、または土用ならばその妻財は弱い。

三、五行の四季による強弱は、別表「四時の旺衰表」の通りである。旺相は強く、死囚休（一括して休囚というのが定法）は弱い。旺と相とを区別する必要はなく、共に強いと考えればよい。同様に死と囚と休とを区別する必要はなく、これはすべて弱いと考えるだけで充分である。

四、ただ一月（丑月）、四月（辰月）、七月（未月）、十月（戌月）の占いについては春夏秋冬のそれぞれの月の季節によって用神の強弱を決定すべきか、或いはこれらの月がいずれも土月なるが故に、土の作用を重視して用神の強弱を判定すべきかという問題が生じてくる。例えば四月の立筮で寅卯の妻財を用神とする場合に、春なるが故にその妻財を旺相と見るか、或いは土月なるが故に休囚と見るかの問題である。

この場合も私はきわめて割り切った考え方をしている。すなわち前の例で言えば、四月の土用の入りまでの立筮ならば、その妻財は旺相、土用に入ってからの立筮ならば、その妻財は休囚と解するのである。この考え方で私は少しも不都合を感じたことがない。

月建と日辰

一、立筮の日の月支を月建、日支を日辰という。共に断易のきわめて重要なファクターである。断易とは先ず用神を選定し、「四時の旺衰」と、月建、日辰に照らして、各用神の強弱を勘案し、得卦の吉凶を判断する技術であるといっても過言ではない。

例えば昭和五十二年の五月七日ならば、乙巳月の甲子日であるから、月建は巳、日辰は子ということになる。

二、立筮の年の年支を歳星という。昭和五十二年の立筮は歳星がすべて巳である。数年間以上の長期にわたる事項の占には、歳星を重視すべきであるという説があるが、これは間違いである。断易は「四時の旺衰」を基礎とするものであり、また後に述べる通り、日辰に恒久的な司配力があるから、歳星などという余計なファクターをかつぎ出す必要は毛頭ない。（後述の「年値十二運」を見るだけでよい。）

三、月建を「萬卦の提綱」というのは、月建の重要性を強調したものである。月建については次のことを銘記すべきである。

(一) 爻の旺相、休囚を月建によって判定する。

(二) その月内（月内というのは常に月節内であることを忘れてはならない）は、爻に対して日辰と同等の強力な影響力がある。

㈢ その月を過ぎれば、月建の影響力は俄然弱くなる。日辰が恒久的な影響力を持つのと重要な相違点である。例えば財運を占って妻財が月建を帯びる場合は、その月内は財運好調であるが、その月を過ぎると、財運が急激に衰退することを警戒すべきである。

㈣ 断易では「日月動爻からの生」とか、「日月動爻からの剋」というようなことを頻繁に言うが、これは用神に対する日辰、月建、動爻からの影響力がほぼ等しいこと、及びこれらの影響力の相互関係を検討することが断易の急所であることを教えているのである。

㈤ 例えば用神が日月動爻の生合を受ければ、安静、または休囚の用神も活動力を持つことになり、逆に日月動爻からの剋冲を受ける場合は旺盛な用神（例えば回頭の生になっている用神、進神に化している用神）も無力となる。

㈥ 用神は日月動爻から均等の影響力を受けることは前述の通りである。ところがこれらの影響力に相互に矛盾撞着がある場合に、それをどう捌くかが断易を志す者の腕の見せどころである。例えば用神が動爻からの冲剋を受ける場合も、その用神に月建または日辰からの生合があったり、或いはその動爻が日月から剋冲されているような場合は、その用神に大害はないと判断する。用神と日月動爻の関係は複雑多岐である。あらゆるケースに適用できる定規はない。

㈦ 用神が伏している場合も、その飛神が空亡であったり、或いは日月動爻の剋冲を受ける場合は、伏神が表に出て、飛神と同じ働きになる。（後述の「飛神・伏神」参照）

㈧ 用神が空亡であっても、用神が月建を帯びる場合は、出空の日を待って強力に発動する（後出の「空亡」

参照）

(九) 用神が月建を帯びる場合は、たとえその用神が日辰に墓に入り、または動いて墓絶に化する場合も、墓絶を過ぎて、長生または帝旺に入る時点において、事の吉凶が成就する。

(一〇) 元神が月建を帯びて発動すれば（回頭の生の場合と回頭の剋の場合および進神に化する場合と退神に化する場合とを区別する必要がある）用神が大なる利益を得る。

これに反して忌神が月建を帯びて発動すれば、用神は大いに不利となる。

(二) 爻が月建に冲されることを月破または冲破（冲されて破れるの意味であって、四柱推命の冲と破の意味ではない）という。

イ、旺盛安静の爻で、日辰動爻からの生合がある場合は、月破に逢うとも破れない。

ロ、旺盛の動爻に日辰、動爻からの生合、または化出の支からの生合がある場合は、月破に逢うとも破れない。旺盛というのは、四時の旺衰の旺相よりは範囲が広く、例え休囚であっても、その爻が日辰を帯びるとか、日辰動爻からの生合があるとか、回頭の生或いは進神に化するとか、日辰或いは化爻に長生する等のいずれかであれば、旺盛の爻という。

ハ、用神が休囚空亡、或いは日辰動爻からの剋冲を受け、その上に月破に逢う場合は真破という。真破の用神はひどいダメージを受けるので、その月節を過ぎても回復の望みがない。

ニ、旺盛の用神はたとえ月破であっても、また破の月節内にあっても、用神の支の値日（実破）、用神の支が合に逢う日（合破）、また合を帯びる旺盛な用神が月破に逢う場合は、その用神の支の値日、または合爻の値日（填日）には、破の月節内であっても活動力を持つことを忘れてはならない。

四、日辰を「六爻の主宰」という。きわめて重要なものであり、断易の最重要なファクターといっても過言ではない。

(一) その月節内だけ権威を揮う月建と違って、日辰の影響力は恒久的である。

(二) 用神が休囚であっても、日辰を帯びる場合は旺相と同じである。日辰からの扶拱（比和）も右に準ずる。

(三) 用神が動爻からの剋冲を受ける場合も、日辰がその動爻を制する場合は用神は安泰である。例えば日辰がその動爻を冲剋する場合は、動爻は用神を害する力を失うし、日辰がその動爻と合になる場合は、動爻は日辰との「合を貧って」用神を剋することを忘れることになる（貪合忘剋）。

(四) 用神が伏している場合には日辰がその飛神を冲剋すれば、伏神は直ちに表に出て活動力を持つ。

(五) 安静の爻が日辰と合になる場合は、その爻は動爻と同じ活動力を帯び（合起）、他爻に対して強力な影響力を持つことになる。動爻が日辰と合になる場合は、日辰との「合を貪って」、動爻としての本来の活動力を失うことになる（合住）。

(六) 旺相の静爻が日辰に冲される場合は、動爻と同じ活動力を持つ（冲起、暗動）。休囚の静爻が日辰から冲される場合は、その静爻は無力となる（冲散、日冲）。

(七) 用爻が月建日辰の一方から生じられ、一方から剋される場合は、月建日辰からの影響力はプラス・マイナス・ゼロと見る。この場合は動爻からの影響を重視する。

(八) 日辰からの生扶拱合がある場合は、休囚の爻も活動力を持つ。またそういう爻は月破に逢っても破れないことは前に述べた。ただし日辰からの生扶拱合があっても、月建と動爻からの二つの剋害を受ける場合は、二対一の関係になるので剋害を免れないことになる。

(九) 用爻が日辰から剋され、或いは日辰に墓絶に入る場合は、旺相の爻も無力となる。

(〇) 旺相の動爻が日辰から冲される場合は、その動爻は活動力を失うが、合に逢う日を待って活動力を回復する（冲中逢合）。

㈠空亡旺相の静爻が日辰から冲される場合は空亡と見ない、旺盛な活動力を持つ（冲実）（空は冲によって解く）。空亡休囚の静爻が日辰から冲される場合は無力となる（冲散）。

㈡用爻が他爻と合になっている場合に、日辰がそのいずれかの爻を冲する場合は、合の結合が解消する（合処逢冲）。忌神との合が破られるのは吉であるが、吉神との合が破られるのは凶である。

㈢動爻が剋に化し（回頭の剋）、または冲に化する場合（回頭の冲）に日辰がその化爻を冲する場合は、動爻の飛神は回頭の剋冲の害を受けない。

㈣以上くどくどと述べたが、「動は合に逢えば絆住し、静は冲を得て暗動す」（千金賦）の原則を銘記するだけで十分である。

伏吟

一、伏吟とは爻が同じ十二支の爻を化出することであって、次の場合しかない。

㈠内卦または外卦の乾が震に変じ、またはその逆に内卦または外卦の震が乾に変ずる。

例えば

a　大有が噬嗑に変ずるのは内卦の伏吟

b　遯が小過に変ずるのは外卦の伏吟

c　乾為天が震為雷に変じ（またはその逆）、无妄が大壮に変ずる（またはその逆）のは内外両卦の伏吟。

㈡　伏吟は乾為天の納甲と震為雷の納甲が同じであることから起こる当然の現象である。

二、伏吟の卦を得た場合には、「渋滞が多く、事が成り難い」といわれるが、まさにその通りである。「変じて変ぜず」であるから、事が成りにくいのは当然である。

反　吟

一、反吟には卦の反吟と爻の反吟の二つがある。

㈠　卦の反吟とは方位的に反対の卦に変ずることである（例えば西北の乾が東南の巽に変ずる、またはその逆）。「内卦の反吟は内事が成り難く、外卦の反吟は外事が成り難く、内外両卦の反吟は内憂外患」というような説があるが、「こじつけ」に過ぎない。このような説に拘泥する必要は少しもない。

㈡　爻の反吟とは爻が冲に化することである。これは相当頻繁に起こることであるが、冲に関する理論を適用して解釈すればよい。

二、伏吟は大いに意味のあることであるが、反吟というのは無用の用語である。

六合の卦と六冲の卦

一、卦の相応の爻（初爻と四爻、二爻と五爻、三爻と上爻）がすべて支合になっている卦を六合の卦（否・節・賁・予・旅・復・泰・困）と称し、それらがすべて相冲になっている卦を六冲の卦（乾・坎・艮・震・巽・離・坤・兌・无妄・大壮）という。

二、「六合の卦が六合の卦に変ずるのは無条件に大吉」、「六冲の卦が六冲の卦に変ずるのは無条件に大凶」、「六合の卦が六冲の卦に変ずるのは初め吉で後に凶」、「六冲の卦が六合の卦に変ずるのは初め凶で後に吉」、というようなことが言われるが、断易の研修に志ざす人は、このような安易な考え方に陥ってはならない。常に五行哲学の大道に立って、ケース・バイ・ケースに的確な推理を行うべきである。例えば訴訟、出産などの場合は、六冲の卦がかえって吉になる場合が少なくない。ただしいずれも用神（出産ならば産婦と胎児）について、個別的に精細に検討すべきであることは言うまでもないことである。

三、冲にも冲実、冲起、冲散、がある。これらを厳密に区別しないで、漠然たる推理を行うのでは、断易をマスターすることは不可能である。（例えば応期断則に「用爻空亡安静なものは、空を出でて冲剋に逢う時に応ず（冲は成就、剋は被害）」とあるのは冲実を説いているのである）。

化爻

一、爻が動いて化出する支を化出の爻または化爻という。化爻については先ず次の原則がある。

㈠ 化爻は本位の爻に対しては生合剋冲の作用をするが、他爻に対しては作用をしない

㈡ 本位の爻および他爻は、化爻に対して生剋冲の作用を及ぼすことができない。ただし支合と三合の関係はすべて有効である。

㈢ 月建日辰の化爻に対する影響力は、普通の用爻に対する月建日辰の影響力と少しも相違がない。

二、化爻が本爻を生ずる場合を「回頭の生に化す」といい、化爻が本爻を剋する場合を「回頭の剋に化す」という。

㈠ 本爻が休囚であっても、回頭の生に化すれば吉、本爻が旺相であっても、回頭の剋に化すれば凶と見る。回頭の生剋は相当に重要なファクターである。

㈡ 寅卯の本爻が巳午に化す（漏気）或いは丑辰などに化す（剋気）場合は、本爻に無影響と見る。この場合は日月およびすべての本爻、化爻との支合、三合の関係を検討するだけでよい。

㈢ 内卦または外卦の震が兌に変化する場合などは卦の回頭の剋であるが、卦の回頭の生剋というのは周易の象数派の関心事であって、断易には全然不用である。

三、本爻が同種類の支を化出し、十二支の順序で前進の方向に変化するのを「進神に化す」といい、後退の方向に変化するのを「退神に化す」という。例えば寅が卯に変化するのは進神、卯が寅に変化するのは退神である。

㈠ 木（寅↓卯）、火（巳↓午）、金（申↓酉）、水（亥↓子）については、進神、退神の変化に

疑問の余地がないが、土　については若干疑問がある。
次のように理解すべきである。
（進神）丑↓辰↓未↓戌↓丑
（退神）戌↓未↓辰↓丑↓戌

㈡　喜神が進神に化するのは大いに喜ぶべきことであるが、忌神が進神に化する場合は用神がひどい剋害を受けることになる。

㈢　進神については次のことを知っておくべきである。

a　旺相の爻が進神に化する場合は、作用が一層強烈になる。

b　休囚の爻が進神に化する場合は休囚の爻も相当の力を発揮することになり、その爻が旺相になる時点において強力な作用をする。

c　本爻も化爻も共に空亡の場合は、出空を待って強力に作用する。

d　本爻または化爻が月破の場合は、その月節を過ぎれば作用が強烈になる。

e　本爻または化爻が日辰から冲される場合は、その爻が合に逢うことによって、また日辰に合住される場合は、その爻が冲に逢うことによって作用が強烈になる。

㈣　退神については次のことを知っておく必要がある。

a　旺相の爻が退神に化しても、その本爻に日月動爻の生がある場合は退神を気にする必要はない。

b　休囚の爻が退神に化するときは、急激に衰退して無力となる。

c　空亡の爻が退神に化する場合は、旺相の場合は空をもって論じないのであるが、出空と共に急激に力が衰退する。

d　月破の爻の退神は無力となる。破を出ても回復しない。

e　退神の本爻が日辰から冲される場合は冲散となる。日辰からの合がある場合は、冲に逢うことによって衰退する。

剋冲生合

一、用神と動爻との関係は慎重に検討すべきである。原則としては用神が吉神（例えば財占の場合の妻財）の場合は、動爻からの生合を喜び、剋冲を嫌い、用神が凶神（例えば病占の場合の官鬼）の場合は、動爻からの生合を嫌い、剋冲を喜ぶのは当然である。

二、世爻と動爻との関係は一層慎重に検討する必要がある。次に述べるのは一応の手引に過ぎないことを念頭において、ケース・バイ・ケースに判断すべきである。

㈠　動爻が世を剋冲するのは作用が急速（物来就我）、世を生合するのは作用が緩慢である。

a　例えば財を占い、妻財が動いて世を剋冲する場合は、財が急速に入ってくる。妻財が動いて世を生合する場合も財は入るが、緩慢であるから、こういう場合は剋冲のほうが一層よい（財がいつ入るかは「応期断則」参照）。

b　音信（父母）の場合も父母が世を剋冲するほうが一層よい。

c　物来就我の物とは財物の意味ではなくて、オブジェクト（客体）の意味であるから人間も含まれる。待ち人、走り人（家出人）の場合などもそれぞれの用神（子供は子孫、使用人は妻財、友人は兄弟という具合）が動いて世を剋冲する場合は生合よりも一層急速に世のもとに来るか戻ってくる。

d　以上の解釈を拡大して、入学入社の占の場合も、父母（学校・会社）が動いて世爻または用神を剋するほうが、入学入社が急速に可能かというと、そうはいかない。学校や会社が動いてこちらに来るというのは純理に反するからである。入学入社の占に物来就我は不合理であり、凶であり、その学校または会社から拒否されると解すべきである。この場合は生合のほうがずっと良い。「馬鹿のひとつ覚え」は厳に警むべきである。

㈡ 二つ以上の動爻がある場合は、剋冲生合の関係について一層慎重な判断が必要である。

a 例えば財を占って「節の中孚に之く」卦を得た場合は、世に巳の妻財がついているのは吉兆であるが、上爻の子の兄弟が「独発して」世財を剋しているのは大凶である（この場合も妻財が旺相で兄弟が休囚ならば中凶、妻財が休囚で兄弟が旺相ならば大凶という具合に、あらゆるファクターを詳細に検討することが大切である）。

子兄	卦身 □	□		化 孫卯
戌官		——		
申父		− −	応	
丑官		− −		
卯孫		——		
巳妻		——	世	

b 同じく財を占って「節の益に之く」卦を得た場合は、上爻の子の兄弟（財の忌神）の発動の外に二爻の卯の子孫（財の元神）も発動するので、前項の「節の中孚に之く」とはまったく様子が違ってくる。すなわち兄弟が子孫を生じ、子孫は倍加の勢いをもって世財を生ずることになるので（接続の生）、財占大吉となる。（ただしこの場合卯の子孫が寅の退神に化するので入財の過程において若干の阻滞があることを覚悟すべきである）。この場合に兄弟が子孫を生ずることに熱中して、世財を剋することを忘れてしまうという解釈もある（貪生忘剋）

子 兄	卦身 □	□	化 卯 孫
戌 官		──	
申 父	応	-- --	
丑 官		-- --	
卯 孫		▭	化 寅 孫
巳 妻	世	──	

c　同じく財を占って「節の履に之く」卦を得た場合は、応爻の申の父母（両親、会社、銀行、証券、担保物件など）が世財と合になるので、入財容易のようであるが、この四爻の申の父母は上爻の子の兄弟を生じ、兄弟は倍加の勢いをもって世財を剋してくるので（接続の剋）財の入手は不可能と断ずべきである。（それでなくとも、応爻の父母が回頭の剋に化しているので、両親は頼みを聞いてくれない、会社は経営不振、銀行は緊縮政策、担保物件は不足と見るべきである）。

子 兄	卦身 □	□	化 戌 官
戌 官		──	
申 父	応	□	化 午 妻
丑 官		-- --	
卯 孫		──	
巳 妻	世	──	

d　財に関して或る友人から援助が得られるかを占って「節の小畜に之く」卦を得た場合は、この友人（上爻の子の兄弟）は三爻の丑の官鬼と合であり、偉い人のご機嫌とりに夢中であって、自分に対して財的援助をする意志は毛頭ないことを悟るべきである（友人は兄弟であり、兄弟は財の忌神であるから、友人は財的援助をしないものというような解釈をしてはならない。b項の「節の益に之く」卦の場合ならば、友人が財的に大いに力になる）、こういう場合を反徳扶人ともいう。徳というのは自分（用神）

人というのは他爻のことである。

子	兄	□ □（卦身）	化 孫 卯
戌	官	——	
申	父	— —（応）	
丑	官	□ □	化 官 辰
卯	孫	——	
巳	妻	——（世）	

e　財を占って「節の損に之く」卦を得た場合は、五爻の官鬼は世財の忌神の上爻の兄弟を剋し、世財の喜神の二爻の子孫を合起するという一石二鳥の有用な働らきをする。こういう場合を去殺留恩という。殺とは忌神、恩とは喜神のことである。こういう卦を得た場合は官鬼によって財が得られることを意味するから、誰か偉い人に頼めば財の入手が順調に運ぶことになる。

これとは逆にc項の「節の履に之く」卦の場合は、四爻の父母は上爻の忌神を生じ、二爻の喜神を剋している。これは忘恩留殺であるから、財占には極めて不利な卦である。

子	兄	□ □（卦身）	化 卯 寅
戌	官	▭	化 兄 子
申	父	— —（応）	
丑	官	— —	
卯	孫	——	
巳	妻	——（世）	

f　官鬼は病占および訴訟占の主役である。これらの占の場合には官鬼が日月動爻から生扶されて、世爻または用爻を剋冲するのは大凶である。助鬼傷身という。鬼とは官鬼、助けてとは日月動爻から官鬼が生扶されること、身とは世爻または用神である。旅行などにもこういう卦を得た場合は旅行を中止するほうがよい。

長生十二運

一、前世・現世・後世の三世を想定して、魂の循環を説くのは古今東西に共通の現象である。恐らくこれは人間の生活を現世だけに限定するのは余りにも物足りないとする欲求から来ているものであろう。誰も前世と後世を見た者はいないわけであるが、これらの二つの世界の存在を裏書きするような神霊現象はもとより、物理的現象さえも多くの人によって経験されていることは確実なようである。

二、仏教の輪廻説、プラトーのレゼネレーション（再生説）は余りにも有名であるが、この長生十二運の思想は古代中国人の霊魂循環思想として興味深いものである。特にこの長生十二運の思想は五行哲学に立脚し、木火土金水のそれぞれのエレメントの消長循環を説いているのであるから一層精緻でもあるし興味も深い。

三、十二運は別表の通りであるが、胎から帝旺までの七つが上昇運、衰から絶までの五つが下降運である。ただし上昇運のなかにも冠帯（成人式）の前に沐浴（斎戒沐浴）という戒慎の運を設けたのは素晴らしい構想である。七つの上昇運のなかにぽっかりとこういう落し穴があることは、人生行路の険しさとよく一致している。沐浴は変動波瀾の大凶運であることを忘れてはならない。

四、四柱推命の場合と違って、断易では十二運の全部を細かに区別して使用する必要はない。
次の三種類に区別し、強運と衰運の五つを使用するだけで十分である。

強　運………長生・帝旺

衰　運………沐浴・墓・絶

平　運………残り全部

例えば財を占って卯の妻財が亥の長生に化し、または日辰が亥であって日辰に長生となる場合は財運旺盛と見る。反対に卯の妻財が申の絶に化し（回頭の剋にもなる）、或いは日辰が申で、妻財が日辰に絶する場合は、財運に望みなしと見るのである。

五、十二運は三合の関係を基本とするものである。

	(長生)	(帝旺)	(墓)	(絶) 墓の次の支
木局	亥	卯	未	申
火局	寅	午	戌	亥
金局	巳	酉	丑	寅
水局	申	子	辰	巳

ここで一大疑問が生じてくる。それは五行のうちの土局というものがない。したがって土行についての十二運がなく、やむを得ず土行については水行の十二運を併用するのが古来の慣例であるが、水と土という全く違う二つのエレメントに同一の十二運を配することの不合理なことは一見明瞭である。

この不合理を是正するために、漢の時代に淮南（淮水の南部一帯の総称、ここで初めて豆腐が作られたというので、中国では豆腐を淮南という）の劉安が編集した「淮南子」には、土行を独立させて、十二運を次のように配当している。

	長生	沐浴	冠帯	建禄	帝旺	衰	病	死	墓	絶	胎	養
土	午	未	申	酉	戌	亥	子	丑	寅	卯	辰	巳

六、土行の十二運に関する古説としては「淮南子」以外には見当らないから、われわれは暫定的にこの説に従う以外に手はないが、これとても真にわれわれを承服させる意見ではない。「淮南子」によれば、土は夏に活動力が最盛になるので午に長生となり、順序を追って戌に帝旺となり、春には植物が一斉に伸長し、植物

に土の力が奪われるので、土は寅に墓となり、卯に絶するという。

しかしながら、前に述べた通り十二運というのは十二支の三合関係を基礎とするものであり、例えば木行は東方木運の主星の卯を盟主として三合の一翼の亥が長生、未が墓という具合に、木火金水の四行については、それぞれの主星の位置が確定しているので十二運についても疑問の生ずる余地がない。

ところが土行の位置は中央と四隅であるために、まず主星を決定し難いことが最大の難関になる。「淮南子」は戊を土行の主星に採用しているがきわめて根拠薄弱である。何故ならば戊は西北の乾の座に属し、土の力としては大いに衰弱する時期である。

そこで私は敢えて異説を立て、坤土に属する未を土行の主星に採用し、土行の十二運を次のように決めて使っているが、まことに具合がよいようである。

	長生	沐浴	冠帯	建禄	帝旺	衰	病	死	墓	絶	胎	養
土	卯	辰	巳	午	未	申	酉	戌	亥	子	丑	寅

これならば土は亥（十一月）子（十二月）に凍結して休眠状態の墓絶になり、丑（一月）から地力を回復し、卯（三月）には長生となって植物を一斉に成長させ、未（七月）には帝旺の地力の極盛期を迎え、その旺盛な地力で植物に結実させることになる。未は木行の植物にとっては、墓の結実の時期である。

水行と土行が同じ十二運というのは不合理なことは疑問の余地がないが、土行の十二運を「淮南子」の説によるか、或いは私の説によるかは、後来学者の研究に待つほかはない。

七、立筮したならば、先ず用神を決定し、㈠日月動爻および化爻からの生合剋冲の関係を検討し、㈡日月動および化爻との長生・帝旺・沐浴・墓・絶の関係（十二運を見るのはこの五つだけでよい）を検討すれば、占題についての的確な判断が得られる。断易とはこのように容易なものである。㈠と㈡に同等の比重をおく。

(二)を優先させるという説があるが私は採らない。

例えば　五月七日（乙巳月、甲子日　空亡戌亥）に財を占って節の不変を得た場合は世爻の巳の妻財を用神とする。春の土用を過ぎて巳の月節に入っているから、妻財旺相で財運好調であるが、卦身が子の兄弟で世財を剋する情があり、また世財が日辰の剋を受けているから、財運盛大といえども油断は禁物である。妻財と兄弟の消長に十分注意すべきである。消長は次のように判断する。

卦身	子兄	- -	
	戌官	——	
	申父	- -	応
	丑官	- -	
	卯孫	——	
	巳妻	——	世

(一)前記の卦が数年間にわたる長期の財運に関する占ならば

巳年……妻財の値年で、兄弟の絶年、財運大好調（十二運で見る）

午年……火行の妻財が帝旺運にめぐる、財運大好調（十二運で見る）

ただし兄弟が歳星から沖起されるので十二月は注意

未年……歳星の未および歳星から沖起される三爻の丑が共に兄弟を抑えるので財運好調（生合剋沖で見る）

申年……世財が巳の歳星の申から合起されるのは吉、子の兄弟が歳星に長生になるのは凶、財運半吉（生合剋沖と十二運の両方で見る）

酉年……子の兄弟が沐浴で無力、財運安泰。世財が歳星の父母に三合するので、支店の開設などがある。（十二運で見る）

戌年……世財入墓の年であり、この卦に不現の亥の兄弟の出空の年でもある、財運要警戒（十二運で見る）

亥年……世財が歳星から冲剋され、兄弟は歳星から拱扶され、世財が絶運の年で財運最悪

（生合剋冲と十二運の両方で見る）

子年……世財が歳星から剋され、兄弟の値年で帝旺である。財運は前年に次ぐ凶運

（生合剋冲と十二運の両方で見る）

丑年……兄弟が歳星から剋合になり、兄弟の長生に当たる申の父母が入墓の年

財運復調

（生合剋冲と十二運の両方で見る）

寅年……世財が長生となる年で、歳星から生じられる。財運大好調の年である。

（生合剋冲と十二運の両方で見る）

卯年……世財が歳星から生じられ、財の元神の子孫の値年でもあるが、世財が沐浴運なので有頂天でいると落とし穴に入る

（生合剋冲と十二運の両方で見る）

辰年……兄弟の三合の欠支が補充される年であるが、兄弟入墓の年なので、兄弟は強力でない。

財運はまず安泰

（十二運で見る）

こういう具合に、めぐって来る各年の支によって用神の盛衰消長を推理することを「年値十二運」による判断という。

(二) 短期間に関する卦については、「月値十二運」、「日値十二運」、「時値十二運」による判断がある。

そのやり方は上述の「年値十二運」の判断のやり方とまったく同じである。

八、「帯爻十二運」という説がある。木爻は寅が建禄、卯の帝旺、火爻は巳が建禄、午が帝旺、金爻は申が建禄、酉が帝旺、水爻は亥が建禄、子が帝旺になるので、用爻から日辰を見て建禄または帝旺になる場合は、世の四時の旺衰とは無関係にその用爻を旺相と見る説である。例えば財運を占って節の不変を得た場合は、世の妻財が火爻なので、日辰が巳（建禄）または午（帝旺）の場合は、秋または冬の卦であっても、世財を休囚

と見ないで旺相と見る説である。

しかしながら、この場合は用爻が日辰から拱扶されているのであるから、旺盛と見るのが当然であって、「帯爻十二運」というような珍妙な見方をする必要は少しもない。

また土爻が辰を帯びる場合は、辰は水行、土行の墓に当たるので（水行と土行を同じ十二運とする旧説による）、その土爻は自ら墓に入っているとして自墓と名づけるものも古来の慣例であるが、この場合も墓の圧伏冲開に関する普通の理論を適用すればよいのであって、自墓というような「こけおどし」の名称を用いる必要はない。

九、「化爻十二運」は大いに重要である。例えば財運を占って節を得て、火の世財が寅の長生を化出する（例えば節の師に之く）のは大吉という具合に判断する。この場合は、妻財が回頭の生に化すわけであるが、本爻と化爻との間の生合剋冲の関係もさることながら、化爻が長生、帝旺、沐浴、墓、絶、になる場合はそれを大いに重視すべきである。化爻のその他の十二運は無視してよい。

卦身	子兄	‐ ‐		
	戌官	▭	化	亥兄
応	申父	‐ ‐		
	丑官	‐ ‐		
	卯孫	——		
世	巳妻	▭	化	寅孫

一〇、「出透十二運」も大いに重要である。用神が伏している場合に、その本爻（飛神）が空亡であるか、或いは日月動爻に冲剋され、逆に伏神が日月動爻から合起、冲起される場合には、伏神は直ちに飛神に出て活動力を持つ（提抜）。この場合にその伏神から見て本爻の十二支の十二運が何に当たるか（この場合も長生、帝旺、沐浴、墓、絶だけ）を見るのが「出透十二運」である。

例えば財を占って姤を得たとする。二爻の伏神の寅の妻財を用神とする。この妻財が提抜されて表に出る場合には、表の十二支の亥がこの妻財の長生に当たる。これを「飛神に出でて長生に入る」という。財運大吉の象である。

父戌 ——
兄申 ——
官午 —— 卦身 応
兄酉 ——
孫亥 —— 妻寅
父丑 ‐ ‐ 世

また例えば病気を占って「巽の臨に之く」卦を得たとする。三爻の酉の官鬼が丑の墓に化している。これを「随官入墓」という。官鬼が日辰に墓に入る場合、飛神に出でて墓に入る場合も、すべて随官入墓である。病占では随官入墓は必死の象とされているがこういう局部的なことを金科玉条と考えてはならない。ただしこの「巽の臨に之く」卦の場合は、随官入墓の外に、世爻が官鬼を化出し、回頭の剋に化しているから大凶である。こういう卦ならば或いは必死と判断しても間違いないかも知れない。

ついでながら用神が動いて官鬼に化するのを「用動化鬼」という。病占には大凶であって、これも必死といわれる。特に独発の場合は凶兆濃厚である。ただしこういう場合においても用神の旺衰と官鬼の強弱を考えて慎重に判断すべきである。

兄卯 □ 世 化 官酉
孫巳 □ 卦身 化 父亥
妻未 ‐ ‐
官酉 □ 応 化 妻丑
父亥 ——
妻丑 □ □ 化 孫巳

一一、「空伏墓中避凶」という言葉がある。用神が動爻からの冲剋を受ける場合に、その用神が空亡であるか、伏神或いは三墓（㈠自ら墓を帯び　㈡日辰に墓に入る。㈢墓に化する）の場合は、動爻からの冲剋の害を受けないことをいう。

ただし用神空亡の場合は出空を待って、伏神の場合は値年、値日のめぐってくる時に、三墓の場合は冲開を待って、動爻からの剋害を受けることになる。この場合も用神が旺相ならば剋害は軽微である。

一二、吉神の用神が日辰または月建に照らして絶になるのは凶兆、凶神の用神が日月に絶になるのは吉兆であるのは当然である。この場合に動爻がその用神を生ずるか、或いは用神が動いて回頭の生に化することがあれば、日月に絶する関係が解消される。これを「絶処逢生」という。例えば財を占って節を得た場合には、世の巳の妻財を用神とする。この場合に占日が亥の日であれば、妻財が日辰に絶することになるが、二爻の子孫が動いて世財を生ずるか、或いは世財が動いて回頭の生に化することがあれば、絶処逢生となって「初めは凶であるが後に吉」と判断する。何故ならば、日月との関係が先で、動爻との関係が後と見るのが定法だからである。絶は強烈深刻な関係であるから、用神が日月に絶する関係だけでなく、用神が絶運にめぐる関係も慎重に検討する必要がある。用神が日月から剋されている場合に、動爻が用神を生ずるか、或いは用神が動いて回頭の生に化する場合を「剋処逢生」という。前項の絶処逢生とまったく同様に解釈すればよい。

子兄	‐ ‐	卦身
戌官	――	
申父	‐ ‐	応
丑官	‐ ‐	
卯孫	――	
巳妻	――	世

空亡

一、太陰暦は陽干と陽支、陰干と陰支の組み合わせである。干は十干、支は十二支であるから、十干の旬内においては結合する相手のない二支が残るのは当然であり、この二支をその旬内の空亡という。空亡は別表の通りである。

二、空亡の爻はその旬内は無力である。四柱推命にも空亡がある。それは生日の干支から見て、生年、生月、生時の支が空亡であるか否かを見るのであり、特に大運、歳運に空亡にめぐるなどは無視すべきであるという意見であるが、その反面において、ひとかどの人物の命式には空亡がなく、人生相談の依頼者などの命式には必らず一つか二つの空亡があるのも動かし難い事実である。空亡は太陰暦構成の重要なファクターであるから、重大な意味を持つものであることは明らかである。将来大いに研究すべき課題の一つである。

三、断易に於ては空亡は重要な役割を演ずる。「空亡の爻はその旬内は無力であり、空亡を出る（出空）と共に強力な活動力を回復するが、空亡の二支のうち最初の支を応期と見る」のが鉄則である。

例えば丁酉の日に財を占って節を得たとする。巳の世財が空亡であるから、この旬内は財運の望みがないが、出空と共に財が入ってくる。この場合は辰巳に出空し、特に巳の妻財であるために巳の値月、値日が入財の応期になるように判断され易いが、辰巳のうち前支の辰の月、辰の日が入財の応期になる場合が多いことを銘記すべきである。この場合の入財の多寡、難易は世財の旺相、休囚、および日月動爻からの生合剋冲の関係によって判断すべきことは言うまでもないことである。また財爻が空亡によって剋害を避けているのに、出空と共にその剋害を受ける場合もあることを忘れてはならない。

卦身	子	兄	‐ ‐
	戌	官	—
	申	父	‐ ‐ 応
	丑	官	‐ ‐
	卯	孫	—
	巳	妻	— 世

四、空亡に二種類ある。

㈠　空亡であるが、実際に空亡として取り扱う必要のないもの。

㈡　名実ともに空亡のもの、の二つである。これは「故（欠陥）なければ空亡とするなかれ」（千金賦）の原則による相違である。前者を「有用の空亡」後者を「無用の空亡」と呼ぶのが慣例である。

五、有用の空亡は次の通りである。

㈠　旺相の爻はたとえ空亡であっても空亡と見ない……旺相の爻が無力というようなことはあり得ないから。

㈡　動爻は空亡と見ない……無力のものが動くはずがないから。

㈢　日月動爻からの生合のある爻は空亡と見ない……このように助勢のある爻は活動力を持っているから。

㈣　前項の場合は、たとえ空亡の爻が空亡に化する場合も空亡と見ない……こういう爻も活動力を持っていると考えられるからであるが、この場合は爻が旺相であることが条件であることを忘れてはならない。休囚の空爻が空に化するのは雲散霧消と見るべきである。「空より空を化すれば凶咎あり」（千金賦）というのは後者の場合をいうのである。

㈤　空亡の伏神も旺相ならば空亡と見ない。……休囚の用神が「伏して空」というのは、きわめて無力であることを忘れてはならない。

このように用爻が「有用の空亡」に陥っている場合は空亡と見ないのであるが、空亡は一つの厳然たる事実であるから、この場合も空亡を全く無視するわけにはいかない。

こういう用爻は顕在力（カイネチック・パワー）を欠き、潜在力（レーテント・パワー）を持つものと解すべきである。

空亡の旺爻は次の場合にきわめて強烈に発動する。

a　日月動爻からの冲があれば空亡は解除され、普通の旺爻と全く同じになる……「空は冲に逢って用あり」

（千金賦）の原則による。

b　冲の日（または月）にめぐる（冲実）……右に全じ

c　出空……空亡の二支のうち前支が応期になることは前に述べた。

d　出空後の用爻の値日（または値月）……塡実という。

俗書がdだけを強調して、cを重視しないのはたいへんな間違いである。

六、「無用の空亡」（真空）は次の通りである。

㈠　空亡と月破を兼ねる

㈡　安静・休囚の空爻、または休囚空亡の伏神で、日月動爻からの剋を受けるもの。

㈢　休囚空亡の動爻で、回頭の剋に化するもの

㈣　「四時の旺衰」の死運に当たる爻（春の土爻、夏の金爻、秋の木爻、冬の火爻、土用の水爻）で空亡を兼ねるもの……これが真空という名称を産んだ起源のように思われるが、死休囚のうち死運だけを、ことさら強調するのは非理論的である。

すべて休囚空亡の爻は無用と思えばよい。

無用の空爻は日月動爻から冲されると冲散になる。また出空しても活動力が微弱である。

六神

一、六神というのは青竜、朱雀、勾陳、螣蛇、白虎、玄武の六神である。一応この順序を記憶しておくことは無駄ではない。木（青竜）生火、火（朱雀）生土、土（勾陳、螣蛇）生金、金（白虎）生水　水（玄武）生木の順序になっているから記憶し易い。

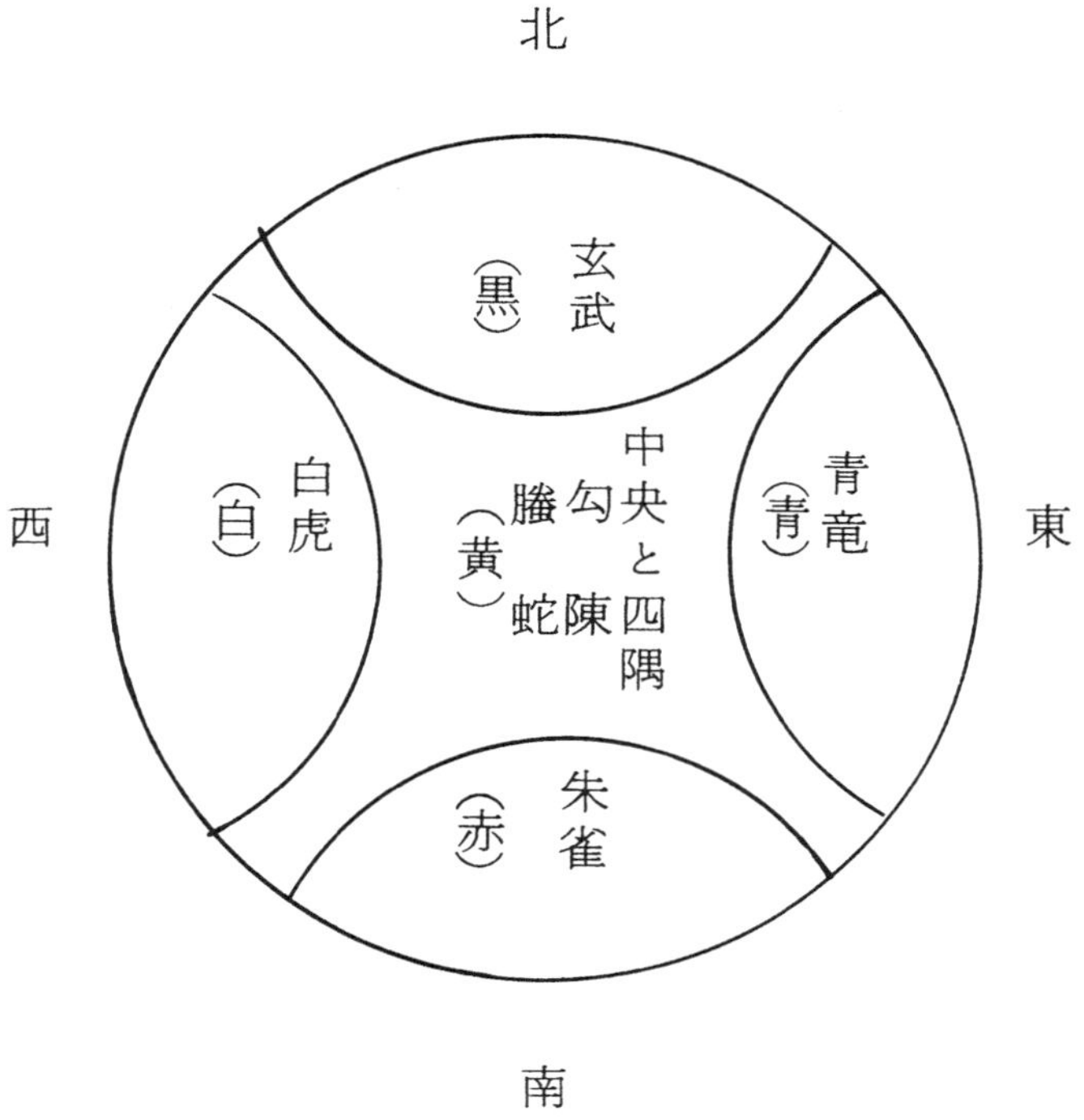

勾陳・螣蛇は中央と四隅になっているが、勾陳の本拠地は東北、螣蛇の本拠地は西南である。

二、六神論は古代中国に発祥し、朝鮮半島から平安朝の日本にかけて広く流布していた世界観である。鬼谷子の本来の断易には六神思想は採用されていなかったはずであり、断易に対する後世の添加物である。添加物というのは大体においてお粗末なものが多いが得卦の爻に六神を配することによって「風水の占」（死者の成仏に関する占）が的確になるばかりでなく、人間の性情を察知するとか、諸般の占事に大いに参考になることが少なくない。

㈠「風水の占」で官鬼（死者）が青竜を帯びる場合は、その死者の霊は成仏し、平和安泰である。官鬼が白虎を帯びる場合は、その死者は流血と関係があり供養を要望しているという具合に判断する。

㈡ 玄武のつく支によって盗賊の侵入口を的確に知り得る場合などもある。

三、六神は占日の天干によって決まる。甲乙の木日にはすべての得卦の初爻が青竜（木）丙丁の火日には初爻が朱雀、戊の土日には初爻が勾陳（陽土）、己の土日には初爻が螣蛇（陰土）、庚辛の金日には初爻が白虎（金）、壬癸の水日には初爻が玄武（水）となり、以下二爻、三爻、四爻、五爻、上爻と最初に述べた六神の順序で配当される。これは付表の「六神」に出ているから、それを使用すればよい。

四、六神の性情は次の通りである。

㈠ 青竜（青色のドラゴン、木行、東、青、震卦）

○ 慈愛、善意、高潔、平和、福寿、昇進、発達、好調

△ 逸楽、怠惰、酒色、花柳病

㈡ 朱雀（駝鳥に似た怪鳥、火行、南、赤、離卦）

○ 華麗、機智、文章、音信

△ 表面は華麗でも内に衰退の徴候（離卦）、華美、訴訟、犯罪、火災、焼死、熱病

㈢ 勾陳（もぐらに似た怪獣、土行、東北が本拠地、黄、艮卦）

○ 重厚、淳朴

△ 粗野、燥土、田畑、山林、墳墓、胃病

㈣ 螣蛇（蛇に似た怪物で足なくして飛ぶ、土行、西南が本拠地、黄、坤卦）

○　水を含む土であるから、螣蛇を帯びる土爻は水爻を剋さずという説がある

△　怪異、暗昧、憂惧、虚驚、倒産、縊死（木爻の官鬼が螣蛇を帯びる場合）、精神病

㈤　白虎（白色の虎、金行、西、白、兌卦）

○　武勇、安産（産婦の爻が白虎を帯びて発動）

△　殺伐、出血、死喪、軍事、手術、刃傷、怪俄、出血を伴う諸病

㈥　玄武（亀に似た怪獣、水行、北、黒、坎卦）

○　螣蛇と玄武には吉の意味がない。

△　陰険、詐欺、盗賊（官鬼が玄武を帯び、動いて用神を剋する場合は盗難）、姦淫、鬱病

断易は生合剋冲の関係に最重点をおくことを忘れてはならない。青竜は吉神であるが、青竜を帯びる爻が発動して用神を剋する場合は凶、白虎・玄武は凶神であるが、それらの爻が発動して用神を生ずる場合は害がなく、むしろ吉である。（易学物語第四話「善霊、悪霊と運」参照）

用神の選定

一、断易のテクニックは多岐多端である。断易がむずかしいという人は、これらのテクニックに振り廻されて、得卦の全貌を見失うからである。何事についても言い得ることであるが、断易の場合も「樹を見て森を見ず」の過誤に陥ってはならないのである。

二、世爻、応爻、五類のなかから適切な用神を選定することが断易の第一の要件である。枝葉末節のテクニックに拘泥することなく、まず次の順序で断易の本街道を進むことが的確な判断に到達する要諦である。

(一) 的確に用神を選定する……簡単な占題の場合は用神の選定は雑作もないことであるが、少しく複雑な問題になると、用神の選定が意外にむずかしい。

(二) 「四時の旺衰」によって、用神ならびに関係各爻の強弱を見る（レーテント・パワーの関係）。

(三) 日月動爻からの用神に対する生合剋冲の関係を見る（カイネチック・パワーの関係）。

(四) 用神から日月動爻化爻を見ての十二運（長生・帝旺・沐浴・墓・絶だけでよい）の関係を見る。

断易は以上だけで的確な判断が得られる。それだから断易は容易なのである。断易の細かなテクニックにいきなり首を突っこむと、かえって的確な判断が得られないことになる。

三、例えば財を占って山火賁を得たとする。

官寅	━━━	
財子	━ ━ 身	
兄戌	━ ━ 応	
財亥	━━━	孫申
兄丑	━ ━	父午
官卯	━━━ 世	

用神は妻財であるが三爻に亥の妻財、五爻に子の妻財がある。これを「用神両現」という。この場合にいずれの妻財を用神に採用するかについては次の原則がある。

㈠　一方が静爻、他方が動爻の場合は、静爻を捨てて動爻を採用する。
㈡　日月を帯びる爻を優先的に採用する。
㈢　休囚の爻を捨てて旺相の爻を採用する。
㈣　日月動爻からの生合剋冲を受けている爻を採用する。
㈤　一方が空亡、他方が不空の場合は、不空を捨てて空亡の爻を採用する。
㈥　世爻または卦身を帯びる爻を採用する。

以上のほかにもいろいろな説があるが、いずれも重要なものでないから原則は上記の六項目だけで十分である。

以上の六項目を通観すると、好悪いずれかの機縁を帯びる爻を用神として採用すべきであることが分かるはずである。

財を占って山火賁を得た場合に、占日が子月の亥日とすれば

三爻の亥の妻財………旺相、日辰、世に三合

五爻の子の妻財………旺相、月建、卦身

両者の勢力伯仲し、取捨に迷うのであるが、日辰及び、世に三合を重視して、三爻の亥の妻財を用神に取るべきであろう。

四、用神採用の順序は、㈠飛神の用神　㈡化出の用神　㈢伏神の用神の順序であることは前に述べた。伏神には有用の伏神と無用の伏神とがある。

㈠　有用の伏神

a　月建または日辰を帯びる伏神

b　日月動爻から生起、合起、冲起される旺相の伏神

c　日月動爻から本爻が剋去、沖去される場合の旺相の伏神

d　本爻が空亡または月破で、伏神が月建または日辰に扶拱（比和）される場合。これを提抜という。

「空下の伏神は引抜し易し」（千金賦）とある。

(二)　無用の伏神

a　日月動爻の剋沖を受くる休囚の伏神

b　日辰に墓絶に入る伏神

c　月破の伏神

d　日辰から沖される休囚の伏神（沖散）

e　休囚空亡の伏神

f　本爻が旺相、または本爻が日月動爻の生を受け、本爻の勢力絶大でその下に圧伏する伏神

応期断則

一、応期断則というのは、吉凶の成就する時期を推定するやり方を法則化して羅列したものに過ぎないが、断易の智慧とテクニックがこれらの法則に結集されているといっても過言ではなく、その意味で断易の修得にも大いに役立つものである。また断易は単に事の吉凶を知るだけでなく、吉凶の成就する時期を的確に知ることが一層重要な場合が少なくない。応期を的確に予知し得る点においても断易のほうが周易よりも遥かに優れている。

二、吉神の応期には吉事が成就し、凶神の応期には凶事が成就する。応期断則というのは吉神と凶神がそれぞれ活発になる時期を予測するテクニックをまとめたものである。したがって例えば財占の場合には「四時の旺衰」その他によって吉神（妻財・子孫）と凶神（兄弟・父母）の力関係を検討して、まずその財事についての大体の見当をつけ、次に応期断則によって、財事に希望を持ち得る時期と持ち得ない時期とを知るべきである。

三、応期断則の主要なものは次の通りであるが、応期は吉神の応期も凶神の応期も同じ法則に司配されることを忘れてはならない。

㈠ 旺相有気（日辰からの生扶）の静爻は値年月日に応ず、または冲に逢う時に応ず（冲起だけを述べているが、合起も同じ）

㈡ 休囚無気の静爻は、長生または帝旺の期に応ず（千金賦「もし休囚に逢わば、必ず生旺（長生・帝旺）にして事成る」）。

㈢ 旺相の用爻多現の場合（日月、伏爻、化爻を含めて）は、墓に入る時に応ず。（千金賦「用　重畳ならば墓庫の収蔵を喜ぶ」）。

㈣ 過旺の静爻は冲または墓の期に応ず。（千金賦「静は冲を得て暗動す」）。

㈤ 旺相有気の静爻が墓に入る場合は、冲を受くる期に応ず。

（千金賦「墓中の人（用神）は冲せざれば発せず」）。

㈥ 旺相の用爻が動爻の剋を受くる場合は、その剋爻を冲剋する時に応ず。

㈦ 旺相の用爻安静、または動爻の生を受くる場合は冲に逢う時に応ず（冲起と冲散）。

㈧ 旺相の静爻が月破（月建からの冲）または日冲（日辰からの冲）に逢う場合は、合に逢う時に応ず。

㈨ 旺相の用爻が日月を帯び、または日月の合を受くる場合は、その値年月日または、冲に逢う時に応ず。

㈩ 静爻が月建または日辰に絶する場合は、その静爻が生じられる時、または長生、帝旺に入る時に応ず。

㈡ 用爻が日月動爻または化爻と合になっている場合は、その用爻が冲に逢う時に応ず（「合は冲によって解く」である。凶神との合が解けるのは吉、吉神との合が解けるのは凶である。動爻が合に逢うと絆住になる、冲によって絆住を解くときが応期になる）

㈢ 休囚、無気の動爻は長生または帝旺に逢う時に応ず。

㈢ 旺相有気の動爻はその値年月日に応ず。

㈣ 旺相有気の動爻が日月を帯ぶるか、または日月の合を帯ぶる場合は、本月または本日に応ず。

㈤ 旺相の動爻が墓に化する場合は、その化爻を冲する時に応ず。

㈥ 用爻が進神に化する場合は、化爻の値年月日に応ず。

㈦ 用爻が退神に化する場合は、本爻の値年月日に応ず。

㈧ 用爻が絶に化する場合は、化爻が剋去された以後に、本爻が長生、帝旺に逢う時に応ず。

㈨ 旺相の静爻が空亡の場合は、出空後にその用爻が生じられる時に応ず。

㈩ 空亡の用爻が動爻からの剋を受くる場合は、出空後にその用爻が生じられる時に応ず。

㈡ 空亡の静爻が動爻の冲を受くる場合は、出空後にその用爻が合に逢う時に応ず。
㈢ 空亡の動爻は出空の時に応ず。
㈢ 空亡の動爻で他の動爻との合がある場合は、出空後に冲に逢う時に応ず。
㈣ 空亡の動爻が日月動爻の冲を受くる場合は、本月または本日に応ず。
（千金賦「空は冲に逢って用あり」）。
㈤ 用爻空亡に入り、元神発動する場合は、用爻の出空後に元神の値年月日に応ず。
㈥ 用爻が無気伏蔵し、元神が旺静の場合は用爻が提抜され、元神が合冲を受くる時に応ず（合起・冲起）
㈦ 有気の伏神はその値年月日、無気の伏神は提抜を得て長生帝旺に入る時に応ず。
㈧ 月破の伏神は、破を出て旺運にめぐり、合に逢う時、日冲の伏神は旺運にめぐり、合に逢う時に応ず。
（冲中逢合）
㈨ 用爻に三合の関係があり、それらの爻が安静旺相の場合は、用爻または主爻が冲に逢う時、休囚の場合は用爻または主爻の値年月日に応ず。
㈩ 三合のなかの用爻が月破の場合または変じて月破に化す場合は、その爻の出破の時または出破後に合に逢う時に応ず（冲中逢合）。
㈪ 三合のなかの二爻が動き、一爻が静の場合は、その静爻が旺相ならば冲に逢う時、休囚ならばその値年月日に応ず。
㈫ 三合の一支を欠く場合は、その欠支の値年月日に応ず。
㈬ 三合の一支が空亡の場合は、その空爻が実する時に応ず。
㈭ 三合の一支が日辰に墓に入り、或いは動いて墓に入る場合は、その墓爻を冲する時に応ず（「墓中の人は冲せざれば発せず」）。

㉟ 三合の一爻が日辰に絶し、或いは動いて絶に化する場合は、その絶爻が生じられた時（絶処逢生）または長生帝旺に入る時に応ず。

㊱ 用爻を含む三合の爻がすべて発動する場合は、その用爻の値年月日、または用爻が冲に逢う時に応ず。

㊲ 用爻伏吟に化する場合は、冲を受くる時に応ず。（伏吟は一種の絆住であるから、冲によって絆住を解く）

㊳ 吉神の応期は吉事の応期、凶神の応期は凶事の応期となる。

数　理

一、射覆（覆うてあるものを射る）は易占の高等技術の一つである。なかでも数字をぴたりと的中させることは、まさに易占の醍醐味である。これは至難のわざのように思えるかも知れないが、易の数理にもとずいて推理すれば、意外に容易に数字を当て得るようになる。要するに体験を重ね、修練を積む以外に方法はない。

二、徳川時代の易者は武芸者と同じように全国を行脚し、高名な易者の門をたたいて他流試合をして技術を練磨したものである。試合の方法は両者が財布を投げ出し、易断によって相手の財布のなかの金額を当てあうのである。敗者は易者を廃業しなければならないから、まさに真剣勝負である。修練を積めば数字を的中させることは決して至難のわざではなく、意外に容易であることが分かるはずである。

三、真勢の占例には、いくつかの驚嘆すべき射覆の例が出ている。

㈠ 巻いてある掛軸の絵を易占によって的中させ一座の人たちを驚歎させたという占例があるが、これとても想像するほどむずかしいことではない。私も或る書画の愛好家から、購入する絵についての相談をよく持ちこまれるが、絵の内容も価格もよく的中する。価格は以下に述べる数理によって考察し、絵の内容は卦象（例えば艮は山または人家、震は喬木、巽は灌木または草花、兌は沼沢、乾は老人、坤は母親または妻女、巽は雞、坎は狐、離は鶴または亀、艮は牛または犬、震はブルー、巽はグリーン、離は赤など）、によって推理する。元卦に六卦、本卦に内外二卦、之卦に内外二卦、合計十卦もあるから、推理の材料に不足はない。天馬空を行く想像力と、易は万象に通ずるの信念を基礎にして、自由無礙な推理を試みるべきである。驚くべき的中率が得られるはずである。

(二) 真勢が人名を的中させたという占例もある。

卦は「節の屯に之く」である。真勢の推理は、「節は沢上に水がたまってる象であり、沢水は流水でなく止水であり、平静であることがその特色であるから、名の最初の字は平であろう。兌は西方の金に属し、数は四であるから、次の文字は四であろう。また内卦が震に変じ、震は長男であるから、最後の文字は男子の名に多い郎であろう。したがってその人の名は平四郎であろう」というのであった。これはまさに神技である。真勢の占例を読むたびに、私などはとうてい真勢の足もとにも及ばないという思いがする。易学の道は高遠である。易学の研究によって到達し得る目標が真勢によって示されていることは、われわれ後進の大なる励みになる。

四、易の数については古来いろいろな説があるが、私は次のオーソドックスな数だけで十分という考え方をしている。他のいろいろな数に迷うことは混迷に陥るだけで百害あって一利もない。前掲の真勢の占例では兌を四としているが、これすらも私は排撃する。私の経験によれば、オーソドックスな数だけで十分である。

乾　☰　1　9　（まれに4）

坎　☵　6　1

艮　☶　7

五、卦の数を見るのには法則と順序がある。以下に述べる法則は私が若い頃に心血をそそいで開発したものであって、これに対して私は絶大な自信を持っている。

震	- -　- -　—	4
巽	—　—　- -	5
離	—　- -　—	3
坤	- -　- -　- -	8　10　2　0
兌	- -　—　—	2

㈠　まず元卦を重視する。元卦のなかの唯一の陽卦または唯一の陰卦の数はきわめて強力である。

— - - —　　— — —　　— - - - -　　- - — - -　　- - - - —　　— - - —

第一卦と第六卦が陰卦であって、あとは全部陽卦である。この場合は唯一の陰卦の— - - —を採用し、数字は3と見る。

㈡　元卦のなかの二つの卦が結合して大象の卦になっている場合は、その結合の卦の数字もきわめて有力である。前掲の例でいえば、第四卦と第五卦が結合して大巽の卦になっている。この場合は大巽の5と、乾の1および艮の7を組み合わせて、5、15、17という数字になる。

㈢　元卦のなかに同じ卦が三つ、他の種類の同じ卦が二つ、単独の卦が一つある場合は単独の卦の数がきわめて強力である。

- - - - —　　— - - —　　— - - - -　　— - - —　　— - - - -　　— - - - -

この元卦のなかには艮が三つ、離が二つあり、一つだけが震である。この場合は一つの卦の震をとり、数字は4と見る。この場合は離が唯一の陰卦であるから離の3も考えられるが、こういう場合は震の4のほうがはるかに強力である。

㈣　元卦のなかに前掲の㈠から㈢までの関係がない場合は、元卦の第四卦の数を採用する。これも意外に強力である。自分で実験を重ねてこの数字が意外に有力であることを体得すべきである。

㈤　得卦の何爻かが変化する場合は、本卦の内卦と外卦の二卦、之卦の内卦と外卦の二卦、合計四卦が得られる。これらの四つの卦のうちに同じ卦が三つある場合は、残りの一つの異種の卦の数が強い。

例えば

本卦　－－　□□　—　－－　－－　—

之卦　－－　—　—　－－　－－　—

この場合は震が三卦、兌が一卦であるから一卦の兌を採用し、数字は2と見るのである。こういう場合に採用する一卦の位置は本卦の内外卦、之卦の内外卦のどの位置でもよい。

㈥　得卦が不変の卦の場合は、外卦を上の桁にしてそのまま卦の数字を読めばよい。例えば風雷益の不変を得た場合は、風の5を上の桁、雷の4を下の桁にして、五・四、五四、五四〇、五四〇〇、などと考え、そのなかから適切なものを選べばよい。

或る電気技術者が電気関係の新製品を研究しているが、成功しないという。立筮して屯の夬に之く卦を得た。コンデンサーの抵抗を尋ねたところ〇・二マイクロ、ファラッドのものを使用しているという。易理から考えて〇・〇〇二マイクロファラッドのものの使用をサゼストしたが意外の好結果が得られたという。元卦は坤の〇が三つ、兌は二であるから〇・〇〇二である。断易は科学の領域に応用してもきわめて面白いものである。

屯の夬に之くの元卦

気象占

一、気象占の意味は広い。特定の日の天候についての予測を初めとして、長期的な天候の予測、温暖か寒冷かなどの温度に関する予測など、すべて断易によって的確に予測することができる。例えば数ヶ月さきの何月何日の某地の天候を予測することなどは、現在の科学的予報技術では不可能であるが、断易ではいとも簡単に可能である。

二、気象占は推理も容易であるし、結果もすぐに現われることであるから、初学の人たちの技術練磨のためには絶好の分野である。ただし毎日々々翌日の天候を占って、的中、不的中の統計表を作るというような方法には賛成できない。何故ならば、できるだけデータを集めて帰納的に結論を出そうとする西洋流の科学的思考と違って、データとか統計などには一切頼らずに、宇宙の真理から演繹的に結論を得るのが五行哲学の一大長所だからである。断易に統計の技法を導入すれば断易は単なるプロバビリティ(確率)の遊戯になってしまう。断易の研修を志ざす人は、このような安易な道を選ばずに、五行哲学にもとづく思考の練磨に精進すべきである。

三、気象占の用神は原則として次の通りである。

父母……雨、雪
兄弟……風雲、晴の忌神
子孫……晴の元神、太陽または月
妻財……晴
官鬼……雷、雨の元神、険悪な気象

四、父母については原則として次のように推理する。ただし杓子定規に考えてはならない。

㈠ 旺相の父母が発動して、日月動爻からの剋冲がなければ、必らず降雨、降雪がある。

㈡ 父母が旺相であっても発動しない場合は、まだ降雨に至らない。冲起、合起に逢う日に雨が降る。

（註）用神が次の四つの状態のうちのいずれであるかを検討することは、あらゆる得卦の考察にきわめて重要である。

a　Inert（不活性－無力）用神が休囚で空亡、休囚で伏蔵、特に休囚で日辰に絶

b　Latent（潜　在－待機）用神が旺相で伏蔵

c　Kinetic（顕　在－触発）用神が旺相で飛神に出ているが静

d　Active（活　性－発動）旺相の用神が発動、または日月動爻からの合起・冲起

例えば四の㈠の用神の父母はdの状態。四の㈡の父母はcの状態、冲起、合起によってdとなる。

㈢ 父母、官鬼ともに旺相発動の場合は、暴風雨、豪雨、または長雨がある。

㈣ 父母が空亡の場合は、冲に逢う日（空亡は冲によって解く）、出空の日、出空後の値日（填実）に雨が降る。

㈤ 父母入墓の場合（三墓のいずれも同じ）は冲に逢う日に雨が降る（墓を冲開）。

㈥ 父母が発動するも回頭の剋に化し、或いは動爻の剋を受くる場合は、いったん雨は降るが剋爻（妻財）の値時、値日に晴れる。豪雨長雨にはならない。

㈦ 父母に合住（父母が発動するが日月動爻からの合がある）がある場合は、冲に逢う日に雨が降る。

㈧ 父母が発動して兄弟または官鬼に化する場合は、風雨または暴風雨となる。

㈨ 父母兄弟ともに旺相発動の場合は、雨風が激しくなる。

㈩ 父母が子孫に化する場合は、化爻の値時値日に天気が回復する。

⑪ 父母が月建を帯びる場合は、その月内は雨が多いと見る。

(三) 父母が日辰を帯びて発動すれば、立筮のその日は必ず雨が降る。

五、兄弟

(一) 兄弟は風または薄雲（官鬼は濃雲）である。旺相の兄弟が発動すれば強い風が吹くか、濃い雲が拡がる。休囚の兄弟が発動する場合は、弱い風が吹くか、薄雲が少しふえる程度で終る。

(二) 兄弟が旺相発動して長生に化し、進神に化し、回頭の生に化する場合は強風が続く。兄弟が冲剋を受けるか、墓絶にめぐる日時に風が止む。

(三) 兄弟が発動して子孫または妻財に化するか或いは子孫または妻財の爻も発動する場合は、風雲もたいしたことがなく、子孫または妻財の値日、値時に天候が回復する。

(四) 内卦外卦を問わず、巽卦の旺相の兄弟が発動する場合、或いは寅卯の爻が旺相の兄弟となって発動する場合は大風の惧れがある。兄弟でなく官鬼の場合も暴風となる。

(五) 兄弟が発動して父母に化する場合は、風の後に雨となる。強弱は旺相休囚によって判断する。兄弟と父母が共に発動する場合は風雨になる。

(六) 空亡の兄弟が発動する場合は、冲に逢う日、出空の日、または出空後の値日に強風がある。空亡の場合はすべてこのように判断する。

(七) 兄弟の爻の十二支によって風の方向を知るという説があるが、理屈から考えて、兄弟の元神の父母の十二支が風向になると思う。研究を要する問題の一つである。

(八) 世爻が兄弟を帯びる場合は、太陽または月が暈をかぶるという説があるが、これは応爻を天とし世爻を地とする独断論にもとづくものであって信憑性がない。気象占はそれぞれの用神だけを見ればよいのであって、世爻、応爻は関係がない。（婚姻の占にも官鬼と妻財の関係を見るだけで十分であって、世爻、応爻を無視してよい場合がある。）

㈨　ただし例えば旅行に出る前に、旅先での天候を占う場合などは、天候に関する用神と世爻との関係が大いに重要になってくるのは当然である。

（「易と経営」一〇〇－一〇一ページ参照）。

六、子孫

㈠　子孫は晴天（妻財）の元神である。したがって太陽、月、星などと見る場合もある。また虹その他晴天の前兆と見る場合もある。

㈡　旺相の子孫が発動すれば気象好順であるが、いろいろ細かに推理する必要がある。

a　妻財も盛旺ならば快晴。

b　子孫に日月動爻からの生合があれば、好天に持続性があり、日月動爻からの剋冲があれば晴天に持続性がない。

c　旺相の子孫も動いて回頭の剋に化し、退神に化し、冲に化し、墓絶に化するか、或いは日辰に沐浴、墓、絶に当たる場合は、晴天を期待することができない。日月動爻からの剋がある場合も同様である。（ただし動爻からの剋がある場合に、日月がその忌神を冲剋すれば晴天と見る）。

d　妻財が発動しても、子孫が休囚、伏蔵、空亡の場合は快晴は期待できない。太陽や月が顔を出さない意味があるからである。

㈢　子孫が月建を帯びる場合は、その月内は大体において気象フェボラブル（好順）である。

七、妻財

㈠　妻財は晴天の用神であるから、妻財が発動して剋傷がなければ必ず晴天となる。

㈡　妻財が合起、冲起される場合も雨は降らない。雨の用神の父母が剋されるからである。

㈢　妻財が発動しても、元神の子孫に剋傷がある場合は快晴にはならない。

㈣　妻財が発動しない場合は、旺相ならば合起、冲起される日時に、休囚ならば長生、帝旺にめぐる日時に晴れる。

㈤　妻財空亡ならば、冲に逢う日時（空亡は冲によって解く）、出空の日時、出空後の値日値時（填実）に晴れる。

㈥　妻財子孫ともに旺相発動すれば晴天が長く続く、さらに日月動爻からの生がある場合旱魃の憂いがある。

㈦　妻財が日辰に墓に入り、または動いて墓に化する場合は、冲に逢う日に晴れる（冲開）。

㈧　妻財兄弟ともに発動する場合は、晴れではあるが雲が出て風が強い。それぞれの支によって時刻を推理することができる。

㈨　妻財発動するも日月動爻と合になる場合は晴天にはならない（絆住）。官鬼が動いてその動爻を冲剋する場合は、雷鳴が起こってその後に晴れる。

㈩　妻財が動いて官鬼に化する場合は、晴れの後に天候が悪化する。

㈡　妻財が動いて父母に化する場合は、晴れの後に雨となるか、降ったり止んだりの天候となる。

三　妻財が動いて兄弟に化する場合は、晴れの後に風が起こって天候が急変することがある。

㈢　妻財が動いて子孫に化する場合は、快晴となる。

㈣　妻財が月建を帯びる場合は、その月内は晴天が多い。

八、官　鬼

㈠　官鬼は父母の元神であるから、妻財（晴）の元神の子孫がフェボラブル（好順）な気象を意味するように、官鬼はアンフェボラブル（不順）な気象を意味する。

㈡　旺相の官鬼と父母が共に発動、或いは官鬼が独発して進神に化し、回頭の生に化し、長生に化するようなことがあれば、暴風雨、雷雨その他の異常気象になる。

㈢　官鬼と妻財と共に発動する場合は、晴天のなかにも、時に黒雲が発生したり、突風が起こったりする。

㈣　官鬼が発動するも父母が動かない場合は、降雨までに至らず、濃雲または雷鳴だけで終ると見る。ただし官鬼と父母の旺相休囚その他の強弱を検討して、ケース・バイ・ケースに慎重に判断することが重要である。

㈤　官鬼が空亡で発動する場合は、冲に逢う日時、出空の日時、出空後の値日値時に気象が不順になる。

㈥　金爻の官鬼または内外卦の震卦のなかの官鬼の発動は雷鳴、離卦のなかの官鬼の発動は稲光りと見る。五行の金は電気、震も電気、離は光りである。

㈦　官鬼が発動して子孫に化する場合は、不順な気象が好順になる。例えば夏などには雷鳴があって、その後に拭うが如き晴天になる。

㈧　官鬼が発動して父母に化する場合は、濃雲、雷鳴、突風などが発生して、その後に豪雨、驟雨などになる。官鬼と父母の旺衰強弱を勘案して慎重に判断すべきである。

㈨　官鬼が月建を帯びれば、その月内は気象不順である。

㈩　世爻に勾陳が臨み、官鬼が発動して世爻を剋冲する場合は地震があるという説がある。これは思うに「世爻は地（応爻は天）、勾陳は陽土、官鬼は災禍」と見ることからの推理であろうが、ただこれだけのことで地震という結論を下すことは論理の飛躍である。地震は前に述べた「射覆」の項を参照して、卦象を主にして慎重に推理すべきである。

国勢占

一、すでに数年前にアメリカの権威ある或るシンクタンクは、一九八〇年代に世界的に食料が不足し、飢饉が起こると予言している。これは人口問題もさることながら、主として地球の気象の変化を根拠にした予測であった。地球がすでに第四小氷期に突入していることは事実であり、北極が少し暖かになり、その南のシベリア北岸がひどく寒冷になっているようである。この極寒圏がさらに南下すれば、世界の農作に大影響があるのは当然である。

二、人類の戦争は基本的にすべて食料問題が背景になっているという説がある。第二次世界大戦前の日本も人口食料問題の前途がひどく憂慮されていた。そこで参戦に対して終始自重論を唱えていた海軍も、日本の将来の人口食料問題はインドネシア方面に発展して解決を図るべきであるといういわゆる「南進論」に刺戟されて、参戦への賛成に踏み切ったと言われている。

三、地球の異状気象が進行して、各国が深刻な食料危機に見舞われるようなことになれば国内事情にも国際情勢にも大異変が起こるのは当然である。まだ少し先きのことと思うが、異常気象の進行の具合によっては、日本の国内国外の情勢にも激変の起こる可能性がある。易学研修者は国勢占にも熟達しておくべきである。

四、国勢占は個人の場合の運勢占に似ている。どちらも内容が複雑多岐多端だからである。ひと口に国勢といっても、その内容は政治、経済、社会情勢、対外関係などきわめて複雑である。個人の運勢の場合もその内容は財運、健康、社会的成功名声、事業の成敗、家庭の平和、家族の安寧など、これまた極めて複雑である。

そこで普通の断易書は、この二点について特に分占の必要を強調し、政治ならば政治、経済ならば経済というう具合に分占すべきであって、概活的な「国勢占」とか個人の場合の「運勢占」などを試みるべきでないと言っている。

これはまことにその通りである。しかしながら私は「新易学物語」の「はしがき」のなかで、「私の易学の研究はずいぶん長いものであるが、ただ長いだけであって、運命の女神は一向にその神秘のベールを脱いでくれない」と書いた。これが私の本音である。国家の運命、会社の運命、個人の運命などを手に取るように隅から隅まで知ることは人間業の可能なことではない。われわれは女神のベールの隙間から運命の一端を垣間見せてもらうだけで満足すべきであろう。

運命の真相の一端をチラリと垣間見させてもらう意味では、分占よりも兼断のほうが遥かに優れている。それは分占は余りにも散文的であって神秘の香気が失われるからであろう。「国勢占」、「運勢占」も十分に可能である。分占分占と騒ぎ立てる必要はない。

五、国勢占の場合は用神をしっかりと捕捉することが大切であるが、爻の位置も大いに関係がある。爻の位置の意味については古来いろいろな説があるが私は真勢の意見を少しく敷衍して次のように解釈している。

上爻……　野党・上院（昔は君主の師傅）、神霊
五爻……　元首（君主、大統領、執政官）
四爻……　大臣（昔は諸公）
三爻……　官僚（昔は家臣）
二爻……　庶民
初爻……　与党、下院（昔は賤民）、地下資源

これは相当に大胆な考え方であるが、爻の応比（応は初爻と四爻、二爻と五爻、三爻と上爻、比は隣り同志の爻）の関係を考えれば、相当に合理的なものであることに若干の自信がある。

例えば五爻に妻財がついた場合には、君主または大統領は女性かも知れない。二爻に兄弟がついた場合には国民は疲弊しているかも知れない。四爻が日辰に長生の場合は、大臣はきわめて優秀、三爻が青竜を帯び

る場合は官僚は有能ではあるが、遊楽に耽る傾向があるかも知れないという具合に判断する。

六、国勢占の場合の五類の意味は基本的には次のように解釈すべきである。ただしこれらは一応の目安に過ぎないものであるから、これに拘泥することなく五類の性情に照らして融通無礙に解釈することが大切である。

父母……文教、法令、文書、団体、大雨
兄弟……財政困難、産業不況、紛争、風波
子孫……泰平、仁慈、好景気、天候好順
妻財……財政、産業収益、貿易利益、国民所得、旱魃
官鬼……政府、官庁、官僚、災害、暴動、天候不順

七、国家に起こる事象も、個人の身辺に発生する事態も多岐多端である。あらゆる事態を想定して、それらのケースについての五類の解釈を述べるとなると、汗牛充棟の仕事になるばかりでなく、読者のイマジネーションの活発な活動を阻害するだけである。
次に述べるのは解釈の若干のサンプルに過ぎないことを念頭におき、飽くまでも五類の性情とその旺衰を勘案して、ケース・バイ・ケースに自由奔放な推理を行うべきである。

㈠ 父母が四爻について旺相発動する場合は、政府（四爻は閣僚）の法令が適切であるか、文教興隆と見る。
父母がいずれの爻にあるを問はず、空伏墓絶に逢う場合は、法令が妥当でないか、文教荒廃と見る。

㈡ 応爻の父母が発動して世爻を剋冲する場合は、相手国から(イ)有利なメッセージまたは回答が来る。(ロ)不利なメッセージ、回答が来る。という二つの場合を考えなければならない。子孫も共に発動するか、父母が青竜、朱雀などを帯びる場合は(イ)と考え、官鬼も共に発動するか、父母が螣蛇、玄武などを帯びる場合は(ロ)と考える。

㈢ 旺相の父母が朱雀を帯びて発動する場合は文教興隆と見る。朱雀には文化、華麗、などの意味があるか

らである。

㈣　旺相の妻財が発動すれば、財政経済興隆、旺相の子孫が発動すれば、産業貿易が発展して好景気、旺相の兄弟が発動すれば、財政経済苦境で不景気という具合に、すべて五類の意味を考えて適切に判断すればよい。

㈤　兼断になるが「気象占」の意味も取り入れる必要がある。国家の財政経済も、国民の安寧福祉も、気象の影響を受けるところが大きいからである。例えば父母が官鬼に化する場合は、豪雨、水害の惧れがあり、父母が兄弟に化する場合は、風水害の惧れがある。また冬の立筮に水爻（亥子）の父母が発動すれば寒気酷烈になり、その場合の父母が空伏墓絶ならば、逆に暖冬異変の心配があるという具合に気象にも注意する必要がある。

㈥　旺相の兄弟が発動するのは、財政、産業、貿易の不振、不景気を意味し、ストライキその他の紛争も多いと見る。特に世爻がこの卦象を帯びる場合は深刻である。ただし世爻に子孫がつき兄弟が発動する場合などは、兄弟が世爻の子孫を生じ、かえって好景気になるから、すべて慎重な判断が必要である。また四爻は閣僚の位置であるから、四爻が旺相の兄弟を帯びる場合は主管大臣の財政策が不適切と見る。

㈦　農作の豊凶を占って、旺相の兄弟が勾陳を帯び発動して世爻を剋する場合は大凶作の憂いがある。勾陳は田園であり、妻財を剋する兄弟がつくのは凶作である。子孫または妻財が勾陳を帯びるのは豊作と見る。

㈧　子孫は仁慈聡明平和を意味する。五爻に子孫が臨めば元首が仁慈聡明、四爻に臨めば閣僚が優秀、世爻に臨めば国内平和である。いづれも子孫が青竜を帯び、旺相発動するのが最高の吉兆である。

㈨　子孫は皇室王室の太子とも見られる。ただし太子に何らの問題もないのに、国勢占に子孫を太子と見るのは少し行き過ぎである。太子が「問題の人」である場合を除き、子孫は国家社会の平和安寧の主神と見るべきである。

(〇) 子孫が空伏墓絶に逢う場合は、国内安寧でなく紛争災禍が多い。子孫官鬼に化し、官鬼子孫に化するのも凶兆である。

(一) 世爻の妻財が旺相発動するか、旺相の妻財が発動して世爻を生合する場合は、国家の財政堅実、国民富裕と見る。さらに世爻の妻財が子孫に化し（回頭の生となる）または日月動爻が世財を生ずる（日月動爻が子孫となる）場合は、産業興隆、貿易好調、好景気と見る。妻財が空伏墓絶に逢う場合は、すべて上記の反対と見る。

(二) 火爻（巳午）に妻財がつき、発動して子孫に化し、また日月動爻が子孫となって妻財を生合する場合には、好景気で食料豊富と見るが夏季に大旱魃に見舞われ凶作になる場合があるから、妻財は食料であるとして大豊作と即断してはならない。また火爻の妻財が空伏墓絶に逢う場合は、夏季に冷害の憂いがある。いずれにしても国勢占と農作占は分占するほうがよい。

(三) 官鬼は天災地変、悪疫、争乱などの主神である。その五行と旺衰動静を勘案して慎重な判断が必要である。例えば水爻（亥子）の官鬼が旺相発動する場合は豪雨、洪水、津波、などの憂いがある。兄弟も発動して妻財（財物、農作）を剋する場合は被害甚大である。火爻（巳午）の官鬼が旺相発動すれば、火災、爆発、噴火などの災害が多いと見る。外卦を遠地、内卦を近地と見るのが一応の原則であるが、世爻との関係を見る必要があるのは当然である。金爻（申酉）の官鬼が旺相発動すれば戦乱、動乱の憂いがある。官鬼が白虎を帯びる場合は、暴力団、デモ隊などによる流血の災禍と見る。土爻（丑辰未戌）の官鬼が旺相すれば、悪疫流行の憂いがある。

(四) 官鬼は凶星であるが、いちがいに官鬼を毛嫌いしてはならない。官鬼には功名、名誉の意味もあるからである。官鬼を功名と見るか災禍と見るかは第一に「占題」によって決まることであるから、占題は常に慎重に決定する必要がある。次に青竜などを帯びる官鬼は功名、名誉と判断して間違いない。

婚姻占

一、結婚は生涯の大事であるから、既婚の人と未婚の人とを問わず、結婚または結婚生活について易占の厄介にならなければならない機会がきわめて多い。それは結婚も「見えざる手」によって操られるものであるから、常識の範囲の人智の限りをつくしても幸福な結婚生活が得られるとは保証できないからである。

（新易学物語第11話「結婚と運」参照）

二、これから述べる通り婚姻に関する易占は意外にむずかしいから、易占を行う前に、まず四柱推命と人間計測学によって、両当事者が配偶者として命式的にまた体型的に（気質的に）マッチしているか否かを調べてみる必要がある。

㈠　男性の命式に正財が顕出していない、女性の命式に正官が現れていない者同志の結婚はうまくいかない場合が多い。こういう男女は結婚に対して運命的な不適格性を持っているようである。ただし

a、男女の一方が運命的な結婚適性を具備している場合は差しつかえない。

b、正財、正官が命式に出ていなくとも、男性の日干が隠れている正財と干合であるか或いは女性の日干が隠れている正官と干合である場合には幸福な結婚が可能である（当事者の一方だけで十分）。

c、以上の条件に合致しない場合でも、男性の命式に隠れている正財と、女性の命式に隠れている正官とが同じ波動でなくて、一方が衰運をめぐる場合に他方が旺運をめぐるという具合に、互いに助け合う関係になる場合は、意外に結婚生活が幸福である。これは見落し易いから注意すべきである。

d　男性の日干と女性の日干との相生、相剋、比和の関係はきわめて見易いが、慎重な検討を要する。陰陽配偶の剋ならばまず差しつかえない。たとえ陰陽不配偶の剋であっても、四柱の天干に干合の化気があり、その化気と相手の日干とが相生の関係になる場合はむしろ大吉である。

e　人間計測学は人間を肥満型、筋骨型、神経型の三種類に分類している。原則として同じタイプ同志の結婚は感心しない。

三、用神は原則として次の通りである。

父母……結婚当事者の両親

妻財……結婚当事者の女性

官鬼……結婚当事者の男性

官鬼と関連のある父母（三合その他）は結婚当事者の男性の両親、妻財と関連のある父母は結婚当事者の女性の両親と見る。官鬼に近い爻の父母は男性側の父母、妻財に近い爻の父母は女性側の父母と見る場合もある。陽爻の父母は父親、陰爻の父母は母親と見る場合もある。

兄弟……結婚当事者の兄弟姉妹友人、これも前項の父母に準じて考察する。

子孫……既婚の夫婦ならばその仲から生まれている現実の子供。これから結婚する男女ならば、将来産まれるはずの子供（あとの一三参照）。

間爻……世応を結婚当事者と見る場合に、世応の間に介在する二つの爻を間爻といい間爻は媒酌人、仲介人である。

四、妻財は官鬼を生じ、妻財は父母を剋し、兄弟は妻財を剋するのが断易の建前である。それだから平凡に解釈したのでは、すべての男女が結婚の相性がよく、すべての妻に内助の功があり、すべての妻が舅姑に楯つき、すべての夫の兄弟姉妹が鬼千匹になるという不合理なことになる。この不合理を押し切って、婚姻の適否を的確に判断しなければならないから、婚姻占はむずかしいのである。婚姻占には四柱推命と人間計測学の助勢が必要であることを私が強調する理由も、この辺の道理から来ているのである。

五、妻財が官鬼を生ずるのは当然であるから、卦の飛神に官鬼と妻財が現れていることだけでその結婚が吉であると速断するのは間違いである。それではどういう場合に吉であると判断するかはむずかしい問題であるが、例えば次のような場合には間違いなく吉と判断してよい。

㈠　官鬼と妻財が地を得る――「地を得る」というのは、原則的には世爻が陽爻で官鬼を帯び、応爻が陰爻で妻財を帯びることである。但しこの関係は余り厳密に解釈する必要はない。世爻に妻財、応爻に官鬼でもよく、陰爻に官鬼陽爻に妻財でも一向に差支えない。五類は読んで字の如く、ファクターが五つしかないのであるから、窮屈に考え過ぎると判断を誤ることになる。できるだけ奔放自在に解釈すべきである。

㈡　官鬼一位、妻財一位の卦は大体において結婚が吉であると断定してよい。官鬼も妻財も共に有気であることが望ましい。飛神であると、化出又は伏神であるとを問わない。官鬼が一位で妻財が二位、または逆に妻財が一つで官鬼が二つある場合は、二つあるもののなかから法則に従って何等かの特徴のあるもの一つを選択し、それと相手の妻財または官鬼との関係が支合、三合その他フェボラブル（好適）な関係になっている場合は、その結婚は吉と見る。官鬼も妻財も共に二位以上の場合は纒まりにくい。また結婚後もとかく問題が多いようである。

㈢　旺相の妻財が発動して官鬼を生合する場合は、その結婚が纒まり易いばかりでなく、結婚後もその女性は内助の功の大きい良妻になることは明らかである。ところがそういう妻財は父母をひどく剋傷する。したがって五類の関係だけに拘泥すると、「良妻であればあるほど舅姑に反抗する」という矛盾に陥る。それだから男女の結婚について吉卦を得た場合には、その女性と舅姑との関係については別に立筮して判断すべきである。一卦兼断のほうが、かえって妙味があることは私の持論であるが、それも程度問題であって、この場合のように明白な矛盾がある問題については分占すべきである。ただしそれはそれとして、内助の功のある良妻は、舅姑の言いなり放題になっている「でくの坊」女房でないことは明らかであるから「良妻であればあるほど、舅姑に反抗する」というのは、或いは真理かも知れないのである。

六、婚姻占の場合はすべての場合に官鬼、妻財を結婚当事者の男女の主星として推理を進めるべきか、それとも本人を世爻にとるべきか（子供の結婚については子孫を用神、兄弟姉妹の結婚については兄弟を用神）は、古来多くの議論のあるところである。私はあらゆる場合の婚姻について官鬼、妻財を主星として推論を押し通す方針を堅持している。何故ならば仮りに弟に嫁を娶る場合に、兄弟を用神とすれば兄弟は妻財の剋星であるから、弟は永久に良妻を迎えることができないという不合理なことになる。これはわざと極端な例を示したわけではない。婚姻占は飽くまでも官鬼妻財を男女当事者の用神に選ぶべきである。世応または他の五類を用神に選ぶ場合は、徒らに無用の混乱を招くことが多い。官鬼、妻財一本槍で推論を押し通すという方針を確立するだけでも、婚姻占が随分とすっきりすることを体験によって自得すべきである。

七、以上の方針さえ確立しておれば、あとの推理はきわめて簡単である。断易の諸原則を平易に適用するだけでよい。いちいち例挙する必要はないと思うが、念の為二、三の推理のサンプルだけを掲げておく。

㈠　官鬼妻財の両方または一方が旺相であるが空亡、または発動の空爻の場合は、出空の時を待って、或いは冲に逢う時を待って（空は冲によって用あり）結婚が成立する。休囚の静爻が空亡の場合は結婚の意志なしと見る。進神に化するときは結婚が纏まり易く、退神に化する場合は纏まりにくい。伏吟の卦も纏まりにくいが、冲に逢う時を待って（伏吟は一種の絆住だから）纏まる場合もある。

㈡　財官に欠点はないが、兄弟が発動する場合は無用の出費が多い。特に兄弟が玄武を帯びる場合は第三者による詐欺に注意すべきであり、兄弟が螣蛇を帯びる場合は、花嫁候補者について無根の風説を流されることを警戒すべきである。

㈢　六合の卦は婚姻が纏まり易く、かつその婚姻は吉であり、六冲の卦はこれに反するのが原則である。俗書には「六合の卦に変ずるのは結婚後も大吉、六合が六冲に変ずるのは結婚は成立するが後に離婚、六冲に変ずるのは纏まりにくく、強いて結婚すれば後に必ず生死別、六冲が六合に変ずるのは、結婚に漕ぎつけるまでは障害が多いが結婚後は吉」などと、まことしやかに書いてあるが、すべての立筮について、六合六冲などという安易な考え方に陥ってはならないことは前に述べた。結婚占についても、こういう安易な考え方を捨てて、飽くまでも財官の帰趨によって婚姻の吉凶を的確に判断すべきである。

(四) 乾為天は官鬼一位、妻財一位でしかもその財官が三合の関係になっているので、結婚が纒まり易く、結婚後も吉である。ただし財官のうちのいずれかが休囚空亡であったり、休囚で回頭の剋に化し、絶に化するようなことがあれば、吉象も大いに割引かれることになり、纒まるまでに至らないかも知れない。

戌	父	世	―
申	兄		―
午	官		―
辰	父	応	―
寅	妻	卦身 巳父	―
子	孫		―

天風姤も官鬼一位、妻財一位で、財官が三合の関係になっているので、婚姻占には吉卦である。ただしこの卦の場合は妻財が子孫のもとに伏している。子孫は財の元神であるから害がないばかりでなく、伏している妻財が提抜される場合には「飛神に出でて長生に入る」ことになるからたいへんな良妻になる。この伏している妻財が休囚無気のような場合には、女性はまだ結婚の意思がないものと見なければならないが、旺相にめぐる時期、特に出透の時期を慎重に判断すべきである。易経の卦辞には「姤。女壮。勿レ用レ取女」とあるが深く拘泥する必要はない。女丈夫タイプの女性であると思えばよい。

戌	父		―
申	兄		―
午	官	卦身 応	―
酉	兄		―
亥	孫	寅妻	―
丑	父	世	--

天山遯は妻財一位、官鬼二位である。そこでこの女性はどちらの男性と結ばれることになるかが問題となる。普通に考えれば、伏している妻財は飛神の官鬼と結婚し、上爻の戌の父母と三合になるので、家庭を持つことになると解されるが、ここで考えなければならないことは、二爻の飛神の官鬼が旺相有気で、その下に伏している妻財が休囚で空亡というような場合には、その女性は生涯暴君的な亭主のもとに窒息したような結婚生活を送ることになろう。私には女性心理はよく分からないが、このような生活は女性にとっても余り幸福なものではあるまい。このような場合は現在進行している縁談を棄てて、四爻の官鬼との縁談を待つほうが、女性にとって伸び伸びとした結婚生活ができる。遯の卦辞にも「遯亨。遯而後亨也」とある。これを縁談に適用すれば、今回の縁談は見送るほうがよい。そうすれば後に良い縁談が来るという意味である。このように周易による判断も、断易による判断も同じ結論に到達する。これは勿論当然のことであり、最初に述べた通り断易をやる上において周易の知識は全然必要としないが、断易によって得た判断を確認する上において周易の知識は一応の参考になる。

戌	父	—		
申	兄	—	応	
午	官	—		
申	兄	—		
午	官	--	世	寅妻
辰	父	--		子孫

天地否も妻財一位、官鬼二位の卦であるから、六合の卦であるという単純な理由で婚姻大吉というような判断をしてはならない。この場合は三爻の卯の妻財にとって、二爻の巳の官鬼と、四爻の午の官鬼のうちのいずれが適切な配偶者であるかを判断しなければならない。この場合に㈠巳の官鬼は五爻の申の兄弟と合であるから、兄弟姉妹との仲がよく、したがって妻財にとっては鬼千匹からの発言力が相当に強いと

見なければならない。そこで妻財と兄弟のそれぞれの旺相、休囚、有気、無気の関係を検討して、その妻財が果たして鬼千匹からの圧力に耐え得るかどうかを判断しなければならない。㈡午の官鬼は卯の妻財とではなしに、寅の妻財と三合であるから、この女性とではなく、他の女性と結婚する人であり、或いはすでに他に彼女がいるのかも知れない。このように天地否は婚姻に関しては余り吉卦ではない。易経にも「天地不レ交、而萬物不レ通也」とあって適切な結婚に至りにくいことが述べてある。

戌	父	──	応
申	兄	──	卦身
午	官	──	世
卯	妻	- -	
巳	官	- -	
未	父	- -	子孫

こういう具合に六十四卦の一つずつについて、婚姻の関係について当たってみることは、たいへんな勉強になる。下手な理屈をこね廻しているよりも、こういう具合に卦そのものに当たってみると上達が速い。私が立筮一千卦が一区切りであり、一萬卦がまたひと区切りであるというのは、六十四卦の一つ一つについて体験が積み重なるからである。

㈤　婚姻の卦は不変卦が安全であるという説があるが、そのようなことはない。乱動の卦は考慮すべきファクターが多くなるので推理が複雑になるだけである。不変の卦も乱動の卦も吉卦は吉卦、凶卦は凶卦である。

㈥　財官の両方または片方が休囚空亡というような場合は、婚姻が纒まりにくいばかりでなく、結婚後も発展性が乏しいと見る。ただし日月動爻からの生合、特に日辰からの生合がある場合は凶の意味が軽いと見る。それは日辰に恒久的な支配力があるからである。財官が旺相で日月動爻からの生合がある場合は、大いに良縁であることは言うまでもない。財官が空亡に化するのも良くない。縁談が土壇場で壊れるか結婚後に離婚、病気、死亡などの起こる可能性も考えられる。

(七) 世爻に父母がつき動いて子孫を剋傷するか、或いは子孫が空破墓絶に逢う場合は、その婚姻から子供の産まれにくい意味がある。ただし杓子定規の判断をしてはならない。この場合も子孫が旺相の運をめぐり、或いは出空し、或いは長生、帝旺にめぐる時期を勘案し、たまたまその時期が父母が剋沖墓絶の運にめぐる時期と一致する場合には、子供の産まれる可能性がある。また父母は媒酌人の意味もあるから、父母が休囚で空伏墓絶というような場合は、媒酌人のいない自由結婚であることも考えられる。（あとの一三参照）

(八) 「嫁を貰う」という旧式の観念による場合は、世爻を嫁をもらう家とし、応爻を女性の生家とする。世応の旺衰によって両家の貧富盛衰を察知し、六神によって両家のそれぞれの家風因縁などを推測する。いずれにしても官鬼と妻財の関係を検討することが第一の要件である。妻財が旺相で進神に化し、長生帝旺に化し、世爻を生合するようなことがあれば、賢良で福運の豊かな嫁が来てくれる。持参金が多いと見得る場合もある。妻財が動いて世爻と関係がなく、かえって応爻を生合する場合は、縁談は纒まらないか、纒まってもその嫁は他日婚家を出るものと解すべきであろう。

(九) 「嫁に行く」場合は、まず官鬼が旺相で、日月動爻の生があり、長生帝旺に化し、日辰に長生というような吉兆がなければならない。また応爻が婚家であるから六神によって家風因縁などを推察する。世爻に官鬼がつくのも吉兆であり、その縁談は纒まり易い。ただし官鬼が旺相で、日月動爻からの生合があるのがよい。

(一〇) 婚姻を占って子孫独発は良くない。子孫は夫星（官鬼）を傷つけるからである。嫁して夫を喪い、遺児を育てるようなことになり易い。ただし子孫と共に妻財も発動する場合は、接続の生となって官鬼を生ずるので幸福な家庭生活が約束されることになる。

(二) 官鬼動いて進神に化し、官鬼子孫に化し、子孫官鬼に化するは病占では大凶であるが、婚姻占の場合、官鬼進神に化するは結婚当事者の男性が将来性に富む有望な人物と判断すべきである。それなのに病弱夭折と判断するが如きは間違いである。一卦兼断も場合によりけりである。男性の健康状態に疑念がある場合は別に立筮してみるべきである。

(三) 婚姻当事者の容貌、才能、性格などは官鬼および妻財の十二支、旺相休囚、十二運、六神などによって或る程度まで推察することができる。

a、旺相は健康で肥満、休囚は芯が弱く痩軀

b、長生帝旺は才能優秀、墓絶は才能不足、空亡は健康、才能、運命に何らかの欠陥日破日冲も何らかの欠陥(休囚で日冲というような場合は、肉体的精神的な何らかの不具も考えられる、別筮を必要とする)。

c、十二支はその五行によって次のように推測する。

木……長身、青色、優雅、仁心

火……肥満、赤色、社交性、多情

土……短軀、黄色、素朴、愚鈍

金……痩身、白色、淡白、剛健

水……矮小、黒色、多智、陰険

d、六神は次のように推測する。

青竜……秀麗、仁愛、遊楽、好色

朱雀……敏捷、饒舌、はしやぎ

勾陳……誠実、愚直、偏屈

螣蛇……陰気、軽薄、嘘言、好怪

白虎……粗暴、剛情、俠気、サディスト
玄武……奸邪、多淫、盗癖

㈢　結婚の吉凶を占い、その結婚から子供が産まれるか、子供の多寡などを兼断するのは兼断の行き過ぎである。何故ならば子孫は官鬼の忌神であるから、子供のことは別に立筮して占うべきである。

子供を占って子孫が旺相し、日月動爻からの生合があり、或いは子孫休囚であっても日辰に長生するか、長生帝旺に化するようなことがあれば必ず子供が産まれる。子孫が旺相で進神に化するような場合は子供が多い。

子孫が空亡、墓絶または月破日冲に逢い、或いは子孫官鬼に化し、官鬼子孫に化し、父母独発して子孫を剋するような場合は子供を得難いと見る。

すべての場合に杓子定規の推理を捨て、人間の霊妙な頭脳の作用を信じて、奔放自在に考えてみることが大切である。

入学占

一、歴史に残るほどの人物は雑草のなかから産まれるのであって、エリート教育の温床からは大人物は出にくいのであるのに、現代の日本は学歴偏重の社会であり、その幣害の余波を受けて、男女の青少年が猫も杓子も有名校に入りたがり、そのために「教育ママ」なるものまで出現するに至ったのは、まさに天下の奇観である。

二、この風潮をうけて入学占の需要は多いが、入学占は意外にむずかしい。それは本人の用神のとり方が難しいからである。世爻または応爻を本人の用神にとる場合は、比較的すっきりとした判断が得られるが、子供の入学なるが故に子孫という具合に、五類を本人の用神にとる場合は、それぞれの五類にその五類特有の性情があるので、これが判断を狂わせる場合がある。極端な例を示せば、妻が料理学校とか洋裁学校に通いたいという場合に、妻財を本人の用神とすると、妻財は父母（学校）の忌神であって、父母を剋する関係であるから、すべての学校が妻にとって無駄であり無益でありただ月謝を払うだけの関係という不合理なことになる。

三、これは入学占に限らず、すべての易占について言い得ることである。妻が夫の病気を占う場合には、夫も官鬼であり、夫が妻の財運を占う場合には、妻も妻財、財運も妻財である。したがって両親を父母、夫を官鬼、妻を妻財、子供を子孫、兄弟姉妹友人を兄弟にとるのは断易の大原則であるが、理屈が通らない場合にもこの原則にしがみつこうとするのは、「馬鹿の一つ覚え」であることを悟るべきである。

換言すれば、本人を五類のうちのいずれかにとることが妥当でない場合には、自占代占を問わず、世爻（場合によっては応爻）を本人とし、五類の旺相、休囚、生剋冲合の関係によって、的確な判断を行うべきである。例えば妻が夫の病気を占う場合には、世爻を夫とし、その旺衰によって本人の体力、生命力の状態を勘考し、官鬼は病気だけの用神にとり、その旺衰および子孫との関係によって、病状回復の時期などを推定すべきである。さらにこの場合に世爻に官鬼がついた場合には、世爻の官鬼の旺衰によって、病気の夫の体力の状態を知り、病気については別に立筮してみるべきである。

入学占も例外ではない。子供の入学については子孫を本人の用神にとり、父母（学校）と子孫の旺衰、生合剋冲の関係によって、入学の可能、不可能、適否を判断すべきは当然であるが、妻の料理学校への入学を占う場合などは、妻財は父母の忌神であるから、本人を妻財にとることは不合理であり、こういう場合には世爻を本人にとるべきである。

四、適業の選択は学校の選択に先行すべきものであろう。すなわちまず自分に適する人生航路を選択してから、それに適する学校を選ぶのが本筋と思われる。だいぶ以前の調査になるが、アメリカではどの大学に行っても、学生は本人にもっとも不適当の学科を選んで専攻していると言われていた。自分の得意な道に進んでも成功は難しいのであるから、不得意な道に進むのでは徒らに骨が折れるだけであろう。もちろん人生には無限のファクターが作用するから、単に得意なコースに進むことによって成功、失敗が決まるとは限らないが、人生コースの選択が重要なファクターの一つであることには誰にも異論がないと思う。次に掲げるのは適業の選択の一応の目安になるものである。用神（世爻応爻または五類）の爻の五行とその六神を見るのである。

木　……行政、教育、宗教、医師、薬剤、木材、編物、家具、建築、管理職

火　……文学、法律、理化学、数学、語学、美術、新聞、雑誌、書籍、設計、測量、文房具、化粧品、小間物、骨董、印刷、ファッション、縫製、理髪、俳優、芸人、瓦斯、電気

土……農学、商学、通信、郵便、鉄道、園芸、鉱業、農業、牧畜、土木、窯業、セメント
金……司法、裁判、警察、軍隊、宝石、金属、銀行、金融、株式、有価証券、刀剣、銃砲、時計
水……哲学、韻文、航行、船舶、航空機、水産、漁業、醸造、飲料、飲食、料理、割烹、温泉、浴場、プール、漁具

青竜……学芸、宗教、慈善、医療、歌舞、演芸、飲酒、遊楽、観光
朱雀……法律、官職、俸給生活、音曲、ファッション、文学、絵画
勾陳……農業、園芸、林業、墳墓、典獄、土木
螣蛇……工芸、興業師、祈禱師、弘報、PR
白虎……外科医、産科医、軍人、武器刀剣、葬祭、屠殺場、猟師、猟具
玄武……水産、漁業、貸席、連込旅館、遊戯場、サラ金融

適業の選択については用神の爻の五行および六神の検討が大切であるが、用神を生ずる爻の五行および六神が一層重要な意味を持つ場合もある。

五、以上述べた通り、入学占についてはまず本人の用神（世爻、応爻または五類）を的確に選定し、次に他の五類との関係を考察して、的確な判断に到達するのであるが、入学占の場合は五類に関する考察も意外に難しいから慎重を期すべきである。

父母……学校の主星であると共に、試験問題、試験の答案、学校の教授先生の用神。

官鬼……栄誉、優等、合格、の意味があると共にトラブルの意味もあり、試験官の意味もある。

兄弟……受験の仲間、競争者、また妻財の忌神なので入学に伴う費用。

子孫……官鬼の忌神なので、栄誉を損う意味と、トラブルを払拭する意味の両面について考える必要

がある。

妻財……これも栄誉（官鬼）の元神の意味と、答案（父母）の忌神という相反する二つの意味がある。

六、このように五類にはすべて吉凶両面の意味がある。比較的わかり易い父母の場合ですらも、学校の意味と、心労の意味の二つがある。それだから平凡な心構えで断易にとり組むと「何がなんだか分からない」ことになるのは当然である。しかしながら毒薬の要素のない良薬が存在しないように、万象に好悪《こうお》両面の作用があるのは宇宙の大法則である。五類それぞれの吉凶両面の作用を洞察して、運命の女神の真意を忖度《そんたく》するのが易学の要諦である。

七、入学占は本人の用神（世爻、応爻または該当する五類）と学校の用神（父母）とが共に旺相で月日動爻からの生があり、これらの二つの用神が相生、支合、三合の関係になっているのが最良である。

入財、音信、走り人（旅行者、家出人など）を占う場合は、それぞれの用神（財の場合は妻財、音信の場合は父母、走り人の場合は該当する五類）が世爻を剋するのが吉であり、良い結果が迅速に得られるが、入学占の場合にも父母（学校）が本人の用神を剋するほうが入学が早いとか、入学が容易であると考えてはならない。学校のほうから本人のところに押しかけて来るというのは純理に反するからである。むしろこの場合はその学校に入りにくい、学校から入学を拒否される、或いはその学校は本人に不適当であると解すべきである。入学占は入学試験に合格するか否かだけでなく、入学後における本人と学校との関係も考察すべきである。すべて一卦兼断でよい。

㈠、父母と本人とが相生（父母が本人を生ずるのがよいが逆でもよい。相生は互いに生ずる関係であって、相性がよい意味だからである）、支合、三合の関係であれば、入学後も快適な学校生活を送ることができる。

(二)、父母はまた試験問題であり、試験の答案でもある。父母と本人とが相生、支合、三合の関係であれば、試験の成績も優秀である。本人が休囚、父母が旺相で、本人が父母から剋冲されるような場合は、試験問題がむずかしくて、本人の手に負えないかも知れない。

八、官鬼には栄誉とトラブルの相反する二つの意味がある。官鬼が本人と相生、支合、三合の関係になっている場合は栄誉、官鬼が本人を剋冲する場合は障害と解すべきである。前者の場合は好成績で入学することができ、後者の場合はたとえ試験をパスしても、身体検査その他の障害のために入学はむずかしいと見る。ついでながら、官鬼と父母の関係を重視するという説がある。それは父母を試験の答案と見て、官鬼の生合がある場合は答案が好成績と見る考え方であろうが私は採らない。栄誉またはトラブルは本人の問題であって、答案の問題ではないからである。

九、子孫が発動すれば官鬼を剋し、妻財が発動すれば父母を剋傷する。それだから子孫または妻財が発動するのは入学についての凶兆である。ただし子孫と妻財が共に発動し、接続の生となって官鬼を生じ、官鬼が父母を生ずる場合は大吉兆となる。したがってこの場合は官鬼の応期が入学決定の時期となる。

一〇、本人の用神および父母が空破墓絶に逢い、または日月動爻の剋冲を受け、或いは動いて回頭の剋に化し、退神に化し、墓絶に化するような場合は、入学がむずかしい。合処逢冲も途中で障害が起こり易い。逆に本人の用神と父母が相冲の場合は、そのいずれか一方が合に逢う時期に入学が可能になる。これは冲処逢合であるが、ほかにも「合は破(冲)に逢って功なし」(合処逢冲)、「墓中の人(用神)は冲せざれば発せず」、「動(爻)は冲に逢うて事散じ、絶は生に逢うて事成る」などの諸原則を縦横に駆使して的確な結論に到達すべきである。

ただし「樹を見て森を見ず」の愚に陥ってはならない。入学占の場合の「森を見る」とは、本人の用神と父母とが共に旺相で、日月動爻からの生があり、二つの用神の間に相生、支合、三合の関係があることを的確にとらえることとである。

一一、父母が本人の爻と無縁（相生、支合、三合の関係がなく、父母が他の爻と有縁の関係になっている）の場合は、その学校に入りにくい。こういう場合は他の学校に志望を切替えるほうがよい。また父母が休囚で空破墓絶に逢い、或いは日月動爻の剋を受け回頭の剋に化し、退神に化するような場合は、その学校は優秀でないか、或いは入学しても目的の学業を修得することが難しいかも知れない。

一二、六合の卦は入学、六冲の卦は落第というような安易な考え方をすべきでないことは、すべての易占の場合と同じである。ただし六合の卦を得て本人の爻と父母の爻とが支合し、共に剋傷がない場合は入学と断定して間違いないであろう。

一三、たとえ本人の爻が休囚であっても、日月動爻からの生合があり、官鬼と父母の両爻が旺相の場合は、本人の実力は多少劣っても、いわゆるコネ、または何らかの僥倖によって入学可能の場合がある。

一四、本人の爻が官鬼に化する場合は慎重な判断が必要である。官鬼には栄誉の意味とトラブルの意味とがあるからである。本人の爻が旺相で発動して官鬼を化出し、その官鬼と生合または比和の場合は「官に化す」という。この場合の官鬼は栄誉であり吉兆である。本人の爻が休囚で発動して官鬼を化出し、その化出の官鬼から沖剋される場合は「鬼に化す」という。この場合の官鬼はトラブルの意味となり凶兆である。

一五、すべての易占がそうであるが、入学占も無限のバライェテイを内臓している。頼りになるのは五行哲学の原理と自分の頭だけであることを自覚して、個々のケースに明快な判断を下すべきである。

就職占

一、人間の社会はそのほとんどがピラミッ型である。当然ピラミッドの大小に拘わらず、その頂点に立つ人は少なく、多くの人は雇用される立場である。したがってピラミッド機構に就職できるかとか、その機構内において出世できるかとか、首にならないかとかの問題がきわめて多いのは当然である。

二、これらの問題を総括して就職占と呼ぶことにしたのであるが、就職占は前の入学占に似ており、両者の考え方は全く同じである。まず本人の用神を的確に選定することが何よりも重要である。

この場合も世爻(または応爻)を本人の用神とするほうが判断し易い。五類を用神にとる場合は、それぞれの五類に特有の性情があるので、判断を誤る場合が生じてくる。例えば自分の子供の就職であるというので、子孫を本人の用神にとると、子孫は官鬼(職務、就職)の忌神なので、子供の就職は常にむずかしいことになる。

三、本人以外の用神は次の通りである。

官鬼……職務、ポジション、就職

父母……職務内容、辞令、文書、提案、官庁、会社

妻財……俸給、給与、賞与

兄弟……同僚、競争者、減俸(妻財の忌神)

子孫……不採用、休職、退職(官鬼の忌神)

四、旺相の官鬼が世爻に付し、または日月動爻が官鬼となって世爻を生合し、或いは世爻が旺相の官鬼を化出

して回頭の生合になる場合は必ず就職可能である。さらに加えて妻財も旺相発動して世爻を生ずる場合は給与も大いによい。

五、世爻と応爻の父母が共に旺相で、世応が相生、支合、三合の関係になる場合も就職が大いに有望であり、在職者の場合はその官庁会社においてきわめて順調に昇進すると判断してよい。官鬼または妻財の局に三合して世爻を生ずるのが最良、子孫（官鬼の忌神）の局に三合する場合は就職がむずかしく在職者の場合は、休職または退職の心配もある。

六、世爻が青竜または朱雀を帯び、発動して吉に化し、さらに旺相の官鬼も発動して回頭の生に化し、進神に化し世爻を生合するような場合は、就職が必ず可能であり、在職者の場合は必ず昇進がある。父母は辞令であるから、旺相の父母が発動して世爻を生合する場合は、その値月値日に採用または昇進の辞令が出る。父母が空破墓絶に逢う場合はそういう望みが薄い。

七、旺相の官鬼が世爻に付し、発動して進神に化する場合は、必ず昇進または他のポジションを兼務することになる。回頭の剋に化する場合は降格の可能性があり、退神に化する場合は他のポジションを兼務することは本人のマイナスになる。漏気になる場合は行状言動に注意する必要がある。いずれも旺相の場合は害が少なく、休囚の場合は害が大きい。

八、子孫は官鬼の忌神であるから、静によろしく動によろしからざるが原則であるが、子孫と妻財が共に発動し、接続の生となって生ずるのは大吉である。旺相の子孫が世爻に臨み、または子孫独発して官鬼を剋するような場合は、当面の就職が困難であり、在職者の場合は退職の憂いがある。官鬼と子孫の旺衰によって事態の深刻さの程度を推究すべきである。

九、世爻が休囚し、官鬼が日月動爻からの剋冲を受けるような場合は、いわゆる卑職につき得るだけで立派な地位への就職はむずかしい。在職者の場合は降格の憂いがある。世爻発動して退神に化し、官鬼が空伏墓絶に逢う場合も同様である。世爻と官鬼の旺衰によって事態の深刻さの程度をよく考究する必要がある。

一〇、世爻に官鬼がついても休囚または空破墓絶に逢う場合は、昇進の望みがないが、休囚の場合は旺相となる時期を待って、また空破墓絶の場合はそれらの欠点が匡正される時期に昇進の望みが生じてくる。いずれにしても世爻に喜神がついたことは吉兆であるから、静かに時期を待つべきである。

一一、反対に世爻に子孫がついた場合は、子孫は官鬼の忌神であるから、休囚または空破墓絶に逢うほうがよく、空亡の期間内（日または月で）ならば就職の可能性もある。ただし世爻に子孫が付くことは就職希望者にとっても凶兆であるから子孫が勢力を盛りかえす時期に、職務について何らかの異変の生ずるのを警戒する必要がある。

一二、官鬼が墓に化し、または日辰に墓に入るのは吉兆ではないが、世爻の旺衰に注意する必要がある。世爻が旺相で日月動爻からの生合がある場合は、官鬼の墓が冲に逢う時期に、必ず就職ができ、在職者は必ず昇進する。（「墓中の人は冲せざれば発せず」）。世爻が休囚で日月動爻からの剋を受けるような場合は、その望みが薄いと見なければならない。

一三、官鬼子孫に化し、子孫官鬼に化するは、病占の場合は原則として凶兆であるが、就職占の場合も吉兆ではない。病占の場合も就職占の場合も、喜神と忌神の激突は吉兆でないからである。ただし病占の場合にこれを必死と即断するのが間違いであるのと同様に、就職占の場合もこれを免職退職と即断するのは間違いである。世爻の旺衰、日月動爻からの生剋の関係を検討して、慎重に判断すべきである。

一四、兄弟は妻財の忌神であるから、兄弟が発動する場合は何らかの出費がある。世爻が休囚で何らかの欠点があり、さらに子孫に化するようなことがあれば、減給、減俸などの憂いがある。妻財が休囚で空破墓絶に逢う場合も、少なくとも昇給の望みは薄いと見るべきである。いずれの場合も官鬼が旺相ならば地位は安泰である。

一五、世爻が休囚で墓に化し、または日辰に墓に入る場合は、物ごとの動きが悪く、希望も達成しにくい。また休囚の世爻が回頭の剋の官鬼に化し、絶に化するような場合は、就職在職に関する問題などよりも、むしろ身上の異変、重病などを警戒すべきである。

一六、世爻が旺相の官鬼を帯び、または旺相の官鬼が発動して世爻を生合する場合も、妻財が休囚または空破墓絶に逢う場合は、職名ばかりが高くて収入が伴わない。また官鬼は旺相であるが、父母に欠陥がある場合は職名ばかりが高くて仕事は閑散と見る。これらはすべて一卦兼断でよい。

一七、兄弟が発動すれば妻財を剋傷するので給与に不利であるが、官鬼もまた発動すれば、官鬼は兄弟をおさえるので給与に不利がなく、妻財が官鬼を生ずるのでむしろ昇給がある。

一八、官鬼が世爻につき、世爻が子卯午酉の四正の支である場合は、一群の長のポジションについているという説がある。これは十分に首肯し得る説であるが、爻の旺衰、日月動爻からの生合剋沖の関係も考慮に入れて判断すべきである。

一九、転動を占う場合には、官鬼の支によって転動の方向を知り、官鬼の爻位によって任地の遠近を知る。外卦は遠地、内卦は近地である。また官鬼の旺衰によって転動先における地位の好悪を推察する。

二〇、職を求めるほうも大変であるが、従業員を採用する側も大変である。採用試験（筆記試験と面接）によって求職者たちの大体のことは分かるが、対象は「人間その不可解なもの」であるから、採用試験というような形式的な方法で、個々の人間の真相を知ることは困難であろう。私の経験によれば、大勢の求職者を採用試験によって、「きわめて優秀」なグループと、「箸にも棒にもかからない」お粗末なグループと、その「中間」のグループの三つに分類することは比較的容易であるが、「中間」のグループをさらに選別することはきわめてむずかしい。救いが一つある。それは四柱推命を参考にすることである。産声をあげた瞬間にその人の性格および運命の結晶軸が決まってしまうのであるから、これが参考にならないはずがない。今から何世紀か後の世界では、コンピュータライズされた四柱推命が、採用試験その他人事の主役を演ずることになるであろう。

選挙占

一、候補者の用神の選択さえ誤らなければ、選挙占は比較的容易である。候補者の用神は世爻（無縁の人の場合は応爻）とすべきである。五類を用神に選択すると、それぞれの五類の特異の性情のために判断が狂う場合がある。極端な例をあげれば、息子または娘の選挙なるが故に子孫を用神に選ぶと、子孫は官鬼（栄誉、当選）の忌神なるが故に、息子または娘は必ず落選という不合理なことになる。

二、選挙に関する五類の意味は次の通りである。

官鬼……選挙に必要な三バンのうちの看板（知名度）である。選挙（当選）の主神であるから、選挙は官鬼の旺衰と、世爻との関係によって当落が決まるといっても過言ではない。

父母……三バンのうちの地盤（票）である。候補者の才能学識の意味もある。

妻財……三バンのうちの鞄（資金）である。

兄弟……友人、支持者の意味と、競争相手、対抗者の意味の相反する二つの意味がある。鞄の忌神の意味も重視しなければならない。

子孫……選挙の主神の官鬼の忌神であるから、子孫が発動するのは凶兆である。ただし妻財も共に発動し、接続の生となって官鬼を生ずる場合は大吉兆となる。

三、五類に多種多様の意味があり、そのなかには正反対の意味のものも含まれている。作用があれば反作用があるのは、物理界の鉄則であるように、それぞれの五類に相反する意味があるのは当然である。ここで大切なことは、どういう場合にプラスの意味になり、どういう場合にマイナスの意味になるかについての定規はなく、杓子定規を羅列している書物があるとしても、そういうものは信ずべきでない。頼りになるのは霊妙不思議な自分の頭だけである。断易という素晴らしいテクニックを編み出した人さえもいるのであるから、その解釈にまごつくようでは情けないことである。われわれは断易を創始した鬼谷子の立場に立って、冷静に得卦を観察すべきである。必ず天来の素晴らしい判断が得られる筈である。選挙占も例外ではない。まず候補者の用神を的確に選定し（原則として世爻）、あとは前掲の五類との関係を推究すれば的確な判断が得られるのである。

四、官鬼は選挙の主星であるが、栄誉（当選）の意味と障害（トラブル）の意味とがある。原則としては世爻も官鬼も共に旺相で、両者の間に相生、支合、三合の関係があれば栄誉、世爻が官鬼から剋冲されるような場合は障害と見る。求財、音信、走り人の場合は、それぞれの用神から世爻が剋されるほうが一層よく、好効果が急速に得られるのであるが、選挙の場合も主星の官鬼から世爻が剋されるほうが良いであろうなどと純理に反する考え方をしてはならない。官鬼から世爻が剋冲されるのは原則として障害である。

五、次のような場合は原則として当選と見てよいであろう。

㈠、旺相の官鬼が世爻に臨み、日月動爻からの生合を受け、または発動して回頭の生に化し、或いは進神に化す。

㈡、旺相の官鬼が世爻の下に伏し、世爻と相生、支合、三合の関係がある。

㈢、官鬼旺相であるが、空破墓絶に逢う場合は、空は出空の期に、破（冲）は合に逢う期に（冲中逢合）、墓は冲開の期に、絶は生に逢う期（絶処逢生）に当選の望みがある。したがってこれらの応期と選挙の期日とを慎重に勘案する必要がある。

㈣、世爻の官鬼が休囚であるが、日月動爻からの生合があり、特に旺相の妻財が発動して世　の官鬼を生合する場合は、鞄の力で当選し得るものと見る。

六、次のような場合は原則として当選はむずかしいと見るべきであろう。

㈠、官鬼が世爻に臨むも、その官鬼が休囚でありそれに加えて日月動爻から剋され、空破墓絶に逢い、または回頭の剋に化し、或いは退神に化す。

㈡、官鬼が発動して休囚の世爻を剋沖し、逆に応爻を生合するような場合は、本人は落選し対立候補が当選するものと見る。

㈢、世爻の官鬼が発動して墓に化するのは随官入墓の凶兆である。当選がむずかしいばかりでなく、たとえ当選しても選挙違反とか病気などの異変が起こり易い。墓は沖によって解くから、日月動爻からの沖があれば救われる。また沖に逢う応期も慎重に考慮すべきである。

㈣、官鬼が世爻に臨むも子孫が発動する場合は当選はむずかしい。子孫は官鬼の忌神だからである。ただし官鬼と子孫の強弱の関係をよく検討する必要がある。また子孫と妻財とが共に発動し、接続の生となって官鬼を生ずる場合は当選確実となるからこういう関係を見逃がしてはならない。

㈤、官鬼が世爻に対しても、また応爻に対しても生剋の関係がない場合は、本人も対立候補も勢力伯仲し、共に当選不明と見る。本人は一層努力して当選を期すべきである。

七、官鬼以外の五類についても、第二項に述べたそれぞれの意味に照らして考察すればよい。

㈠、例えば父母には地盤（票）および候補者の才能、学識という重要な二つの意味がある。これは兼断でよい。何故ならば才能の豊かな候補者は多くの票を集めることになるからである。父母は旺相で日月動爻からの生合があるばかりでなく、世爻と相生、支合、三合の関係になっていることが重要である。父母が応爻と相生、支合、三合になっている場合は、対立候補のほうに票が集まるものと見る。また父母が世爻を生合していても父母が休囚で空破墓絶に逢い、回頭の剋に化し、退神に化するような場合は、思うように票が集まらず、本人の才能も劣ると見る。

(二)、妻財にも鞄（資金）の意味と、父母（票）の忌神という重要な二つの意味がある。したがって旺相の妻財が世爻についただけでは当選とは言えない。選挙資金は豊富であっても、父母（票）の忌神が世爻に臨んでいるからである。この場合には月建、日辰が官鬼となって世と合するか、旺相の官鬼が動いて世と合する場合に初めて当選と考えてよい。官鬼は選挙の主星であるから、官鬼を第一に重要視すべきである。また世爻の休囚の父母が、応爻の旺相の妻財から剋冲されるような場合は、対立候補の豊富な財力に圧倒されて、票が集まらないと見る。

(三)、兄弟には(イ)友人、支持者、(ロ)競争者、(ハ)妻財の忌神、の重要な三つの意味がある。一卦兼断によって、それらの的確な意味を把握すべきである。例えば世爻についている兄弟または世爻と生合の関係にある兄弟は(イ)または(ハ)と解すべきであり、応爻についている兄弟または応爻と生合の関係にある兄弟は、(ロ)または(ハ)と解すべきである。いずれにしても兄弟独発して妻財を剋冲するような場合は、選挙資金が足りないばかりでなく、選挙の主神の官鬼の元神（妻財）を剋傷するのであるから当選はむずかしいと見る。

(四)、子孫は選挙の主神の官鬼の忌神であるから、旺相の子孫が世爻に臨み、日月動爻からの生合を受け、回頭の生に化し、進神に化するような場合は当選の望みは薄い。子孫独発して官鬼を剋冲するのも凶兆である。卦に旺相の子孫があるも、空破墓絶に逢い、回頭の剋に化し、退神に化し、或いは父母の剋を受ける場合は、いちがいに落選と断定することはできない。応期断則に照らし、また子孫と官鬼の強弱の推移を考えて慎重に判断すべきである。

(五)、世　が官鬼の場合は、候補者自身が陣頭指揮して、正々堂々の選挙戦を展開するのがよく、世爻が父母の場合は文書戦、言論戦が有利であり、世爻が兄弟の場合は、友人、支持者たちを主軸にする選挙戦がよく、世爻が妻財の場合は実弾を豊富に用意すべきであり、世爻が子孫の場合は立候補を断念すべきか否かをまず検討すべきである。

安否占

一、バイブルの黙示録に「キリスト後二千年に人類が滅亡する」という意味のことが書かれている。キリスト教徒に言わせると、キリスト教（キリスト自身ではない）の十大予言の九つまでが、すべてその通りに実現しているから、この最後の予言も必ず実現するはずであるという。その時期がそろそろ近づいているのは不気味である。

黙示録によると、その時期には神の審判がくだり、悪人は滅亡して善人には永世が与えられることになっているが、善人と悪人とがそのように器用に分類できるものか疑問である。何故ならば、まるっきりの善人とか、まるっきりの悪人というようなものは考えにくいからである。基準（スタンダード）の相違によって、善人悪人の判定がまったく違ってくるはずである。

キリスト教に限らず、ほとんどすべての宗教に教祖その他の予言がある。宗教とは未来に対する関心とも解されるから、宗教に予言が伴うのは当然である。そして信者はそれらの予言の全部または一部が的中したと称して、むやみにありがたがるが、冷静に客観的に観察してみると、的中したとも的中しなかったとも解釈し得る場合が多いようである。私はクリスチャンではないから、前記の黙示録の予言も絶対のものとは考えていない。

二、地球は第五小氷期に突入しているという。地球の地下資源はあと二、三十年の寿命と言われている。一九八〇年代の中頃から世界的に食糧が不足し、人類が飢餓に襲われるであろうとは、アメリカのシンクタンクが以前から警告しているところである。ソ連の宇宙科学者のカルダシェフの言う通り、人類はそろそろ地球文明に見切りをつけて、次の太陽系文明に移行すべき時期が近づいているのであろうか。（新易学物

語第一〇話「信仰と運」参照）

三、特に日本は人口過剰、資源過少の国である。日本の適正人口は三千万か四千万であろうと言われている。これは徳川の元禄時代の人口であって、元禄時代は日本歴史のなかで、もっとも泰平安楽な時期であったと言われている。それが今では適正人口の三倍以上にふくれ上っているのであるから、随所に無理が生じ、人心がとげとげしくなっているのは当然である。日本人の勤勉努力によって、この無理をささえているのであるが、ポキッと挫折する可能性もある。近ごろ日本亡国論を散見するようになったのは理由のないことではない。

四、それに加えて日本は太平洋火山帯の中央に位置し、地震、噴火その他の災害も多い。ノストラダムスの「大予言」によると、関東平野が海没する時期は近いという。或る若い女性霊感屋さんの「予言」によると、あと百年以内に日本列島が海没して、高山の頂上だけが海面上に残るという。なんとも心細い話である。中国にも「節物風光不相待。桑田碧海須臾改」という古詩があり、桑田が一瞬のうちに青い海になる、と歌われているくらいであるから、世界の何処に住んでも人間は天災地変の脅威から逃げることはできないようである。

五、以上長々と書いたが、要するに地球文明がそろそろ終末に近づいているという説は、いちがいに荒唐無稽として片づけられない科学的根拠がある。それに加えて日本の場合は天災地変の多い国であるから、これから先は一身一家の安全を確保することは、容易でなくなるであろう。幸いにして私どもは断易という武器を持っている。災害を予知し、災害から身を守る方法を断易は的確に教えてくれる。断易は避禍招福の最良の手段である。

六、当時者の用神はまず第一に世爻（場合によっては応爻）とし、次に該当する五類についても考察する。夫の安否についての立筮であるからとて、官鬼を用神にとると、官鬼は災害の主星であるから、夫は必ず災難に逢うことになり、子供の安否についての立筮であるからとて、子孫を用神にとると、子孫は安全の主星であるから、子供は必ず安全安泰ということになる。

ところが、どういう場合に世爻を用神にとり、どういう場合に五類を用神にとるべきかについては、杓子定規の法則はない。こういうところが断易のむずかしいところでもあるし、また断易の面白いところでもある。こういう場合は知的直観（悟り）によって、ズバリと判断を下す以外に方法がない。例えば夫の安否を占って、旺相の官鬼が子孫と支合または三合の関係になっている場合には、世爻または応爻にどの五類がついたとしても、夫は安全と断定して間違いない。また妻が夫の安否を占って、(一)子孫と妻財が共に動き、接続の生になって官鬼を生ずる場合、(二)子孫が独発して官鬼を剋する場合も夫は安全であるが、(一)の場合は財力または女性（主として妻）からの援助が必要かも知れないし、(二)の場合は曇り後晴れであって、若干のトラブルはあるが、最終的には安全と見る。

七、安否占の五類の意味は次の通りである。

官鬼……災害の主星
子孫……安全の主星
妻財……官鬼の元神、財、女性、食糧
兄弟……子孫の元神、兄弟姉妹友人、破財、食糧欠乏
父母……航空機、船舶、列車、自動車、家屋

(一)、官鬼は災害の主星であるから、官鬼が世爻を剋するのは凶兆であるが、まず第一に世爻と官鬼の旺衰動

静の関係を見るべきである。旺相の官鬼が発動して休囚無気の世爻を剋するような場合は災害がひどく、逆に休囚の官鬼が発動して旺相の世爻を剋するような場合は災害は軽微である。特に旺相の世爻が進神に化し、回頭の生に化し、子孫に生合されているような場合は災害を受けない。

次に官鬼の五行によって災害の種類を推測する。

木の官鬼……樹木、木材による災難、強風による災難、風邪

火の官鬼……火事、火傷、熱病

土の官鬼……岩石の顚落、崖崩れ

金の官鬼……刀剣銃砲による災難、化学薬品による災害

水の官鬼……豪雨、洪水などの災害、水に溺れる災難

以上のように官鬼の五行によって災害の種類を推測することができるが、地震だけは少しく厄介である。中国大陸の奥地に発祥した断易には地震に対する観念がないから、五行哲学から理論的に考えるほかはない。地震も土爻の官鬼が用神になることは明らかであるが、単にそれだけでは、落石などによる災害と地震との区別がつかない。地震の場合は遡って卦象その他に関する考察が必要になる。

(a)、地雷復は大地の下の震動（山雷頤もこれに準ずる）、水雷屯は海洋の下の震動であるから共に地震を思わせる卦であるが、安否占でこれらの卦を得た場合に、直ちに地震と即断してはならない。

(b)、地雷復は官鬼が木爻山雷頤は官鬼が金爻であるから地震の確率は低い。水雷屯は官鬼が土爻であるから、官鬼が旺相で発動する場合は、海洋の下の地殻の変動と考えられるので、海底地震の確立が高い。

五爻の官鬼の発動は浅部地震、三爻の官鬼の発動は深部地震である。

(c)、懸念されている関東地震について、私は数年前に立筮して「水雷屯の水地比に之く」卦を得、「東京の東南（辰）の海底地震であり、時期は昭和55年の申年（辰の官鬼と子の兄弟が長生）の四月（辰の

官鬼の値月）、または九月（辰の官鬼が合起）であり、津波を伴う（水地比は冠水）相当の大地震であろう。また昭和56年の酉年（辰の官鬼が合起）になるかも知れない」、と判断したが、果たしてどうであろうか。黙示録、ノストラダムスの「大予言」のところで述べた通り、個人の身辺に関する問題でなしに、一般的な問題に関する予言はきわめて難しいことを痛感している。

(d)、官鬼については其の六神も考察する必要がある。

青竜……酒色、遊楽、放心による災難
朱雀……刑罰、火災
勾陳……田畑、山林に関する災難、拘禁、留置、ハイジャク
螣蛇……変死、毒蛇、毒虫による災難
白虎……戦禍、刃傷、暴力団などによる災難
玄武……盗難、詐欺の被害

(e)、官鬼の爻の元卦、または官鬼の爻が所属する内卦または外卦の八卦の意味も参考になる場合がある。

乾……悪霊その他の霊の祟り、刀剣、金属、老年の男子と関係のある災難
坎……水難、奸計、
艮……山岳に関係のある災難
震……雷、電気による災難、航空機、船舶
巽……妖婦、女性霊能者、風災
離……火難、魚鳥による中毒
坤……土地と関係のある災難、老年の女性と関係のある災難
兌……沼沢と関係のある災難、淫祠邪教、剣難、年若の女性と関係のある災難

(二)、子孫は安全の主星であるから、旺相の子孫が世爻に臨み、また旺相の子孫が発動して世爻を生合する場合は、如何なる災厄の懸念があっても、本人は絶対に安全であると断言して間違いない。旅行に出る場合などは、安全占を試みることは決して無駄ではない。

災禍の懸念がある場合には、次の方法によって難を避くべきである。

(a)、子孫の爻の十二支の方位に赴いて難を避く。子孫が世爻を生ずる場合も、世爻を剋する場合も、共に子孫の方位が安全である。

(b)、世爻を生ずる爻の十二支の方位に難を避く。(a)の方向に赴くことが事実上不可能な場合に(b)の方角に難を避くるのである。

(c)、子孫の爻の五行によって避難の方法を研究する。例えば子孫が水爻ならば水上難を避け、子孫が木爻ならば樹木によって難を避けるという具合にする。子孫が上爻、五爻などにある場合は、相当に遠隔の地まで避難する必要があるかも知れない。

八、安否占にはまず世爻の旺衰を見るべきである。世爻が健旺ならば災禍に耐える力がある。次に官鬼と子孫を検討して、災禍の種類、程度および避禍の方法を知るべきである。そしてこれには接続の生剋、進退神、回頭の生剋、絶処逢生、入墓と沖開、その他断易のあらゆるテクニックを駆使して的確に判断すべきである。また妻財と兄弟によって食糧の関係、父母によって家屋乗物の安否などを知るべきである。いちいち細かに述べるとなると、きりのないことである。断易の諸原則に照らして考えればよい。

財占

一、財は個人生活の基盤であり、経済は社会の基盤である。「貧乏が戸口から入ってくると、愛が窓から逃げ出す」という西洋の諺は残念ながら真理のようであり、また「経済は社会の基盤であり、経済機構の変化に伴い、その基盤の上に立つ文化、政治、教育、その他一切のストラクチュアが変化する」というマルクスの言葉も真理のようである。大古の昔から人間が如何に財という魔物に振り廻わされてきたかは、古今東西の歴史が雄弁に物語っている。易占の需要の半数以上が財占であることも理由のないことではない。

二、財占の内容はきわめて多岐多端である。(一)、本人の大局的な終身の財運はどうか、特定な時期の財運はどうか、(二)、特定の土地家屋などの不動産または動産を売買して利益があるか、(三)、会社を創設または店舗を開設して利益を挙げうるか、(四)、当てにしている金が入ってくるか、また銀行、個人が金を貸してくれるか、(五)、株式の投機によって儲かるかなど、内容はきわめて広範である。このなかで真先に述べたいのは投機と断易の関係である。「易は万象に通ず」であるから、易占を投機にも応用することは十分に可能であるが、反面から考えてみると、易占を投機に応用してポカポカと儲かるものなら、働く必要がなくなり、易を立てて株を売買していれば、ひとりでに倉が建つことになる。これは純理に反する。それだから易占によって投機をすると、最初のうちは儲かっても、そのうちに「見えざる手」が働いて儲からなくなる。純理に反することはやるべきでない。強いてやりたい場合は、長い間隔を置いて冷静に試みるべきである、何故ならば、投機にはすべて「休む」ことがきわめて大切だからである。

三、包括的な財運（例えば一生の財運）を見る場合は、まず世爻（または応爻）の旺衰を見る。当人が健旺でないことには「財に任ずる」ことができない。これは四柱推命にも断易にも共通の大原則である。世爻が休囚で空破墓絶に逢い、財爻（妻財と子孫）だけが旺盛の場合は、せっかくの財運も掌中に納めることができないか、或いは「富屋の貧人」の運命である。世爻が健旺であり、それに加えて妻財と子孫が旺相で、日月動爻からの生合があり、進神に化し、長生に化するような吉兆があれば、財運豊厚と断定して間違いない。発福の時期は応期断則によって考究すればよい。

㈠、世爻と妻財が旺相であるが、子孫に欠陥がある場合は、財運の根拠薄弱であるから妻財が衰運にめぐる場合に、一挙に財を失う危険がある。これに反して世爻と子孫が旺相で妻財に欠陥がある場合は、大財は成しにくいが生涯安楽安泰と見る。共に日辰との関係を重視すべきである。何故ならば日辰には恒久的な司配力があるからである。

㈡、妻財と子孫が健旺であるが、世爻が休囚無気の場合は、本人が病弱その他のためにせっかくの財運を摑み得ない人である。この場合は世爻が旺運をめぐる時期に僅かに財運がある。反対に世爻だけが健旺で妻財と子孫に欠陥がある場合は、仮りに親からどれほどの遺産を与えられても、それを蕩尽することになる。妻財と子孫が旺運をめぐるか衰運をめぐるかによって、その程度を察知することができる。

㈢、世爻も妻財も子孫もすべて休囚無気、或いはそのなかの一つか二つが空破墓絶に逢い、回頭の剋に化し、退神に化するのは大凶であって極貧の運命である。特に日辰との関係を重視し、日辰から剋冲され、日辰に墓に入り、日辰に絶するなどは大凶である。そのなかで世爻だけが強旺なのは、肉体労働に適する人、子孫だけが強旺なのは財産はできないが安楽に処生し得る人、妻財だけが強旺なのも財産はできないが常に金銭を取扱う人、すなわち銀行員などの運命である。

㈣、世爻が旺相空亡（旺相は空亡と見ないのが原則であるが、空亡であることに変りはない）であるが、妻財、子孫が健旺な場合は、世爻の出空の時期を待って財運が一躍大好転する。世爻が休囚空亡（真空）の場合は生涯「うだつ」があがらないと見る。世爻が休囚無気で三墓に逢う場合も財運の望みは薄い。

(五)、旺相有気で三墓に逢う場合は、墓庫を冲開する時期に財運が大好転する。
旺相の妻財が世爻に臨み、日月動爻からの生合がある場合は必らず発福する。発福の時期は応期断則によって知ることができる。休囚の妻財が世爻に臨み、日月動爻からの生合がある場合は、妻財が旺運をめぐる時期(特に長生、帝旺にめぐる時期)に発福する。世爻の妻財が進神に化し、長生に化し、回頭の生に化するのは大吉兆、退神に化し、回頭の剋に化するのは凶兆であり、重ねて剋冲の運にめぐる時期に破財の憂いがある。

(六)、「一生の運勢を占う」というような漠然たる占題は断易の本旨に反するという説があるが私は採らない。これも一種の兼断であり、これによって貴重な示唆が与えられることが少なくない。一生の運勢を占って世爻に父母がついた場合には、父母には、会社、不動産、多忙、辛労、文筆などの意味があるから、父母の旺衰と卦象、および六神などを参酌して、的確な判断を得るようになる。例えば坤艮の卦の父母を不動産と見、勾陳を帯びる父母を田畑山林と解し、その旺衰によって規模を察知し、その人は不動産または会社経営に縁があると見る。父母が螣蛇を帯びる場合は辛労と見、朱雀(華麗)を帯びる場合は文筆と縁があると見る具合である。

(七)、兄弟には妻財の忌神、兄弟姉妹朋友、同業者などの意味がある。一生の運勢を占って世爻に兄弟がついた場合は、財についての期待は持ちにくいが、妻財または子孫と支合、三合の関係になっている場合は財運にも望みがある。兄弟は凶神ではあるが、世爻についた場合は健旺なのがよく、衰弱はよくない。旺相の兄弟が世爻に臨み、日月動爻からの生合がある場合は、本人に財力はないが義俠心に富み、朋友同業者などからの支持信頼が厚く、社会の上層での活躍が期待できる。月建日辰が妻財となって世爻と合し、または妻財の爻が動いて世爻と合する場合は、相当に財は入ってくるが、本人は宵越しの金を持たない人物であって、財を散じ易いと見る。世爻の兄弟が休囚で日月動爻からの剋冲を受ける場合は、本人は多病または極貧と見る。世爻の兄弟が旺相で白虎、螣蛇、玄武などの凶神を帯びる場合は、本人は無頼の徒または盗癖の持主と見る。

(八)、官鬼には災厄、病気、名誉、マネジメント、地位、職務など吉凶相反するいろいろな意味がある。卦を得た場合に官鬼がそのなかのいずれの意味に該当するかは、イマジネーションを駆使して考える以外に方法はない。まず占題とよく照らし合わせて、官鬼の意味を考えるべきである。

官鬼といえども世爻についた場合には、旺相有気なのがよい。一生の運勢を占って世爻の官鬼が休囚無気というのでは、その人は病弱であるか覇気に欠け、果たして人生の荒波に耐え得るかどうか、少し心細い人である。世爻の官鬼が旺相で、日月動爻からの生合がある場合は、官鬼を生ずる日月動爻がすべて妻財であるから財運豊厚であり、したがってこの場合の官鬼は名誉地位と解釈することができ、名利ともに通達する人であるから、政治、経済のいずれの方面においても成功者となり得る人である。

四、目的の財がいつ手に入るか、銀行が果たして融資してくれるかなどの個々の具体的な財占の場合は、旺相の妻財が発動して世爻を剋するのが最良。世爻を生合するのが次善である。財(妻財)と音信(父母)と走り人(該当する五類または応爻)の場合は、それらの用神が世爻を剋するのが確実かつ急速であることは前に述べた。入財の時期は応期断則によって考えればよいが、財爻の値日、値月がもっとも確実である。

五、不動産その他の売却に関する卦は、世爻に妻財がつき、応爻に父母がつくのが最良である。何故ならば、これは不動産、動産が先方に行き、金がこちらに入ることを意味するからである。こういうのを「地を得る」というのであって信憑性の高い卦である。成立の時期は応期断則によって考えればよく、価格は前に述べた数理によって考えればよい。書画骨董などの売却にもまったく同じ推理でよい。時期も価格も痛快に的中するので溜飲の下がる思いのすることが多い。初学の人たちも遠慮なくこういう問題と取り組んで、易の神妙を体験すべきである。購入の場合は、売却の場合の考え方を逆にするだけでよい。

家　宅　占

一、ドロドロに熔けている溶岩が冷えて結晶する際に、北半球では結晶軸が北極に向かい南半球では南極に向って結晶するという。人間もオギャーと産まれる瞬間にその人の運命の結晶軸が決まるようである。人間の運命の結晶軸は何によって決まるか、これは難しい問題である。私はアダムとイブ以来の人類の因縁によって結晶軸が決まるなどとは言わないが、本人から遡って、二、三百年くらいの間の父祖代々の因縁が、産まれてくる赤ン坊の運命軸を決めるようである。因縁というのは善因善果、悪因悪果の関係である。祖先の善行または悪業が子孫の運命に大きく関係するのは明らかであるが、五百年も千年も前の祖先は関係ないようである。私はこれを因縁の時効と考えている。

二、人間の運命は産まれながらに決っているものであるから、これを後天的に改善することは容易でない。運命改善の方法としては、善行を積むことが何より大切であるが、(一)、相性のよい結婚をすること、(二)、家相のよい家に住むことも運命改善に相当に大きな効果がある。ここでは主として家宅の問題を取り扱うことにする。

（新易学物語第5話「家相と運」参照）

三、家宅の用神は父母である。また五爻を人爻とし、二爻を宅爻とするのも古来の定法である。家宅占については父母を優先的に取り扱い、宅爻を二次的に取り扱うというような考え方をしてはならない。両者は飽くまでも総合的に検討すべきである。例えば宅爻に父母がついた場合には、その家は「地を得て」いるのであるから、それだけで、その家はきわめて適切な家であると判断して間違いない。すべてのファクターを総合的に取り扱うことを忘れて、局部的な見方に拘泥するのでは的確な判断は得られない。

四、各爻の意味については、初爻は井戸、二爻は灶（かまど）三爻は床（ゆか）、四爻は門、五爻は住人、上爻は棟および屋根と見るのも古来の定法であるが、かまどが床よりも低くなっている。これはかまどを土間においた昔の農家にぴったりであるが、現代の家屋には適切でない。また四爻を門としたのも、いかにも窮屈であって、四爻の解釈に困ったという感じがする。昔の家屋は原則的に平家であったから、立体的に考えないで、平面的に考えるべきであったと思う。立体的に考えて適切なのは現代のビルである。貸ビルなどを占って、例えば四爻に兄弟がつくと、四階がいつも空室が多く、家賃収入がよくないから、じつに不思議である。ただし、卦は六爻までであるから六階以上のビルについては、また初爻に戻って数えるのか、一つの爻に二つか三つのフロアを入れるのか、何十階という超高層ビルの場合はどうするのか、私にはまだ十分な占例がない。おそらく高層ビルの場合は、一階から六階まで、七階から十二階までという具合に区切って分占するのがよいかと思う。ビルが店舗になっている場合も、兄弟のつく階は収益が良くないのも確実なようである。

五、旺相の父母が世爻に臨み、または日月が父母となって世爻を生合し、或いは旺相の父母の爻が動いて世爻を生合する場合は、現在住んでいる家が吉祥の家であるか、或いは吉祥の家が手に入ると見る。世爻の旺相の父母が進神に化するのは家運興隆、休囚の父母が退神に化するのは家運衰退である。後者の場合はその家に住めなくなる事情が発生するかも知れない。

六、父母が動いて世爻を剋し（家屋は音信や走り人とは違うから、父母が世を剋するのは良くない）、または父母が空破墓絶に逢い、或いは世爻の官鬼が三墓に逢うような場合は、現在住んでいる家は吉祥の家でない。

七、家屋を増築する方角（家相が最重要）および移転の方角は子孫の方角がよい。世爻を生ずる爻の方角も良いが、世爻を生ずる爻が官鬼の場合は、その方角は避けるほうがよい。

八、住居の禍福を占って、日月動爻が子孫となって世爻または父母を生合し、或いは官鬼が安静などの場合は、吉祥の家と見る。官鬼が発動して世爻または父母を剋沖する場合は、災禍または祟《たた》りなどを警戒する必要がある。官鬼の帯びる六神が一応の参考になる。

青竜……井戸または池などを埋めた跡であって、竜神を祀る必要がある。それを怠ると、酒色、放蕩によって家を潰す危険がある。

朱雀……火難に注意。この方位における火気の取り扱いを慎重にすべきである。官災（刑事、訴訟）とも縁のある家と見る。

勾陳……産土神（うぶすながみ）の祭祀が閑却されている。主として稲荷である。或いは以前に人間が拘禁されていた場所かも知れない。

螣蛇……怪奇、幽鬼の意味がある。農家ならば蛇などが棲みついているかも知れない。子孫の方角の神社からの〝お砂撒き〟が必要である。

白虎……流血、死屍の意味がある。先祖のなかに、或いはその場所の以前の住人のなかに、流血（病気によるものも含まれる）して死んだ人がいる。ねんごろな供養とお砂撒きが必要である。

玄武……盗難に注意。この十二支の方位が盗賊の侵入口になる場合が多いから、その方角の戸締りを厳重にしてお砂撒きをする。

九、官鬼の五行も考慮すべき場合があるが、あれこれと迷うときりがないことになる。住居の災禍、祟りについては前項の官鬼の六神を見るだけで十分な場合が多い。

木爻の官鬼……木に関係のある災禍、特に倒木、門や棟木の損壊による災禍に注意する。この方角に大樹、老木がある場合には木霊(「三十三間堂棟木由来」参照)の存在も念頭におくべきである。

火爻の官鬼……この方角における火災、火傷、漏電などに注意。

土爻の官鬼……この方角の障壁、土塀などの倒壊を防ぐ必要がある。またこの方角の土地、田畑などが辛労の種子になる。

金爻の官鬼……刀剣、銃砲、化学薬品などに注意する必要がある。これらによる死者の霊の場合もある。

水爻の官鬼……水に関係のある災禍である。この方位に井戸がある場合は水質検査の必要がある。極旺の水鬼が世爻を剋する場合は、その値年、値月、値日に供水の災禍も考えられる。

水死者の霊の場合もある。

家屋の災禍に関する占は、旺相の官鬼が発動して世爻を剋冲したり、世爻の官鬼が三墓に逢ったり、世が官鬼に化して飛神を剋冲したりするのは良くないが、そういう場合でも、日月動爻が子孫となって世を生合する場合には災禍はない。

一〇、「風水占」というのがある。これは死者の霊が成仏しているか否かを見る易占であるが、べつに取り立てて騒ぐほど特異なものではない。死者の霊は官鬼であるから、官鬼の帯びる六神によって考えればよい。安泰成仏と見るのは官鬼に青竜がついた場合だけである。その他の場合は前項に述べた六神の性情に照らして、死者の霊が何を苦にしているかを考え、子孫の爻の五行によって慰霊の方法を研究すればよい。成仏は青竜だけとなると確率は六分の一であるから、多くの霊は何かを苦にしているものと考えられる。官鬼が世爻を剋している場合には、その死者の霊は本人（世爻）に対して怨恨を抱いているから一層供養の必要がある。子孫が発動して世爻を生合している場合はその憂いはない。「死者の祟り」というような低俗な迷信に陥ってはならないが、避禍招福のためのあらゆる手段を講ずることも必要であろう。「霊が家主で人間が店子」という古代人の思想が正しかったと思われるから私どもは易学を手引として、あらゆる霊と調和し、災禍のない幸福な人生を過ごしたいものである。

一一、父母（または宅爻）が旺相で日月動爻の生合がある場合は宏壮な家、父母が旺相で青竜を帯びる場合は蕭洒な家、父母が休囚無気の場合は陋屋、それに加えて日月動爻からの剋冲があったり、白虎、螣蛇などを帯びるような場合は、住み続けるのに不適当な家と解すべきであろう。

一二、居宅に関するすべての問題を予想してここで取り扱うことは不可能である。断易の諸原理を縦横に駆使して個別的に、具体的に考えればよい。ただし絶対に忘れてならないことは、主人の座（西北）に不浄のある家は、たとえ一時繁栄したとしても、長期的には絶対に繁栄しないから、この点は呉々も注意する必要がある。

病占

一、断易は病気に関しても驚くべき偉力を発揮するが、病占は人間の生命にも関係のある重大な問題を取り扱うのであるから、易学者諸氏は特に慎重な態度をもって病占に当たるべきである。まず病占に関する注意事項または問題点から先に述べることにする。

㈠、歴史に逆行すべからず

現代の西洋医学は古代ギリシャの医聖ヒポクラテス（Hippokrates. BC460～BC337）を鼻祖とし、二千数百年にわたる人智の結晶である。特に解剖学的研究が西洋医学の発達に大きく貢献している。私は時には西洋医学のことを「死体医学」などと悪口を言うが、私も西洋医学のメリットを認めないほど野蛮人ではない。病占を乞われた場合には、まず第一に権威ある病院、医師に診てもらうことを勧告すべきである。

㈡、医師法、薬事法に違反すべからず

明治の終り頃から大正にかけて東京の小石川に石塚左弦という観相家がいた。特にこの人は病気に関する観相を得意とし、その判断およびアドバイスがきわめて適切であったために、門前市をなす賑わいであったという。ところが同業者または医師の中傷があったらしく、石塚氏が患者の身体に触れて、いわゆる触診もするというので、医師法違反のかどで業務禁止の処分を受けた。やむなく石塚氏は医学博士の長男を表面に立て、長男に患者を診察させ、自分は長男の背後にいて観相による望診を行ったが、長男博士の診察よりも、父親の観相のほうが的確という評判であった。

このように世のなかには不合理なことがたくさんある。優秀な観相家も医師法違反に問われたりする。平均的な人間の平均的な行為を対象とする法律の建前からすれば、これはやむを得ないことであろう。

断易の研究に志す諸氏が病占を行う場合にも、医師法、薬事法などに違反しないように十分注意すべきである。

㈢、適切な病院または医師の選択に関して、病占が最大の偉力を発揮する。

すべての分野の専門家および施設に、きわめて優秀、きわめて粗悪、および両者の中間の三階級があることは明らかであり、医師および病院もその例外ではない。粗悪な医師または病院の手にかかって、捨てなくともよい命を捨てる人がずいぶん多いと思う。

また優秀な医師、病院でも時には誤診ということもある。処置のミスも起こり得る。これらを一括して、粗悪な医療、間違った医療を受けないようにするためには断易が最良のアドバイスを与えてくれる。長期間にわたって医療を受け、はかばかしい治療効果のあがらない患者に、吉方の医師または病院に替わることをアドバイスして奇蹟的ともいえる効果をあげた例を私はいくつも持っている。吉方の医師または病院に替わるだけで嘘のような卓効があるものである。私はこれが病占の最大の効用と信じている。その方法はきわめて簡単であって、いかなる場合も、旺相の子孫の方角の医療を受けるようにアドバイスするだけでよい。ただし子孫の支の選択も慎重にすべきである。例えば酉の官鬼で巳酉丑の三合がある場合に、巳は子孫であるが、官鬼は巳に長生するから、かえって病気を悪化させる。この場合は巳の子孫を捨て、午の子孫をとるべきである。また子孫が休囚とか空破墓絶の場合は効果が薄いから、その場合は子孫が長生になる方角がよい。

㈣、巳の官鬼は必らず癌か？

病占の場合は巳の官鬼は癌または腫瘍を意味するというのが古来の定説であり、またその確率が相当に高いので厄介である。そこで初学の人たちは巳の官鬼に出逢うと、鬼の首でも取ったような気になり、「癌だ癌だ」と騒ぎたくなるが、こういう場合にこそ、もっとも慎重な検討が必要である。

そもそも巳の官鬼が何故に癌になるのか、その理屈を明快に説明している理論は私の知る範囲では見当たらない。単なるこじつけでなしに、この点が明快に説明されないことには、巳の官鬼を癌とするのは迷信に過ぎないことになろう。私が思うに、五行の金の官鬼は呼吸器系統の病気であり、金の官鬼は血液の浄化作用および細胞の栄養を低下させる原因になる。そして巳は金の官鬼の長生に当たるところであるから、血液の浄化作用および細胞の栄養が極度に低下し、癌の発生が考えられる。私は巳の官鬼を癌または腫瘍と見るのは根拠のないことではないと考えている。巳の官鬼も旺相ならば癌と考え、休囚または空破墓絶に逢う場合はポリープまたは良性腫瘍と見るべきであろう。また巳の官鬼の爻位もよく考慮すべきは当然である。

㈤、病占で官鬼子孫に化し、子孫官鬼に化するのは必死か？

病占で官鬼子孫に化し、または子孫官鬼に化するのは必死と見るのが古来の定説であるが、そのような単純な考え方で果たしてよいものであろうか？、官鬼は病勢、子孫は治癒力であるから、両者の激突は危険と考えられないこともない。

思うに子孫が発動して官鬼に化する場合は、子孫が本来の治病の効果を発揮しないで、反対に病気を助長する逆作用をしていることになるから、現在の治療方法を一変しないかぎり、必死の危険があることは明らかである。ところが官鬼が発動して子孫に化する場合は、もっと詳細な検討が必要である。

(a)、世爻（または応爻）の休囚の官鬼が旺相の子孫に化する場合は、衰弱している病人が痛烈な回頭の剋を受ける意味になるので必死の危険ありと見る。旺相の官鬼が休囚の子孫に化する場合には危険は薄く、徐々に回復に向うと見る。

(b)、世爻（または応爻）以外の官鬼が子孫に化する場合は、現在の治療方法が優秀で治療の効果をあげつつあるものと見る。したがって病人（世爻または応爻）が旺相ならば必死どころか、現在の治療方法によって病人は回復するものと見る。この場合官鬼が休囚で子孫が旺相ならば卓効、逆に官鬼が旺相で子孫が休囚ならば、病勢頑強で治癒力微弱と見るが、必死の意味はない。

二、病占を行うには、まず基本事項を的確に知っておく必要がある。次に掲げるのは先人の研究の集約である。いずれも重要な基本事項であるから、その概要を確実に知っておくべきである。

㈠、五　類

官鬼……病気、患部、神霊、祟り
父母……医師の能力、子孫（治癒、薬剤）の忌神
子孫……良医、良薬、有効な治療方法
妻財……食物、食餌、栄養
兄弟……不養生、妻財（滋養）の忌神、子孫（治癒）の元神

㈡、八　卦

乾……頭、顔面
坎……耳、下腹…………塞（下痢）
艮……背、手の指
震……膝、下脚、足
巽……腰、股
離……眼、…………熱（逆上）
坤……中腹、胸
兌……口腔、咽喉

㈢、爻位

上爻……頭、脳、顔面
五爻……頸、胸（心、肺）、肩、上背
四爻……腹（胃、脾、肝、胆）、腕、手
三爻……下腹（小腸、大腸、腎、膀胱）、腰、陰部、肛門
二爻……股腿、膝、上脚
初爻……下脚、足

㈣、五行

木の官鬼……感冒風寒、肝臓系諸病、頭痛、眩暈《めまい》、四肢疼痛、不随、筋縮、強直（パーキンソン氏病）、内臓から来る眼病、リウマチ、神経痛、神経系諸病
火の官鬼……心臓系諸病、高血圧、諸熱病、逆上、喪神、暴死、喘嘔、吐酸、暴瀉、瘡瘍疸痘、霍乱、驚惑悪寒、血溢泄、結核、鼻塞、口乾、淋悶、麻疹、ペスト、チフス、血行循環系諸病
土の官鬼……消化系諸病、脾胃病、溜飲、隔痞、脹満、黄腫、瘟疫、皮膚病、脾臓系諸病
金の官鬼……呼吸系諸病、肺病、気管支病、咳嗽、喘息、虚怯、欝病、貧血、痿弱、栄養不良、生気涸渇、皮膚皺縮、鼻　咽喉の諸病
水の官鬼……腎臓系諸病、下痢、疝気、膀胱、冷厥、盗汗、漏精、コレラ、痢病、腸カタル、白帯下、月経不順、尿道諸病、出血、排泄器諸病

㈤、十干

甲の官鬼……頭（先天性の頭痛、頭重）、または胆の病気

乙の官鬼……頂《うなじ》（頸筋の後部）、または肝
丙の官鬼……肩または小腸
丁の官鬼……心臓
戊の官鬼……脇または胃
己の官鬼……腹または脾
庚の官鬼……臍または大腸
辛の官鬼……肺または股
壬の官鬼……膀胱または脛
癸の官鬼……腎または足

これは四柱推命の生日天干によって察知し得る本人のかかり易い病気と同じである

㈥、十二支　（別説）

子の官鬼……膀胱、疝気　（胆）
丑の官鬼……胃病、腹の病気　（肝）
寅の官鬼……胆、臂《ひじ》、股　（肺）
卯の官鬼……肝、眼、手　（大腸）
辰の官鬼……脾、胸、背　（胃）
巳の官鬼……三焦、面、歯、癌、腫瘍　（脾）
午の官鬼……心臓、胸　（心臓）
未の官鬼……胃、脾、胸　（小腸）
申の官鬼……大腸、咳痰　（膀胱）

酉の官鬼……肺、肝　（胃）
戌の官鬼……脾、肺、後背　（胸）
亥の官鬼……脳、肝　（三焦）
漢方医学は人体の器官を五臓（心、肺、脾、肝、腎）と六腑（大腸、小腸、胃、胆、膀胱、三焦）に区別している。三焦というのは水分の排泄器官とされているが、西洋医学の何に該当するか不明である。

㈦、六　神

青竜……上気、頭痛、酒食過度、または房事過度による病気、花柳病
朱雀……熱病、喪神、顛狂、譫語
勾陳……脾胃病、浮腫、脹満
螣蛇……寒熱往来、身心不安、怪異の病気、感染性諸悪疾
白虎……打傷、刃傷、損挫骨、中毒、女子は血崩、白帯下、産後諸病
玄武……憂欝症、陰病、腎病、内部悪疾諸腫

三、病占はまず本人の用神を的確に選定し（原則として世爻または応爻）、あとは前項の五類から六神までを縦横に駆使して病患をつきとめ、あとは子孫の爻の方位の医師病院の診療を受けるようにアドバイスすればよい。また子孫の方角の神社から小量の土砂をもらってきて、塩を混ぜ、平癒を祈願して袋に入れお守袋のようにして常時携帯すれば卓効がある。特に慢性病の人などにはぜひ奨めるほうがよい。

四、官鬼が飛神に顕出している場合は病症が歴然としている。旺相は重病、休囚は軽症である。休囚の官鬼が日辰から冲され（冲散）、または空亡の官鬼が日辰から冲される（真破）場合は病気らしい徴候があっても病気ではない。医療の必要はないが、本人が医療を受けたいという場合は、それを防害してはならない。

官鬼が日辰を帯びる場合は悪霊の祟りと見るのが古来の定説である。医療のほかにお砂撒きが必要である。

五、官鬼が伏して空亡の場合、或いは日辰動爻からの剋がある場合は、その官鬼を病気と見ないで、飛神が剋する爻を病気と見る説がある。例えば甲子日に病気を占って未済を得た場合には、世爻のもとに伏している亥の官鬼は、伏して空亡である。この場合は亥の官鬼をとらずに、飛神の午が剋している酉の妻財を病気と見る説である。すなわち五行の水の病気を見ないで、金の病気と見るというのである。このように廻りくどい考え方は概して「こじつけ」である。病気は飽くまで官鬼で見るべきである。しかしながら、この場合も亥の官鬼が旺相ならば出空と共に発病の危険があり、休囚ならば伏して空亡(真空)で発病の危険皆無と考えてよい。酉の妻財が午の兄弟から剋されている点は、栄養に注意すべしというアドバイスと見る。

六、旺相の官鬼が伏している場合は、爆弾を抱えているようなもので、発病の危険がある。旺相は重く休囚は軽い。飛神ならびに六神によって、発病の原因を次のように推察する。

㈠、官鬼が世爻の下に伏している場合は、旧病の再発または遺伝性の病気が動き出す。

㈡、官鬼が応爻の下に伏している場合は、他人の病気を感染する危険性がある。

㈢、官鬼が妻財の下に伏している場合は、飲食による発病である。白虎が付いている場合は中毒、妻財に合がある場合は過食過飲である。

㈣、官鬼が子孫の下に伏している場合は、大酒、花柳病、栄養過多に注意する必要がある。青竜を帯びる場合は一層その傾向が強いが大事に至らない。螣蛇を帯びる場合は、そのために精神障害を誘発する危険がある。

㈤、官鬼が父母の下に伏する場合は、心身の過労または心配が発病の原因になる。父母に勾陳または螣蛇がつく場合は、土を動かすことによって地霊の怒りに触れる危険があるから土木工事などしないほうがよい。やる場合はお砂撒きが必要である。

(六)、官鬼が兄弟の下に伏する場合は、栄養不足による発病である。兄弟が朱雀を帯びる場合は、他人から呪われている意味があるからお砂撒きが必要である。

七、官鬼発動して進神に化する場合は、病勢進行し、余病を併発する危険がある。退神に化する場合は病勢減退する。官鬼の旺衰によって病状を知り、めぐる十二運によって病勢の進行減退の時期を察知することができる。官鬼の絶処逢生は、病気がいったん快癒しそうになって、ぶり返す危険がある。官鬼入墓は冲開の時期に病勢が悪化する。世爻の官鬼が日辰に墓に入り、或いは動いて墓に化するのは、いわゆる「鬼に随って墓に入る」ものであって必死の象とされているが、そのような単純な見方をしてはならない。こういう場合も官鬼が旺相ならば冲開の時期回復する望みがある。何故ならば世爻の官鬼は病気と見る前に、本人の体力と見るべきだからである。

八、世爻が木爻で官鬼を付し螣蛇を帯びる場合は縊死とされているが、病占の場合は伝染病の悪疫と見るのが妥当であろう。世爻に妻財がつき日月動爻からの剋を受ける場合は消化不良である。外卦にある場合は嘔吐、内卦にある場合は下痢である。世爻が水爻で(病占に限る)日月動爻からの土の剋を受ける場合は、水分の排泄不十分である。外卦の場合は発汗不足、内卦の場合は排尿梗塞である。世爻の入墓(病占に限る)は精神朦朧または身体倦怠の意味がある。

九、子孫は治癒の主星であるから、その動向はもちろん重要であるが、それよりもまず本人の用神(原則として世爻または応爻)の旺相休囚を見るべきである。たとえ世爻に官鬼が付いても旺相がよいことは前に述べた。(この場合の官鬼は病気と見ないで本人の体力と見る)。用神が休囚で日月動爻の剋を受けるような場合はきわめて危険であり、用神が旺相ならば空破墓絶に逢うような欠点があっても、それらの欠点が匡正される時期に回復する可能性がある。ただし用神旺相といえども、日月動爻からの剋と空破墓絶の欠点をいくつも兼ねているような場合は危険である。用神が旺相で欠点が少ない場合（例えば日月または動爻からの剋が一つあるだけ）は、用神が長生帝旺の運にめぐる時期に治癒する。

一〇、病気を占って世爻に子孫がついた場合は、子孫は治癒の主神であるから平癒し易い。特に子孫が旺相で剋傷がない場合は、医療を必要としないくらいである。子孫が旺相で空破墓絶などの欠点がある場合は、それらの欠点が匡正される時期に平癒する。日月動爻が子孫となって卦中の官鬼を冲剋するのも大吉である。

一一、家族の病気を占う場合に、五類を本人の用神とすると、五類それぞれの性情のために判断を誤り易いから、世爻（または応爻）を用神にとるべきことは前に述べた。ただし日辰または月建が家族の五類に該当するのは吉祥であって、きわめて平癒し易い。それはその五類が萬卦の提綱または六爻の主宰の位置にいるからである。

一二、用神の過旺は吉ではなくて凶である。例えば瀕死の病人を占って用神（世爻または応爻）が旺相で、進神に化し、長生に化し、日月動爻からの生合があるという具合に吉に吉が重なるのは大吉ではなくて大凶であり、その病人の死期が近いことを告げているのである。この場合は過旺が一層過旺になる時期が死期となる。これは病占に限らず、あらゆる易占に共通の現象である。例えば借金で首が回らない会社を占って、妻財過旺の卦を得た場合には、それはその会社が一躍好調裕福になる意味ではなくて、倒産が近いことを示すものである。或いは刑事事件のために警察から逃げ回っている人を占って、子孫過旺の卦を得た場合には、警察から逃げおおせる意味ではなくて、逆に逮捕の時期が迫っていることを告げているのである。過旺の判断を誤ることが断易の熟達者にとっての唯一の落とし穴と言っても過言ではない。

一三、卦身も大切である。卦身が子孫であって剋傷がない場合は平癒し易く、本人は大体に於て健康である。卦身は恒久性を意味するからである。しかしながら日月動爻が父母となって卦身の子孫を剋冲するのは凶兆であり、特に日辰が父母となる場合は、本人が本来健康とはいえなくなる。卦身が官鬼の場合も官鬼の恒久性を意味するから、その病気が持病または慢性病になり易い。日辰が子孫となって卦身の官鬼を剋冲している場合はその憂いはない。

一四、子孫が発動するのは吉兆であるが、子孫が回頭の剋に化し、墓に化し、官鬼に化する場合は、小康を得たとて油断してはならない。ぶり返す危険がある。老衰の人または重病人を占って官鬼が空伏墓絶に逢うのは吉兆ではない。それは病気の軽減を意味するのではなくて、医療（子孫）の効果が病気（官鬼）に届きにくいことを意味し、必死と判断すべきである。

一五、妻財が休囚で空破墓絶に逢う場合は、栄養の吸収不良で病人が衰弱する危険がある、ただし父母の病気を占う場合は妻財は父母の忌神であるから、妻財に剋傷があるのは吉兆である。兄弟は子孫の元神であるが、旺相の兄弟が発動する場合は妻財を剋傷するので病人の栄養を阻害する点も考慮すべきである。すべて単純な考え方をしてはならない。あらゆるファクターを慎重に総合的に考慮すべきである。父母は医師の才能であるから、旺相ならば名医であるが、発動して子孫を剋冲する場合は、どれほど評判の高い名医であっても、その病人には適さないのである。子孫の方角の病院または医師に替わるようにアドバイスするのがよい。

一六、応爻が医師である。旺相の子孫が応爻に臨み、世爻に生合するのが最大の吉兆である。たとえ応爻の子孫が旺相であっても世爻を剋冲したり、或いは応爻の子孫が休囚で空破墓絶に逢う場合は、その病人に不適当な医師である。後者の場合は子孫が長生になる方角の医師に替わるべきである。子孫は良医良薬であるから旺相の子孫が世爻につくのは大吉兆であり、その医療によって必らず快癒する。

一七、卦中の子孫が発動して官鬼に化し、回頭の剋に化し、日月動爻の剋を受ける場合は良医良薬ではない。或いは病気に対して逆作用をしているかも知れない。速かに子孫が長生になる方角の医師に替わるべきである。旺相の子孫が空亡に化する場合は、空亡を冲する時期に、または空亡を剋する方角の医師によって医療の効果が発現する（「空は冲によって用あり」）。卦中の子孫が動いて回頭の生に化し、進神に化する場合はその医療に効験がある。退神に化する場合は、その医療はいったん効験があるように見えても、根治には至らない。

一八、父母は子孫の忌神であるから、世爻に父母がつく場合は医療による効果は期待しにくい。また父母は心身の過労不安定を意味するから、医療に頼るよりも、むしろ心身の静養に心掛けるべきである。

一九、応爻は医師であるから、応爻に官鬼がつく場合は、その方角の病院医師の医療を受けてはならない。応爻発動して官鬼に化する場合も同じである。大害がある。応爻に父母がつく場合は、その医師は病理に精通した名医であるが、父母は子孫の忌神であるから、その病人には不適切である。応爻に兄弟がつく場合は、兄弟は父母の漏神であるから、その医師はいわゆる藪医者である。ただし兄弟は子孫の元神であるから、兄弟が子孫と生合して世爻を生じている場合は、藪医者の医療も卓効を奏することになる。

二〇、応爻は病院医師であるから、応爻が日辰月建を帯びる場合は大病院または著名の医師である。ただしその大病院または高名の医師が果たしてその病人に適しているか否かは、世応の関係を検討して慎重に判断すべきである。応爻が世爻を剋冲しているような場合は、その病人にとって適切でない。また子孫が卦中に伏蔵し、日辰が子孫になっている場合は、病人の関係者たちが考慮している範囲外に、その病人にきわめて適切な病院医師があることを示している。その支によって方角を知るべきである。これは病占に限らず、すべての易占に共通の現象である。例えば求財を占って妻財が卦中に伏蔵し、日辰が妻財となっている場合は、当事者が現在考慮している範囲外のところから自的の財が得られることを告げている。

二一、官鬼が卦中に伏蔵している場合は、病気の正体が摑みにくく、したがって適切な医療を施しにくい。官鬼が提抜される時期をとらえて医療を施せば効験がある。病人の用神（世爻、応爻、または該当する五類）が休囚で日月動爻からの剋冲を受け、或いは休囚で空破墓絶に逢うような場合は、医療の手が届きにくい。

二二、医療は専門家に任せるべきであるが、子孫の五行も一応の参考になる。

木の子孫……静思　安静　鎮魂　祈願　加温　滋養食　温浴（湯治）

火の子孫……灸　熱療器　清潔　消毒　殺菌

土の子孫……粘性パック（エキホス、トクホンなどの湿布）　化学療法　抑制剤（下痢止など）

金の子孫……鍼　手術　電気治療　光線療法

水の子孫……冷却　冷浴　飲料（鉱泉など）

二三、例えば戌亥空亡の場合には、亥の官鬼も戌の子孫も共に空亡というようなことが起こり得る（例えば同人）。こういう場合は医療を用いずとも、日ならずして快癒するという説がある。これは官鬼空亡であるから病気がない。したがって子孫空亡で医療も不用ということになるから、首肯し得る説である。ところが官鬼と子孫が共に発動する場合は、医療だけでは不十分であって、加持祈禱《かじきとう》を必要とする説には賛成できない。こういうのを理論の飛躍というのである。易学者はこういう迷論に惑わされることなく、官鬼と子孫の変化の状況を検討して、すっきりした判断を下すべきである。

二四、応爻は医師病院であるから、応爻が世爻と生合するのは病人にとって有利であるがこの場合も卦中の子孫が休囚または空破墓絶に逢うのは吉兆でない。たとえ応爻が世爻を生合していても、医師病院を替わるほうがよい（一卦兼断ならば子孫の方角、または子孫が長生となる方角の医師病院に替わる）。また妻財と官鬼が共に発動し、接続の生となって世爻を生合または剋冲するのは病状険悪を意味する。それに加えて卦中の子孫が休囚または空破墓絶に逢うのは重篤である。現在受けている医療は少しも役に立っていないから、速かに医療を替えるべきである。

二五、病気のなかには悪霊の祟りによるものがある。むやみにこういうことを信ずるのは野蛮人であるが、科学を万能のように思いこみ、霊の存在とその影響を信じないのも野蛮人である。卦中の官鬼が休囚または空破墓絶に逢う場合は悪霊の祟りはない。官鬼が旺相、または日月を帯び、或いは日月動爻から合起、冲起される場合は、悪霊の祟りを一応考えて、世爻と官鬼との関係および両者の強弱を検討し、子孫の方角の神社からの土砂によってお砂撒きをすべきである。

二六、官鬼の五行と六神によって、霊の正体を察知することができる。

木の官鬼……東方の祠または霊（善霊と悪霊がある、世爻との関係によって決する）。大樹の霊（「三十三間堂棟木の由来」参照）、周文王八卦図に違反する建築修覆の咎、縊死者または樹木材木による死者の怨念

火の官鬼……南方の祠または霊、かまどまたは炉の跡を不浄にしておくことによる火神の怒り、焼死者の怨念

土の官鬼……東北または西南の祠または霊、産土《うぶずな》神の霊（稲荷神社など）、動土の祟り、土壌による死者の怨念

金の官鬼……西方の祠または霊、武神像、金属像、または刀剣にまつわる霊、刀傷銃傷による死者の怨念

水の官鬼……北方の祠または霊、井戸または池の埋め方が不適切であったことによる竜神の祟り（「新易学物語」参照）、水死者の怨念

陽の官鬼は男性の死者の霊、陰の官鬼は女性の死者の霊を第一に考えるべきである。

二七、昔から四百四病とか萬病などという。病気には無限のバライェティがある。それに対する医療の方法にも無限の種類がある。現代医学は諸科学のなかでも、もっとも進歩している分野の一つである。断易の病占をもって現代医学に対抗しようとするのは無茶であると考える人がいるかも知れないが、私どもは現代医学に対抗しようとするものではなく、五行哲学の大道に立って、その病人にもっとも適切な医療の方法を検討するのが本旨である。したがって冒頭に述べた通り、本人にとって最良の病院医師の診療を受けるようにアドバイスするのが病占の主眼である。

某氏より、約八〇〇坪の遊休地があるから、自分はこの土地を提供する、あなたは必要な建物を提供してほしい。そして協同で養鰻業を始めたいとの申出があった。果してこの協同事業が成功するかどうかを占った。

十二月　乙　亥　　「数　理」
一日　丙　子　（空亡申酉）

天地否

応	——		戌土 父母
	——	身	申金 兄弟
	——		午火 官鬼
世	– –		卯木 妻財
	– –		巳火 官鬼
	– –	伏 子水	未土 父母 子孫

一　世爻が旺相三合の妻財で、応爻と合である、従って某氏と協同で仕事をするためには一、二〇〇万円～一、八〇〇万円の資金をこちらから出資する必要がある。

二　これだけの出資をしても、応爻の父母は午の官鬼に、寅午戌　と三合するから、事業は障害が多くて成功は困難である。

☰　1・9・4

☷　2・8・10

客あり「某デパートの展覧会に展示されている山本丘人画伯の画に魅了され、ぜひその画を買いたいが購入の可否如何」と問われた。

戊　寅　月　　　　　　　　　　　「数　理」
乙　酉　日　（空亡　午未）

地山謙之地風升

爻	世応	六親五行	伏・化
- -		酉金 兄弟	
- -	世	亥水 子孫	
- -		丑土 父母	
——		申金 兄弟	
□□	応	午火 官鬼	伏 妻財卯木　化 亥
- -		辰土 父母	

「図柄は二つの丘が並んでいる画ではないか、値段は二百八十万円と思うがいかが」と問うに、客驚いて曰く「この画は峠と題する画で、二つの丘の間を小道が通じている画である。値段は表示価格は三百三十万であるが、五十万円値引きするということであるから二百八十万円である」（われ心のなかで、なるほど升は登るであるから二つの丘の間を登る峠の画であるのに、そこまでは思い及ばなかったと　大いに反省する）。

この卦には土の父母が二つ現われている。丘が並んでいると見る。元卦の初爻が- - ——　二爻が- - - -であるから、二百八十万円と見たのである。

「この画に対する情熱は冷めたようである。買うのはおやめになるがよい」というに客曰く「その点も全くその通りで熱が少しく冷めてきているので買うのは止めましょう」という。

日辰に合起される初爻の辰の父母を画とする。世爻の亥と伏神の卯と三合するのは未の父母であって、辰の父母ではない。この画を買う決心をつける筈がないと判断したのである。

三月 壬寅　「気象占」
一日 丁巳（空亡 子丑）

明日の天候

晋之姤

官巳	━━		
父未	□□		化申
兄酉	━━	世	
妻卯	□□	身	化酉
官巳	□□		化亥
父未	━ ━	応	伏 孫子

一、卦身の卯の妻財（好天気）が回頭の剋沖に化している。

二、五爻の未の父母（雨）が長生に化している。

三、本日までの数日間は快晴続きであったが、明日は申の刻（午後三時～五時）からぼつぼつ雨が降り出し、酉の刻（午後五時～七時）には本降りになるであろう。

結果　三月二日の天気はまったく右の通りであった。

十一月　乙亥

二十二日　丁卯　（空亡　戌亥）

「安全の占」

私は、息子と弟の三人で、本日夕方より、東名高速道路、中国従貫道を通り、兵庫県の実家まで、自動車を運転して帰るが、道中無事なるやを占う。

沢地萃　之　雷山小過

未土 父母	身	- -	
酉金 兄弟	応	□	化 申金 兄弟
亥水 子孫		—	
卯木 妻財		ロロ	化 申金 兄弟
巳火 官鬼	世	- -	
未土 父母	身	- -	

一　安全の用神は子孫である。　四爻の亥の子孫は　月建に臨み、且つ動爻の生扶がある。

二　世爻は、休囚であるが、日辰、及び動爻の生扶がある。

三　未の父母（自動車）は卦身となり、亥の子孫と三合する。以上各項により道中は安全である。

四　妻財は旺相且つ日辰に臨んでいるが、回頭の剋及び動爻の剋があるので、天気はよいが後で少し降るかも知れない。

◎結果　道中全く安全無事であり、天候にも恵まれた。ただ帰路二十四日夜中に、東名高速にて、ほんの少し雨にあった。

六月　午

十五日　丁亥　（空亡　午未）

「安全の占」

私は、毎年北海道の学校へ求人に行く、道内を東奔西走、自動車で約四千粁を馳け巡る。今年も近々出発するが、道中、安全に旅行が出来るだろうかを占った。

水風井

伏神	世応	爻	六親
		- -	子水 父母
	世	—	戌土 妻財
伏 午火 子孫		- -	申金 官鬼
伏 辰土 妻財	身	—	酉金 官鬼
伏 寅木 兄弟	応	—	亥水 父母
		- -	丑土 妻財

一、用神の午の子孫は、月建に臨み　旺相であるから空亡としない。

二、用神は伏しているが　旺相で三合があるから強力である。

三、用神、日辰に絶するが　旺相のため　問題としない。

四、忌神の父母は　休囚である。

五、以上、各項より、旅行中は、安全無事であり、妻財が多現であるから多数の就職希望者が得られる。

六、世爻に妻財の従業員がつき、応爻に父母の学校がついたことにより、よい従業員が採用できるであろう。

◎結果　安全無事、始めて生徒をよこした学校も数校あった

「会社の業績」

三月　壬寅
二日　戊午　（空亡　子丑）

本年の会社業績の見透し

履	戌 兄	—	
	申 孫	— 世	伏 子妻
	午 父	—	
	丑 兄	- -	
	卯 官	— 応	
	巳 父	—	身 辰兄

一、商品が優秀で（初爻と四爻の父母が日辰を帯ぶ）、よく売れている（世爻が子孫）

二、一階の商品が特によく売れているが（初爻の巳の父母が世爻の申の子孫と合）、営業にロスがあるようである（初爻に兄弟が伏している）。

三、従業員は客扱いが上手であるが（従業員の妻財が申子辰と客の子孫と三合）、客の言いなりになり過ぎる傾向がある（妻財が子孫のもとに伏して空亡）。

四、本年は売上が四十六、七億（四爻と五爻の元卦が‥‥一一‥‥）、利益は二億であろう（唯一の陰の三爻の元卦が‥一一）。

（実際）衣料品の問屋会社の社長からの依頼による立筮である。

社長さんが言うには、一、二、三はその通り、四については本年は売上目標が五十億、利益目標は一億八千万ということであった。（妻財が伏して空亡なので、今年の実際の利益は一億二千万と思うが、これは来年にならないと分からない。）

某主婦が友人二人から預かっていたお金六千円が紛失したという。某家は主人、妻、子供二人、お手伝いさん、運転手の六人暮しである。果たしてどうしたのであろうか。

二　月　丙　寅
二十四日　丙　申　（空亡　辰巳）　「遺　失」

天地否 之 風地観

戊土父母　応
申金兄弟　身
午火官鬼　□　化 父母未土
卯木妻財　世
巳火官鬼
未土父母　伏 子孫子水

一　世爻に旺相の妻財がつき安静であるから、お金は失くなっていない。
二　官鬼（盗賊）は独発しているが、化爻の未と合住しており力がない。従って盗難は考える必要がない。
三　内卦を一階、外卦を二階とする、用神妻財が三爻にあるから、お金は一階の高いところにある。
四　亥卯未、三合のうち一支欠ける　亥　が解決の鍵である。
今晩亥の刻、子供（亥の子孫）が見つけてくれるであろう。

◎　一階の天井裏に吊している篭の中に入れ忘れていたのを、夜十一時頃、子供が見つけてくれた。

子月
未日　（空亡　戌亥）　「病　占」

子供の病気を占って、次の卦を得た。

風山漸之風沢中孚

卯木官鬼	━━	応	
巳火父母	━━		伏 妻財子水
未土兄弟	━ ━		
申金子孫	▭	世	化丑
午火父母	□□		化卯
辰土兄弟	□□		化巳

㈠ 上爻の木鬼は　風邪による頭痛を表わし、二爻　化出の木鬼は、風邪による四肢の疼痛を表わしている。

㈡ この官鬼が旺相であるから、本人は大分苦しんでいる。

㈢ 但し子孫は日辰の生回頭の生動爻の接続の生を受け官鬼を剋しているから、心配無用である。

㈣ 明日の申の日になれば、官鬼は日辰の剋を受け、子孫は日辰を帯びるから快癒することになる。

寅月
午日（空亡　辰巳）　「病　占」

子供の病気を占って次の卦を得た。

艮為山之山水蒙

官鬼寅木	世	―	
妻財子水		– –	
兄弟戌土		– –	
子孫申金	応	▭	化 父母午火
父母午火		□□	化 兄弟辰土
兄弟辰土	身	– –	伏 官鬼巳火

(一) 上爻寅の官鬼から病状を察するに

1 官鬼　月建に臨み、重症と思われる。

2 寅の官鬼（木鬼）であるから風邪が原因であろう。

3 官鬼が上爻にあるところから朦朧としており、肺炎になっているかも知れない。

4 子孫（用神）の剋爻が午であるから高熱のため大変苦しんでいると思う。

(二) 子孫（用神）の爻を見るに

1 月破で日辰に剋されている。

2 回頭の剋に化し、動爻からも剋されている。

3 他に生助するものがない。

(三) 以上、(一)(二)の通り用神の子孫は本月寅に絶し、本日、日辰から剋されるので、今日が一番危険である。

二爻の忌神が空に化しているのが救いである。明日は未の日で用神が生じられるので危険期を脱する。

◎結果。易断の通りであった。

一月　丁丑

十一日　丁巳　（空亡　子丑）　「病　占」

私達は数名で、毎月断易の勉強会を開いている。たまたま本日の勉強会に会員の一人から電話があり「残念ながら病気のため出席できない」とのことであった。早速出席者の一人がその病状を立筮したところ、次の卦を得た。

風天小畜

兄弟卯木	━━━		
子孫巳火	━━━		
妻財未土	━ ━	応	
妻財辰土	━━━		伏　官鬼酉金
兄弟寅木	━━━		
父母子水	━━━	世　身	

一　病気の占であるから用神は伏神の酉の官鬼である。

二　用神の酉は、巳酉丑と三合金局をなすが日辰の巳より剋され且つ伏神であるから力が弱い。悪性な病気とは思われない。

三　但し酉は日辰の巳に長生しているから本日が一番重い筈である。

四　官鬼の酉が絶するのは寅であるから本復するのは寅の日即ち二十日であろう。

◎　全くその通りであった。

某会社　好調に発展し社屋が手狭まになったために、柳橋の待合を買収し、それをビルに改築するまで、そのままオフィスの分室として使用することになった。

だいぶ古くはなっているが、立派な日本建築であり、一階にも二階にも広い座敷がたくさんある。畳の敷いてある日本間が多いので、独身社員数人が宿泊所として夜間利用することになったが、幽霊騒ぎが持ち上った。それも一人や二人だけでなく全員が言うのである。寝ていると廊下を歩く足音がしたり、時どき障子をなでる音がするというのである。

これだけならば気のせいということにもなろうが、何よりも薄気味が悪いのは、夜なかに玄関のベルがしばしば鳴るという。夜間は玄関にシャッターをおろし、シャッターの内側に玄関の押ボタンがあるので、シャッターを上げないことにはボタンが押せないことになっているのに、夜なかにベルがしばしば鳴るというのである。

いかにも薄気味が悪いというので、独身社員も全員出てしまい、誰も泊まらなくなった。

そこで会社の幹部が私の意見を求めに来られた。

丁丑月

戊辰日（空亡　戊亥）

「風水の占」

地水師

朱	酉金 父母	‐‐	応
青	亥水 兄弟	‐‐	
玄	丑土 官鬼	‐‐	身　父母 申金
白	午火 妻財	‐‐	世
螣	辰土 官鬼	―	
勾	寅木 子孫	‐‐	

この家と因縁の深い年輩者の男で、おそらく裏の大川に投身自殺したと思われる人の霊が成仏できずに、この家にまつわりついているようである。近所の古老たちに心当たりの有無を尋ね、それらしい人があったら、ねんごろに弔ってあげるがよい。そうすれば霊が大いに喜こび、今後は逆に吉事がぞくぞくと起こる筈である」と答えた。

いわゆる風水の占である。霊は官鬼である。この卦には二爻と四爻に官鬼があるが、日辰を帯びている二爻の辰の官鬼に重点をおく。辰は陽支であるから男である。坎の主爻に配し年輩者である。坎は水であるから、おそらく入水したのであろう。

風水の占には六神を重視する。青竜を帯びれば安心成仏である。螣蛇がもっともよくない。必ず成仏出来ずに迷っている。占日が戊辰日であるから二爻の官鬼螣蛇を帯び、上爻の酉の父母（家）に合しているから、魂魄がこの家にまつわりついているのである。

ついでながら或る人が来られて「先祖の代官が部下の叛乱によって虐殺され、不取締のかどで家禄没収になったという記録があるが、この代官の霊はどうなっているでしょうか」と尋ねられたことがある。風水の占をしてみたところ、官鬼が白虎を帯びていた。白虎は血である。部下たちによって斬られ、死んだ代官の霊が迷っているのである。厚く弔ってあげるべきである。その人は素直に家族全員で寺に行き代官の法要を営んだところ、家族の健康がよくなり、子供は志望の学校に入学出来るなど、よいことが次々と起こるようになったと喜こんでおられた。

その翌々日また会社の幹部が来られての話に「近所の老人に尋ねたところ、何代か前の、待合の女将の夫が脳軟化症になり、女将はその夫を地下室に閉じ込め、犬猫同然の待遇をして死なせたという話であった。薄気味悪がって誰も降りて行かないが、この待合には地下室があり、畳が二枚敷いてあり、いかにも誰かが生活し

ていた気配があるので、今度の土曜日に僧侶を招いて手厚く供養することにした」とのこと

旬日を出でずして再度幹部の方が来られて、「ご教示の通り供養をいたしましたがこれでよろしいか」とのことであったので再度立占したところ「山火賁」の卦を得た。

「賁」は「墳」即ち墓である。したがってこの霊はお墓を望んでいる。お墓を建てることは大変であろうから、せめて塔婆を立てられたらよろしかろう、と伝えておいた。

早速僧侶に話したところお寺でも、至極もっともなことと大賛成〇〇家諸霊位として塔婆を建て懇ごろに供養されたとのことであった。

待合のすぐ裏が隅田川であり、坎が水なのでてっきり入水と決めてかかったが、坎はまた　であり穴であり、地下室である。今さらながら易の面白さと深さを味わわされた。

これは最近の卦であり、それにこの建物には現在誰も泊まっていないので、供養後の模様は知る由もないが、この会社には今後吉慶が多いことだけは断言できると思っている。

「風水の占」　天玄武より

官鬼用論

占風水。為伏屍、看臨何神　便知落在何処　巳葬来。占亡者　帯青竜吉神不動亡者而安而得福。加凶煞白虎

逢空亡者不安。生人有禍。

天玄賦（初等文法）

五類	身命	婚姻	産育
父母	「父母」を意味す 動けば子息に害あり 「学　校」 「会　社」 「不動産」	「媒酌人」の意味 空亡なれば媒酌人なし 両　親	「産児の忌神」 動けば産児に害あり
官鬼	「トラブル」 吉象あれば昇進 凶象あれば衰退、病気 「勤　め」 「病　気」	「花婿」 旺相は立派な人物 休囚　空亡は不可	「産児の元神兄弟の悪殺」 動けば難産
兄弟	「兄弟」「朋友」「出費」 世と生合すれば仲がよい 世と剋冲すれば仲が悪い	「出費」「虚妄」 世に臨み発動すれば他日妻に害あり	「産母の忌神」 旺相発動は産婦危険 安静は安産
妻財	「一生の財禄」 旺相ならば将来必らず財をなす 「妻」	「花嫁」 旺相は立派な花嫁 発動すれば舅姑を害す	「産婦」 旺相ならば安産
子孫	「福徳」「安全」 世につけば一生食禄あり　災厄なし 「子　供」	「子息」 安静がよい。動けば夫星を害す	「産児」 陽は男子、陰は女児 空亡は育ち難い

五類＼占題	官職	訴訟	失脱	求財
父母	「辞令」 旺相ならば昇進 旺相発動ならば現実に昇進	「訴状」「証拠」 原告の場合は旺相がよい 被告の場合は休囚がよい	「失脱した品物」 動けば求め難し 「車両」	「財の元神子孫の悪殺」 動けば求財困難
官鬼	「職位」 旺相発動すれば昇進	「裁判官」 発動して世を剋せば敗訴 発動して応を剋せば勝訴	「盗賊」 初爻は内賊、白虎は強盗	「仲介者」 空亡伏蔵は仲介者なし 「仲買人」
兄弟	「トラブル」「出費」 旺相発動すればトラブル　出費が多い	「出費」 発動して世を剋せば我方に出費多し	「出費」 発動すれば財物回収困難	「財の忌神」 世に臨み発動すれば求財困難
妻財	「俸給」 空亡伏蔵は給与未定 発動すれば父母(辞令)を剋するから就職困難	「事理」 世に臨み発動すれば我方の條理整然	「失脱した財物」(文書衣類は父母) 安静不空ならば回収可能	「財」 世と生合は吉、世を剋すは大吉。休囚空亡は凶
子孫	「職位の忌神」 発動すれば退職 降級、または転任 安静がよい	「和解」 旺相発動すれば必らず和議または解決	「賊の発覚逮捕」 旺相発動すれば必らず賊が逮捕される 「畜類の用神」	「財源」「得意先」 旺相発動すれば財源堅固

旅行	行人	住居	国家
「手荷物」 旺相なれば多く、休囚 なれば少い	「音信」 発動して世を剋せば近 く音信がある。空破墓 絶は音信がない。	「家屋」 旺相は立派な家屋 休囚は貧弱な家屋 青竜がつけば一番よろ しい	「防備」 旺相は防備万全 休相は防備不十分
「トラブル」 世爻の官鬼休囚は旅行 中止 世爻の官鬼旺相は旅行 不成功	「トラブル」 発動して用神を剋せば その人に災難、病気、 失脱	「トラブル」 世に官鬼、応に妻財、 共に旺相は吉、他は凶	「乱臣賊子」 旺相発動は内乱
「伴侶」 旺相は伴侶多く 休囚は伴侶少ない	「仲間」 旺相は仲間が多く 休囚は仲間が少ない	「破財」 旺相発動すれば出銭の 多い家で財をなし難い	「経済の忌神」 世に臨めば賄賂横行 経済不安定
「旅費」 旺相は豊富、墓絶は旅 費貧弱、空亡は皆無	「利益」 旺相は利益を得て帰る 休囚は利益なし	「財宝」 旺相ならば財宝多し 休囚ならば少ない	「国庫」 旺相安静は国庫充実 旺相発動は輸出多く正 貨流入
「安全」「旅費の財源」 旺相ならば安全、旅費 も豊富	「安全」「利益」 発動して世を剋せば、 成功して帰期近し	「子女」 旺相ならば子女旺盛。 休囚ならば不肖の子女	「国嗣」「忠臣」 安静は国嗣安定。 旺相発動は大忠臣あり

占題／五類	戦争	会社の業績	病気	天候	安全
父母	「軍旗」動けば戦争になり易い 静ならば平和	商品 製品 設備 店舗 会社	「父母」旺相がよい。空亡は危険。子孫の占病に父母動くは危険	雨 雪	「安全の忌神」動くときは危険
官鬼	「敵軍の大将」旺相ならば名将 休囚ならば凡将	社長 又は主脳部	「病気」旺相ならば重い 休囚ならば軽い	「雨の元神」曇	「災難」六神を見る
兄弟	「伏兵」「謀略」安静で冲に逢えば謀略が成功	出資 出費 競争会社	「妻の病気の忌神」旺相発動すれば妻が危険。（飲食の忌神）	「晴の忌神」風雲	「安全の元神」動けばよい
妻財	「糧食」世に臨み旺相は我方の糧食充実	利潤 従業員	「病気の元神」安静がよい 動けば官鬼を助ける	晴	「災難の元神」動くのはよくない
子孫	「平和」旺相ならば戦争はない	利益の源泉 得意先	「治癒」「医薬」旺相発動すれば快癒 休囚ならば医療不適切	「晴の元神」	「安全」

砕金賦（中等文法）

子孫動けば財を生ず。父母も動くに宜しからず。

兄弟動けば財を剋す。子孫も動けば能く解く。

財動けば鬼を生ず。切に兄弟の動くを忌む。

子孫動けば鬼を剋す。財も動けば能く消す。

父母動けば兄弟を生ず。財の剋を忌む。

鬼動けば兄弟を剋す。父母も動けば能く泄す。

鬼動けば父母を生ず。子孫の発動を忌む。

財動けば父母を剋す。鬼も動けば中解す。

兄弟動けば子孫を生ず。鬼の発動を忌む。

父母動けば子孫を剋す。兄弟も動けば妨げなし。

子孫動けば鬼を剋す。父母も動けば妨げなし。ただし、兄弟も動けば鬼必らず傷に遭う。

妻財動けば父母を剋す。兄弟も動けば憂いなし。ただし、子孫も動けば父命留め難し。

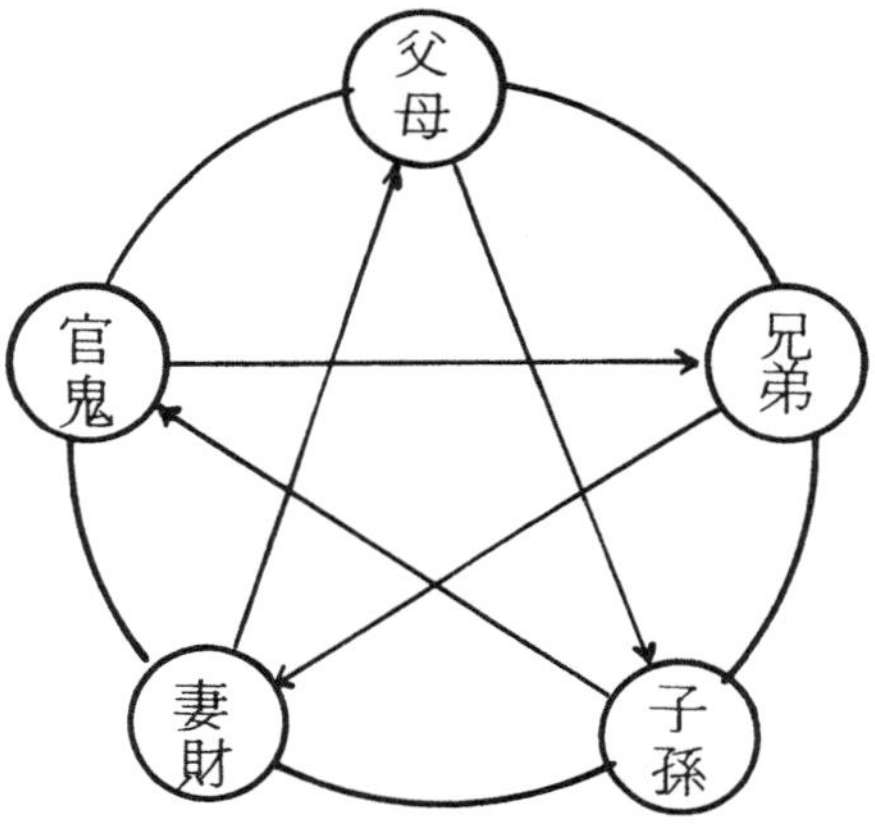

父母動けば子孫を剋す。財も動けば無事なり。ただし、鬼も動けばその子必らず死す。

鬼動けば兄弟を剋す。子孫も動けば救うべし。ただし、財も動けば兄弟久しからず。

兄弟動けば財を剋す。鬼も動けば障わりなし。ただし、父母も動けば剋害に遭う。

千金賦（高等分法）

1 動静陰陽。反覆変遷。

2 萬象の紛紜といえども、一理をもって融貫すべし。

3 それ人に賢不肖の違いあり、卦に過不及の異あり。大いに過ぐるものは、これを損ぜばここに成り、及ばざるものはこれを益せば、すなわち利あり。

4 生扶拱合は時雨の苗を滋ほすが如し。

5 剋害刑冲は秋霜の草を殺するが如し。

6 長生帝旺は、まさに金谷の園の如し。

7 死墓絶空は、すなわちこれ泥犁の地なり。

8 日辰を六爻の主宰となす。項を滅し劉を興すを喜ぶ。

9 月建は萬卦の提綱なり。桀を助けて虐をなさしむべからず。

10 もっとも畏るるものは歳君。静に宜しく動に宜しからず。

11 もっとも要する者は身位。扶を喜び傷を喜ばず。

12 世を己となし応を人となす。大いに契合に宜し。

13 動を始となし変を終となす。もっとも交争を怕る。

14 応位傷に遭えば、他人のことに利あらず。世爻制を受くれば、自己の謀に宜しからず。

15 世応共に空亡ならば、人に真実なし。

16 内外競発せば、事必らず翻騰す。

17 世爻発動せば、両目馬首に顧瞻す。応爻もし発動せば、一心猿攀に托するに似たり。

18 用神有気にして他故なければ、なすところ皆成る。主象ただ存するも傷を被らば、およそ謀りごと遂げず。

19 傷あらば、すべからく救あるべし。

20 故なければ空とするなかれ。

21 空は冲に逢って用あり。

22 合は破に遭って功なし。

23 空より空を化すれば、必らず凶咎をなす。

24 刑合剋合は、終に乖淫（かいいん）を見る。

25 動は合に逢えば絆住す。

26 静は冲を得て暗動す。

27 墓に入れば剋し難し。

28 旺を帯ぶれば空にあらず。

29 助あり扶あらば、衰弱休囚もまた吉なり。

30 生を貪り、合を貪り、刑冲剋害もみな忘る。

31 衰旺を弁別して、以て剋合を明らかにし、動静を弁じて以て刑冲を定む。

32 併、不併、衝、不衝、因って字眼多し。

33 刑、非刑、合、非合、支神少なきがためなり。

34 爻、令星に遇わば、物、我を害し難し。

35 伏、空地に居らば、事、心と違う。

36 伏、提抜なければ終いに徒爾。飛、推開せざるも、また枉然。

37 空下の伏神は引抜し易し。

38 制冲の弱主は以て維持し難し。

39 日、爻を傷れば、真にその禍に罹る。爻、日を傷るも、ただその名を受くるのみなり。

40 墓中の人は、冲せざれば発せず。

41 身上の鬼は、去らざれば安からず。

42 徳、卦に入らば、謀ごと遂げざるなし、忌、身に臨まば、阻多くして成るなし。

43 卦、凶星に遇わば、これを避くれば吉なり。

44 爻、忌殺に逢うも、これに敵あらば傷なし。

45 主象休囚せば、刑冲剋害を見るを怕る。

46 用爻の変動は、死墓絶空に遭うを忌む。

47 用、用に化するは、有用あり、無用あり。

48 空、空に化するも、空にして空ならざるものあり。

49 養は狐疑を主とし、墓は暗昧多し。

50 病に化すれば傷損、胎に化すれば勾連。

51 凶、長生に化すれば、熾んにして未だ散ぜず。

52 吉、沐浴に連らなるは、敗れて成らず。

53 回頭の我を剋するを戒む。

54 徳にそむきて人を扶くるなかれ。

55 悪曜孤寒も日辰月建の併起を怕る。

56 用爻重畳ならば、墓庫の収蔵を喜ぶ。

57 事、阻隔するは間発すればなり。心、退悔するは世空なればなり。

58 卦爻発動せば交重を見るべし。動変比和せば、その進退を明らかにすべし。

59 殺、身を生ずるも吉をもって断ずることなかれ。用、世を剋すも凶と見なすことなかれ。けだし生中に刑害の両防あり。合処に剋傷の一慮あり。

60 刑害は用に臨むに宜しからず。死絶は身を持すべけんや。

61 動は冲に逢うて事散じ、絶は生に逢うて事成る。

62 もし合住に逢わば、衝破を待って功を成すべし。

63 もし休囚に逢わば、必らず生旺にして事成る。

64 速やかなるは動にして用を剋し、緩なるは静にして身を生ず。

65 鬼は禍殃なりといえども、伏せば無気の如し。

66 子孫は福徳なりといえども、多ければかえって功なし。

67 父母を究め推して体統となし、官鬼を論じて禍殃となす。財はすなわち禄神。子孫は福徳となす。兄弟交重すれば、必らず謀をめぐらして阻滞多しとなす。

68 卦身重畳ならば、事体が両爻に関するを知るべし。

69 虎、動きて吉神に遇わば、その吉たるを害せず。

70 龍、動きて凶曜に遇わば、その凶たること掩い難し。

71 玄武は盗賊のことを主とす。また必らず官爻にあり。

72 朱雀はもと口舌の神なるも、兄弟にあるべし。

73 疾病は大いに天喜に宜し。もし凶殺に臨まば必らず悲を生ず。

74 出行にはもっとも往亡を怕る。もし吉神に係らば終いに利を獲ん。

75 かくの如く吉凶神殺の多端なる。何ぞ生剋制化の一理に如（し）かんや。

76 嗚呼、卜易者、前を知るは易し。

77 占を求むる者、後を鑑みれば霊あり。

78 筮に必らず誠心あらば、何ぞ子の日を妨げんや。

歌丸 光四郎（うたまる　こうしろう）

昭和2年東京大学法学部卒。

戦前多くの貿易関連会社を経営。戦後は米軍立川基地顧問などを経た後、とくにマネジメント関係の翻訳で名をなした。一方学生時代より易学の研究に手を染め、その博学と深い哲学思考を基礎とした独得の「易」の方法で、わが国政財界人に多くのファンをもっている。

現住所・東京都渋谷区広尾3−17−27

昭和五十三年　十月　二日　印刷納本
昭和五十三年　十月　四日　発　行

断易釋故

非　売　品

東京都渋谷区広尾三ノ十七ノ二七
編者　歌　丸　光　四　郎

東京都千代田区神田和泉町二
発行者兼
印刷者　五　行　哲　学　研　究　会

易経精髄

歌丸光四郎

新門出版社

序

幕末の漢籍の大家荻生徂来は駿河台の家から品川に転宅して、「これで孔子の国に三里近くなった」と言って喜んだそうである。私も周の文王の次男の周公旦を人類が生んだ最高の哲学者として尊敬しているものであるが、荻生徂来ほどに純真でないから、周公旦に対してさえも、兎角批判的になりがちであるのは、まことに「下司《げす》の勘《かん》ぐり」で、自分の魂の低さを見せつけられる思いがして、荻生徂来に対しても恥ずかしい気がする。

古代中国の文化は、周の時代に至って一気に開花したのである。その中心になったのは周公旦である。この周公旦がどれほどの大哲学者であったかは、大聖孔子が論語のなかで、「吾また夢に周公を見ず」と言っている言葉にも明らかである。これは孔子が晩年になって気力が衰え、あれほど崇拝していた周公旦に対してさえも憧憬の気持ちが薄くなったと歎いているのである。

周公旦によって代表される古代中国の哲学の最盛期は、ソクラテス、プラトーなどによって代表される古代ギリシャの哲学の最盛期と、ほぼ同年代である。この時期には地球の上空に哲学の嵐が吹いていたのかも知れない。誰か卓抜な知能人が、次に地球の上空に哲学の嵐が吹くのは西暦何年頃になるかを予測してみられれば、それはまことに面白いことである。

地球の上空に吹き荒れる風は、このように哲学の嵐だけでなく、戦乱の嵐、平和の風、文化の風、疫病の風など、さまざまである。

このように地球の上空に吹き荒れる風を的確に予測することができれば、過去の世界史と同じように未来の世界史も書くことができるはずである。

著　者

易経精髄　目　次

目　次

易経精髄

易道は大宗教である

易学は大哲学であると同時にスーパー宗教であり、その機能は「避禍招福」である。ここでいう易学というもののなかには、「周易」はもちろんのこと、鬼谷子の「断易」、人相、手相のバイブルともいうべき「神相全編」、四柱推命として知られている「淵海子平」、それに和漢洋の易断、人相、手相などに関する文献の研究をふくめて広い意味に考えていただきたい。多年にわたってこの易道に熱心であった人たちのなかに、最近逆境に苦しんでいる人がいらっしゃることを耳にするのは、まったく理解できないことである。

思うにそれは、易が「スーパー・レリジオン」（高度宗教）であることを無視して、易は単なる小手先《こてさき》の占いのテクニックであると過小評価していることに対して、易道からの罰《ばつ》が当てられているのである。

易が宗教であることには一点疑問の余地がない。その理由は次の通りである。

a. 易には「易経」という経文《きょうもん》がある。しかもこれは、千古不磨の大文学書、大哲学書である。易道に志す者は、この経文に大きな誇りを持つべきである。

b. 易は衆生《しゅじょう》と密着している。独善的とか高踏的なところがない。

c. 易には「避禍招福」というお題目があり、目的がはっきりしている。

d. 宇宙の神霊に対する祈りの言葉も「易経」に明示してある。それは火天大有の上爻である。「自レ天祐レ之、吉无レ不レ利」（天より之《これ》を祐《たす》く、吉にして利《よろ》しからざるなし）と唱えるだけでよい。之というのは全《すべ》てと解すればよく、古今東西にわたり無数の宗教があるが、易経のこの言葉くらい簡潔で優秀な祈りの言葉は他に比類がない。宇宙の神霊に祈る場合には、まず感謝の言葉を述べ、次にこの火天大有の言葉を述べる。これが最高の祈りである。祈る時間は十秒を超えてはならない。神霊もくだくだとまわりくどいのは喜ばないからである。易に志す人は朝晩一回ずつこれを実行してみられるがよい。絶大な効験が得られるはずである。

e. 宗教としての易道には、宗教的な儀式がひとつもない。夜就寝して睡りに入る前、および朝起床する前に、上述の火天大有の言葉を心のなかで唱えるだけでよい。

易経の構成

易経には⚊と⚋を六つ重ねてできている卦が、六十四卦おさめられている。⚊または⚋の一つを指して爻《こう》という。⚊は奇数で陽を示すもので陽爻といい、⚋は偶数で陰を示すもので陰爻という。陽爻と陰爻を重ねて六爻とする組み合わせは、2の6乗の六十四通り成立するから、その全部がおさめられているわけである。

六十四卦の各卦、各爻にはそれぞれ解説が施されているが、卦の解説である卦辞《けじ》（彖辞《たんじ》ともいう）は周文王《しゅうのぶんのう》の作であり、爻の解説の爻辞《こうじ》は文王の次男、周公旦《しゅうこうたん》の作であると伝えられている。これを「易の経文」といい、上経、下経の二編に分かれている。この「易の経文」のことを周易というのである。

易経にはさらに、「易の経文」の解説・註釈を述べた十伝がおさめられている。彖《たん》伝（上、下)、象伝(上、下)、繫辞《けいじ》伝(上、下)、文言伝、説卦伝、序卦伝、雑卦伝の合計十編である。十伝は孔子の作といわれ、「易の十翼《よく》」とも称されている。伝とは解説・註釈の意味である。

各卦の六つの爻は下から順に上へ向かって、「初爻」、「二爻」、「三爻」、「四爻」、「五爻」、「上爻」とよぶが、奇数の代表に九を、偶数の代表に六をえらび、例えば、䷍の六爻を「初九」、「九二」、「九三」、「九四」、「六五」、「上九」とよぶ場合もある。

ところで六爻から成る卦は、三爻ずつの卦(三画卦といい、☰乾《けん》、☷坤《こん》、☳震《しん》、☴巽《そん》、☵坎《かん》、☲離《り》、☶艮《ごん》、☱兌《だ》の八種類あるので八卦ともいう。易の最も古い形がこの八卦であるとされている)を上と下に重ねてできたものであるから、下の卦を「内卦」上の卦を「外卦」という。また三画卦に対して、六爻から成る卦のことを「六画重卦」、あるいは単に「重卦」という。

六十四卦のなかには、三画卦の乾と乾を重ね、坤と坤を重ねたたぐいの、内卦と外卦が同じになっている卦が八種類ある。これらの卦の名称は三画卦の名称をとって、乾卦、坤卦というようにつけられているが、一般的には「乾為天《けんいてん》」(乾を天と為《な》す)、「坤為地《こんいち》」(坤を地と為す)というふうによぶのが習慣である。上下の三画卦の異なるその他の卦には、屯《ちゅん》(䷂)、蒙《もう》(䷃)、需《じゅ》(䷄)などと新たに名称がつけられている。記憶しやすいようにとの目的から出たと思われるが、一般的には「水電屯《すいらいちゅん》」、「山水蒙《さんすいもう》」、「水天需《すいてんじゅ》」というふうによぶのが習慣である。

占って得た卦の形から、その卦名を求めたり、またはこの本で目当ての卦を見つけるのに便利なように、六十四卦の一覧表を次ページにかかげておく。括弧内の数字はこの本の頁数である。

内卦＼外卦	☰ 乾（天）	☱ 兌（沢）	☲ 離（火）	☳ 震（雷）	☴ 巽（風）	☵ 坎（水）	☶ 艮（山）	☷ 坤（地）
乾（天）☰	乾為天 11	沢天夬 95	火天大有 37	雷天大壮 78	風天小畜 27	水天需 19	山天大畜 61	地天泰 31
兌（沢）☱	天沢履 29	兌為沢 119	火沢睽 85	雷沢帰妹 113	風沢中孚 124	水沢節 122	山沢損 91	地沢臨 47
離（火）☲	天火同人 35	沢火革 105	離為火 69	雷火豊 114	風火家人 83	水火既済 127	山火賁 53	地火明夷 81
震（雷）☳	天雷无妄 59	沢雷随 43	火雷噬嗑 51	震為雷 109	風雷益 93	水雷屯 15	山雷頤 63	地雷復 57
巽（風）☴	天風姤 96	沢風大過 65	火風鼎 107	雷風恒 75	巽為風 118	水風井 103	山風蠱 45	地風升 100
坎（水）☵	天水訟 21	沢水困 102	火水未済 128	雷水解 89	風水渙 121	坎為水 67	山水蒙 17	地水師 23
艮（山）☶	天山遯 76	沢山咸 73	火山旅 116	雷山小過 126	風山漸 112	水山蹇 87	艮為山 111	地山謙 39
坤（地）☷	天地否 33	沢地萃 98	火地晋 80	雷地豫 41	風地観 49	水地比 25	山地剥 55	坤為地 13

易経精《せい》髄《ずい》

易経は中国の五行哲学のエッセンスであって、そのなかには金玉《きんぎょく》の文字がぎっしりと詰まっている。それらは個人の座右の銘としても、あるいは子孫に対する教訓としてもきわめて価値の高いものである。残念ながら易経はきわめて難解な書であり、うかつに読んだのでは、到底その真意がつかめない。

天明の易学の大家 真勢中州はその「周易釈故」のなかで、「易経の文章は きわめて神妙である。二千年のあいだ誰ひとりとして、正しく理解できなかった箇所が随所にある。これが易道の埋没した最大の原因である」と嘆じている。私にも理解しかねる箇所がたくさんあるが、易学研修の記念として、とりわけ香り高い文字を掲げておきたいと思う。

断易を学ばれる諸子に対して、私はつねづね周易の勉強は必要ない、なぜならば周易のあらゆる深遠な理論が断易のなかにビルト・イン（備えつけ）されているからであると説明して来た。事実その通りなのであるが、私の経験によれば、易経の文章が断易の推理を助ける場合が少なくない。その意味で本書は断易を志す方がたにとっても、判断に迷った場合の好個の指針になり得るものと思う。

周易上経

乾《けん》為《い》天《てん》 ☰☰

乾為天は純陽の卦であり、積極性、善、君子、男性等を意味している。君子という言葉は易経のなかにやたらに出てくる言葉であり、乾為天の三爻《こう》に早くも登場しているが、これについていろいろ理屈をこね回した解釈も多いが、私は君子というのは、英語本来の意味のゼントルマンとよく似た言葉でなんらむずかしい解釈を必要としないものと信じている。

乾為天の六爻に述べられているのは、男子の一生の行動の規範である。

(初)、「潜竜《せんりゅう》、用いるなかれ」まだ若くて、部屋住みの身であるから、出すぎてはいけない。

(二)、「見竜田《けんりゅうでん》に在り、大人を見るに利《よろ》し」すでに社会に出ている。その場合は自分で尊大にならずに、立派な人に会って教えを受けるべきである。

(三)、「君子は終日乾乾、夕《ゆう》べに惕若《てきじゃく》たれば、厲《あやう》けれども咎《とが》なし」青年期を過ぎて壮年期の入口にさしかかっている。一日いっぱい働きに働いて、夕べに一日を反省すれば、あやうい地位であるが咎なしですむ。

㈣、「或いは躍《おど》らんとして渕《ふち》にあり、咎なし」一大飛躍を考え、チャンスを待っている。勤め人ならば、重役になる機会を狙っている。軽挙盲動はしないで、チャンスが到来したら敢然として重役になるようトライしてみるとよい。

㈤、「飛竜《ひりゅう》天に在り、大人を見るに利《よろ》し」重役である。自分の思うことを実行に移せる。ただし独断専行に走らず二爻の自分の部下のうちの賢者の意見を尊重するのがよい。

(上)、「亢竜悔《こうりゅうくい》有り」調子の良い時に、進むことばかり考えたり、驕り高ぶっていると、すとんと落ちて後悔することになる。調子の良い時こそ用心が必要である。

乾為天は勢いがあって良い卦であり、特に二爻と五爻が良いが、最後の上爻が悪いから、突然凶に変ずる心配がある。占って乾為天を得た場合は、常に用心が必要である。

坤《こん》為《い》地《ち》 ䷁

坤為地は乾為天と対《つい》になっており、消極性、悪、小人、女性等の意味がある。六爻に述べられているのは、女子の一生の行動の規範である。

(初)、「霜を履《ふ》んで堅氷至る」　外に出てさくさくと霜柱をふむような場合は、厳しい冬が来て堅い氷が張る前兆である。悪はすぐにはびこるから、悪の芽は小さいうちに刈り取ってしまうことである。

(二)、「直方大《ちょくほうだい》なり、習わずして利《よろ》しからざるなし」　女性には直（まっすぐで、すなお）、方（正しい）、大（大きな見識）と三つの徳が生まれながらに具わっている。結婚して夫の家に入り込み、主婦になり、子を産んで育てるといったことが、何もその方面の勉強などしなくても、立派にできるから、娘というものはどこへ嫁に行っても大丈夫である。いろいろ例外はあっても、大数的に観察すれば、こういうことになる。

(三)、「章を含んで貞にすべし、或いは王事に従う。成すなくして終り有り」才能を表に出さず、日常生活は常道を守るのがよい。宮仕え（勤め）をすることもある。大した手柄を立てなくても、有終の美を飾ることができる。

(四)、「嚢《のう》を括《くく》る。咎もなく誉もなし」才能の入った巾着《きんちゃく》の口をしめて、才能をひけらかさないようにする。そうすれば大きな過ちもなく、大きな誉れもない。

(五)、「黄裳《こうしょう》なれば元吉《げんきち》」黄色いスカートをはいていれば大いに吉。五爻まで来れば、女性は一家の主婦であり母であり、あるいはすでに姑の立場にたっている時期である。黄は中国の正色であるから、わがままを出さず、立派な態度でいれば、一家は円満に発展できるから大いに吉だというのである。元吉は大吉よりも上であって、坤為地も乾為天と同じく、五爻と二爻が特に上等である。

(上)、「竜と野に戦う、其血玄黄《げんおう》」夫と壮烈な争いをすると、夫婦が共に傷つくから非常に良くない。争わないのがよい。竜は夫であり、もう老人になっている。玄は黒、黄は馬の血の色である。年とってからは、派手な夫婦喧嘩をするべきではないというのである。

水《すい》雷《らい》屯《ちゅん》 ䷂

屯は坎、蹇、困と共に四大難卦といわれ、大凶の卦とされているが、実に馬鹿馬鹿しい間違いである。これらの四卦のうち間違いなく凶卦といえるのは蹇だけであって、蹇は易経六十四卦のうちで最悪の凶卦である。困はむしろ大吉の卦、坎と屯は平運の卦であり、場合によっては吉の作用をし、また場合によっては凶の働きをする。この道理を考えずに、これらの四卦を一緒くたに四大難卦などというのは噴飯《ふんぱん》ものである。

内卦の震は発展力、外卦の坎は艱難《かんなん》、障害であり、内卦の伸びようとする力が、外卦の障害に抑えられている意味である。

こういう場合にはどうすればよいか、その答も屯の卦辞のなかに明示されている。

「屯は元《おお》いに亨《とお》る、貞《ただ》しきに利《よろ》し。往《ゆ》くところ有るに用うるなかれ。侯《こう》を建《た》つるに利《よろ》し」

屯は混沌《こんとん》の卦で、諸要素がまだ小じんまりと固まっていないので、そこに大きく伸びる可能性があり、素晴らしい力を発揮することがある。しかし余りにも混沌としているので、情勢が未定で、一定の方向がきめにくい状態だから、そのままの状態で仕事をしてはならない。リーダーを設けて、規律ある発展を図る必要がある。この「リーダーを設けよ」(侯《こう》を建つるに利《よろ》し)というのが、屯の場合にもっとも必要なアドバイスである。

グループのメンバーが、勝手なことをしているのが屯で、グループ内のリーダーをきめて、旗を振ってもらえばよいのである。

自分一人の場合は、勝手なことをせず、行動の規準をきめるとよい。

山《さん》水《すい》蒙《もう》 ䷃

山裾に霞が棚引いている長閑《のどか》な風景である。山が水没している水山蹇（大凶卦）などとは大変な相違である。しかしながら、霞のために視野が明瞭でなく、場合によっては、霧や雲が発生して山を覆い隠し、まっ暗になる危険がある。対象または問題を明確にする必要がある。これが蒙の第一のアドバイスである。

第二のアドバイスは、蒙の卦辞のなかに示されている。

「蒙は亨《とお》る、我より童蒙《どうもう》に求むるにあらず、童蒙より我に求むべきなり」

我というのは師のことであり、童蒙というのは弟子のことである。師の方から、教えてあげるから来いというのではなく、弟子の方から、教えを乞いに行くようでないといけない。これは教育の基本であり、このような態度であれば、教育が成功するというアドバイスである。

蒙の卦辞の後半には、易は最初に占った卦が当たるのであって、二度も三度も同じことを占ってはいけないと述べてある。

「初筮は告ぐ、再三すれば瀆《けが》る、瀆るれば告げず、貞《ただ》しきに利《よろ》し」である。

確かに、同じ占題について二度も三度も占ったのでは、どの卦を信じてよいか、迷うばかりである。自分にとって都合の悪い卦が出たからといって、二度、三度占うのはよくないが、占題に応じていないと思われる卦を得た場合に、日を改めて、あるいは時を移して再占してみることは、一向にさしつかえないと私は考えている。

水《すい》天《てん》需《じゅ》 ䷄

外卦が坎で、前途に危険があるので、内卦の乾の剛健にまかせて前進すると、危険に陥る公算が高い。それだから「需は待つべし」とある。

この卦を得た場合は、猪突猛進を控えて、じっくりと情勢の検討を行うべきである。そうしてから後に、時を待って進めば、よい結果が得られる。「果報は寝て待て」ということわざがあるが、この卦は、ただ単に寝て待てといっているわけではない。ただし、水天需の五爻は外卦の中央の爻であり（内卦の中央の二爻と共に、これを「中《ちゅう》」といい、その他の四つの爻を「不中《ふちゅう》」という）、奇数位に陽爻であるから（偶数位に陰爻があるのと共に、これを「正《せい》」といい、そうでないのを「不正《ふせい》」という）、「中《ちゅう》」と「正《せい》」の徳があるので「寝て待て」に近い状態であることが次のように述べてある。

「酒食に需《ま》つ、貞《ただ》しければ吉なり」

飲食をしながら身を養い（あるいは、五爻は国王の位であるから、飲食をさせて民を養いながら）、安らかにその時を待てばよいというのである。

「需は待つべし」がこの卦の説くポイントであるから、早急な判断や、急いだ処置をしてはならない。

天《てん》水《すい》訟《しょう》 ䷅

天水訟には、天と水とは行き違いになるという自然の法則が述べられている。日月星辰すべての天体は、東の空から昇って西の空に没する。中国大陸の河川は揚子江、黄河をはじめとして、あらゆる河川は源を西に発して東に流れる。天と水とはたがいに逆行して「すれ違い」である。易経はこの自然現象をそのまま人間社会に適用して、乾（天）の剛健なるものと、坎（水）の奸佞《かんねい》なるものとのあいだには妥協の余地がないとしている。

しかしながら、この自然現象は中国だけに限られた現象である。日本をはじめその他の諸国においては、河川はやたらな方向に流れる。したがって、中国だけにみられる特異な自然の法則を、そのまま人間社会に適用している天水訟という卦は再検討を必要とするのではなかろうか？

こういう目でみるせいかどうかわからないが、六十四卦のうちの他の卦は、卓抜な理論を述べているなかで、天水訟の説いている内容は不徹底で見劣りするように思える。

ともあれ、天水訟の説くポイントは「すれ違い」であり、この卦を得た場合は問題の諸ファクター相互間の矛盾摩擦が多いから、まずそのへんを十分検討する必要があると考えるべきである。

地《ち》水《すい》師《し》 ䷆

師は軍隊であり、戦争である。日本が近代国家として軍備を行うに当たって、地域的戦闘遂行の単位を師団と名づけたのは、易経の精神に叶うものであって、「なかなかやるものだ」と命名者に喝采を送ったくらいである。

さて戦争になってどうかというと、三爻は大敗を招き、五爻は大勝する。

三爻「師《いくさ》尸《かばね》を輿《にな》う或《あり》、凶なり」

三爻は内卦の最上位で、指揮官である。「不中」（二爻でない）、「不正」（陰爻で陽位）で知も勇もないくせに、陽位（奇数位）にいるために気が強く、かつ内卦の極にあるためにむやみに前進しようとする。こんな指揮官では、その軍は大敗し、味方の兵士の屍《かばね》を車にのせて帰るようなことになる。

五爻「田《かり》して禽《えもの》有り、執《しつ》するに利《よろ》し」

田《かり》とは狩猟のこと、禽《えもの》とは鳥獣の総称である。人民を苦しめている逆臣・賊徒は、田畑を食い荒らして農民を苦しめる鳥獣のようなものであるから、鳥獣を狩りとって農民を救うのと同じように、五爻の国王は軍隊を出して逆臣・賊徒を征伐する。そういう悪者はとらえてしまってよろしいというのである。五爻はこの続きに、軍隊の指揮官には二爻の将軍を撰ぶべきで、三爻の将軍では大敗すると述べているが、地水師は五爻に次いで二爻も大吉である。

人との交渉ごとの結果を予測する場合などに参考になる。

水《すい》地《ち》比《ひ》 ䷇

「水地比」は五陰が一陽に親しむ卦であって、多くの人から親しまれる。現代風にいえば、人間関係のひどく良い卦である。ただし三爻変だけは大凶である。それは三爻の陰が陽に変ずれば、水地比が水山蹇に変ずるからである。六十四卦のうち、はっきり凶卦といえるのは水山蹇だけであることは、前にも述べたが、如何なる問題についても、筮《ぜい》して水山蹇を得た場合には、本卦《ほんけ》(もとの卦)と之卦《しけ》(変化したあとの卦)とを問わず、「お砂撒《ま》き」をして凶災を避けるべきである。

朱子の「易学啓蒙」には、一爻だけが変じた場合は、本卦の変爻の爻辞で占うと述べられているが、水地比の三爻には次のように、凶であることが示されている。

三爻「之《これ》に比《した》しまんとする、人に匪《あら》ず」

三爻は内卦の最上位であるから、家臣の首《かしら》であり、現代に当てはめれば高級官僚である。各卦の六爻の間には、「応」、「比」という親密な組み合わせがあって、「応」は初爻と四爻、二爻と五爻、三爻と上爻が陰と陽の組み合わせになっている場合をさし、「比」は隣り合う二爻が陰陽の組み合わせになっている場合をさす。

水地比の六爻のなかで、「応」、「比」の関係が一つもないのは、初爻と三爻であるが、初爻はまだ素朴で正直であるから、五爻と応じてはいないが親しむことができる。ところが三爻は「不中」、「不正」の上に、内卦の坤（純陰の卦）の極にあるから、身分はあっても何の器量もなく、利を目的とした卑しい態度で、五爻の君に親しもうとするから、「人にあらず」（この碌でなしめが）、と罵られて大恥をかくことになる。

水地比の他にも、一爻が変じて水山蹇に之《い》く卦は、風山漸、地山謙、沢山咸、水風井、水火既済の五つがある。これらの卦の変爻の爻辞のなかには、凶の意味のものばかりではなく、吉の意味のものもあるが、いずれの場合でも水山蹇に変じたら「お砂撒き」をしたほうがよい。「お砂撒き」の方法と効験については、巻末で述べることにする。

三爻についてながながと述べてしまったが、「比は親しむなり」がこの卦のポイントである。

風《ふう》天《てん》小《しょう》畜《ちく》 ䷈

風天小畜は外卦の巽の柔が、内卦の乾の剛を抑制する卦であり、まさに「柔よく剛を制す」である。といっても、柔がひたすら柔順な態度で、剛の進むのをなだめしずめて止《とど》めるのであるから、小《すこ》しく（短時間）止《とど》めるだけで、大いに止めることはできない。それが小畜の意味である。

また風天小畜は、四爻の一陰が上下の五陽の進むのを制止する象でもある。四爻は宰相の位であるから、一国の宰相が下は萬民が悪に進むのを制止し、上は君主が不善に進むのを諫めるようなもので、これも抑止力は微弱である。

また小畜は蓄積を意味し、財運好調の意味がある。財に関してはおめでたい卦である。先に述べた「小しく止める」と、この「財運好調」の二つの意味を理解していれば、風天小畜の意味は完全に把握したことになる。なかでも財運好調の意味を重視すればよい。いかなる卦を得た場合も、まずその卦の精神をキャッチすることが大切である。

天《てん》沢《たく》履《り》 ䷉

履は踏むであり、実行することである。実行には常に危険が伴う。この卦は虎の尾を踏むことを例にして、虎の尾を踏んでも噛みつかれない場合と、がぶりと噛まれる場合があることを述べている。

三爻は虎にがぶりと噛まれる場合である。それは自分の力量を省《かえり》みずに、大きな冒険をするから、破滅に陥るのである。

四爻、五爻、上爻はいずれも虎の尾を踏んでも何の被害もない。それは自分の力量ならびに周囲の状況を慎重に判断して、自分の力で克服できる危険に立ち向かうからである。特に上爻は状況判断が満点なので、かえって大きな慶《よろこ》びごとが得られ元吉《げんきち》（大吉よりも上）であるとされている。

要するにこの卦は三爻までが凶であり、よほどの慎重さがないと破滅を招く。四爻以後は吉であり、特に上爻は大いに吉で、「大いに慶びあり」とされている。

地《ち》天《てん》泰《たい》 ䷊

この卦は天沢履とは正反対で、三爻までは「小往《しょうゆ》き大来《だいき》たる、吉にして亨る」とあって、きわめて効率的で大吉であるが、四爻から次第に乱れが来て、上爻は乱れの極になり、「城隍《ほり》に復《かえ》る」と、城が空濠《からぼり》のなかに崩れ落ちる始末となる。

この卦を得た場合には、物ごとを急速に処理することが大切である。ぐずぐずと時間をかけていると、最後には城が空濠に転落する憂き目を見ることになる。

地天泰は天下泰平との連想があり、以前の易者の看板によく使われた卦であるが、天下泰平なのは三爻までであって、上記のように終りの良くない卦である。断易でも地天泰は世爻《せこう》（世は自分を意味する）に兄弟《けいてい》（財の大敵を意味する神）がついているから、決して無条件の吉卦ではない。むしろ大いに慎重に対処すべき場合が多いことを念頭におくべき卦であることを忘れてはならない。

風天小畜の卦を思い出して、この地天泰も外卦の坤の順が内卦の乾の剛を抑制し、小畜となるのではないかとの疑問を持たれる方があるかもしれない。しかし乾と坤は対《つい》を成す卦であるから、互いにそむいたり逆らったりはせず、むしろ助け合うので小畜とはならない。震と巽、坎と離、艮と兌も対を成す卦である。

天《てん》地《ち》否《ひ》 ䷋

昔の人は否を「塞《ふさ》がる」と読み、この卦はあらゆる方向への進路が塞がり、いわゆる「八方塞《ふさ》がり」の卦として、ひどく嫌ったものである。前の卦の地天泰と同じく、乾と坤の対を成す卦の組み合わせであるから、互いにそむくことはないが、乾の陽が上にあって陽の気は上昇し、坤の陰が下にあって陰の気は下降するから、両者は分離して交わらず、助け合うことがない。昔の人はこれを嫌ったのである。

ところが実際には天地否の上爻が示す通り、「先《さき》には否《ふさ》がり、後《のち》には喜びあり」であって、否の閉塞は一時的状態であり、そのうちに必ず打開の途が与えられ、喜びごとが生ずる。筮して天地否を得た場合には、決して焦ってはならない。じっと辛抱しているうちに必ず打開の途がつき、かえって喜びごとが得られることになる。

否の上爻にはまた「否終らんとしてすなわち傾く、なんぞ長かるべけんや」とある。否が終る前には否の状態に陰《かげ》りが見え始める。こうなればしめたもので、あとは否の状態が急速に終りを告げる。

地天泰がぐずぐずしてはならない卦であったのと反対に、天地否の場合は焦ってはならないのである。じっと待てば喜びごとがある。

天《てん》火《か》同《どう》人《じん》 ䷌

いわゆる人間関係について述べている卦である。同人とは「人と同じくする」、すなわち人と志を同じくして、協調協力することである。天（天空にみなぎる精気または霊気）も上昇するもの、火も上昇するもので、この両者が志を合わせて上昇するように、人も同心協力すべきであることを説いたのがこの天火同人の卦であって、非常に大きな視野から人間関係について論じている。

日本は明治維新以来の西洋傾斜が依然として続いており、アメリカからの輸入思想といえば、批判もせずにありがたがり、日本が建国以来二千年の長きにわたって、絶大な恩恵を受けて来た古代中国の卓抜な思想は、とんと忘れかけている有りさまである。

アメリカのマネジメント・フィロソフィ（管理理論）の人間関係（ヒューマン・リレーショ

ンシップ）というと、ひどくありがたがるが、これは社会的なものだけについて述べているのであり、天火同人の方がはるかにスケールが大きく、優れた理論である。

天火同人の卦辞には、「人と同じくすること野においてすれば亨《とお》る、君子の貞によろし、大川を渉《わた》るによろし」とある。これは同人の実をあげるのに必要な二つの条件を示しており、その一つは野においてすること、もう一つは君子の正道を守ることである。野とはひろびろとした野原のことで、秘密をなくして、公明正大にやるという意味である。これら二つの条件を守り、人と協力して事に当たれば、「大川を渉る」というような大事を決行しても必ず成功するというのである。

各爻では、初爻は家庭内の人間関係、二爻は同族内の人間関係、三爻と四爻は人間関係のもつれから来る争い、五爻と上爻はそのもつれの解決について述べている。人間関係のもつれは舌先だけで解決できない場合があり、闘争も必要であると述べてある。

火《か》天《てん》大《たい》有《ゆう》 ䷍

外卦の離の太陽が内卦の乾の中天に輝いている象であり、盛運、裕福、円満を意味し、六十四卦のなかでも最右翼の吉卦である。私はこの火天大有が六十四卦のうちで最良の卦であると信じている。筮してこの卦を得た場合には、本卦と之卦を問わず、また占題の如何を問わず、無条件に吉と判断して間違いがない。

特に上爻が素晴らしい。「天より之《これ》を祐《たす》く、吉にして利《よろ》しからざるなし」とある。この言葉は宇宙の神霊に対する祈りの言葉として前に書いたが、天祐という言葉は火天大有の上爻に由来しているのである。これも前に述べたが、火天大有の上爻の句を朝晩心のなかで暗誦することは、いわゆる避禍招福の助けになる。

呪術《じゅじゅつ》は古代社会では大いに幅《はば》を利《き》かしており、これを専門に行う呪術師は社会から大いに畏敬されていた。仇敵を呪《のろ》い殺すというようなことが、大真面に信じられ、そのような実例も伝えられているが、信憑性に疑問がある。火天大有の上爻は呪術としてではなく、哲学的祝福の言葉として暗誦なさるがよい。道は自《おの》ずから開ける。

地《ち》山《さん》謙《けん》 ䷎

周公旦《しゅうこうたん》の哲学を最もよく表現しているのがこの地山謙である。すべてのものが変化する、すなわち変化が万象の常態であるという前提のもとに、それに対処する最善の道は謙であることを周公旦は教えている。謙とはへりくだることで、この卦は地上に聳え立つべき艮の山が坤の地の下へ、へりくだって入っている象である。

「満ちたるものは必ず欠け、欠けたるものは必ず満つる」というのが万象の常態であるが、それに対する最善の心講えは謙であることを、次のように述べてある。

「天道は盈《えい》（満《みつる》）を欠き、謙を益《ま》し、地道は盈を変じて、謙に流し、鬼神は盈を害《がい》して、謙に福《さいわい》し、人道は盈を悪《にく》んで、謙を好む」

これは万世不易の真理のようである。

「実《みの》るほど頭をたるる稲穂かな」という句は、この地山謙の精神をよく表現していると、まるで鬼の首でも取ったかのように喜んでいる人がいる。あるいはその通りかも知れないが、これでは哲学的香気が皆無である。

雷《らい》地《ち》豫《よ》 ䷏

この卦には三つの意味がある。

㈠、健康であること。陛下のご病気をご不豫というのは、豫ならず、すなわちご健康でない、ご病気であるの意味である。

㈡、次に愉《たの》しむ、悦楽、歓《かん》楽の意味がある。内卦の坤の大地の上で、外卦の震のダンスをする卦であるから、阿波踊りでも踊って、大いに楽しむ意味がある。

㈢、油断をして思わぬ失敗をする意味もある。豫は「あらかじめ」とも読む。不測の事態にそなえて、あらかじめ警戒してかかるべきなのに、それを怠たり、悦楽にうつつを抜かし、油断して思わぬ大失敗をするのも豫の一つの意味である。

これらの三つの意味のうちのいずれになるかは、周囲の事情を検討して、慎重に決めるべきである。断易では雷地豫は六合《りくごう》の卦（物事のまとまり易い、おめでたい卦とされており、雷地豫を含めて八卦あるが、無条件に大吉とは限らない）であるから、吉の意味が強いが、いずれにしても油断は禁もつである。

沢《たく》雷《らい》随《ずい》 ䷐

沢雷随は内卦の震の中年の男性が、外卦の兌の少女（ヤング・ギャル）に魅せられてその下に下り、ギャルの言うがままに随《したが》っている卦である。

これは天下泰平の慶賀すべき現象であって、中年の男性の方がギャルをリードすべきである、などと堅苦しく考える必要はない。この中年の男性には気《き》負《お》ったところが微塵《みじん》もない。美しいギャルの魅力を素直に喜んでいる。世のなかは常にこのように平和でありたいものである。

随のもう一つの特徴は、この卦は金儲けに縁が深いことである。随の四爻に「随は獲《う》ることあり」とある。四爻に限らず随は金の儲かる卦で、金が入るかどうかを占っては、随一の吉卦である。筮してこの卦を得た場合には、金儲けに多少の冒険を試みることは面白いことである。

また随には配置転換、転勤など勤めが変わる意味もある。すべて大勢に順応し、情勢の変化に対応して、新らしい心構えを作り上げるのが吉である。

山《さん》風《ぷう》蠱《こ》 ䷑

蠱《こ》の字は皿の上に蟲《むし》が乗っている。食物が腐って蟲がわき、食べられなくなっている形である。内卦の巽は臭気すなわち腐敗物であり、外卦の艮は制止すなわち蓋であるから、この卦は文字どおり「臭いものに蓋」の卦であり、臭いものに蓋をしておけば腐敗が進行して蟲がわく。人間関係、社会関係にも腐敗と紊乱《びんらん》が進行するのが蠱である。それを刷新するためには、丁寧なやり方が必要である。

「甲に先だつこと三日、甲に後《おく》るること三日」という有名な文句がある。十干の甲の三つ前は辛《しん》であって、新《しん》すなわち刷新を意味する。甲の三つ後は丁であって、これは丁寧を意味する。すべて物ごとの改革には丁寧なやり方が大切であることを忘れてはならない。

また内卦の巽は中年の女性、外卦の艮は年少の男性であって、蠱には中年の女性が年少の男性を蠱惑する意味がある。中年の女性には年少の男性を誘惑したい本能（母性本能の変形といわれる）があり、年少の男性には中年の女性の誘惑に乗り易い本能があるという（エディプス・コンプレックス）。これが山風蠱のもう一つの意味である。

地《ち》沢《たく》臨《りん》 ䷒

地沢臨《りん》は事件や問題の解決に臨《のぞ》む場合の態度について述べている。初爻と二爻は咸《かん》臨、三爻は甘《かん》臨、四爻は至《し》臨、五爻は知《ち》臨、上爻は敦《とん》臨となっている。いずれも解決に当たる心構えの相違である。

初爻と二爻は未熟な初心者の心構えについて述べてあるが、どちらも咸《かん》臨、すなわち感激を抱いて事に臨《のぞ》むのがよいとされている。初爻は貞なれば吉とあるから、教えられたことを忠実に守って事に臨むのが吉とされている。二爻は感激を抱いて事に当たれば、吉にして利《よろ》しからざるなしと述べてある。

三爻は甘《かん》臨で既に一人前であると自惚《うぬぼ》れを抱いて事に当たるのであるから、危険千万であり、「利《よろ》しきところなし」と警告されている。

四爻は至臨で至誠をもって事に当たり、五爻は知臨で十分な知識を持っており、上爻は敦臨で慎重な態度であるから、共に間違いはない。

坤為地の純陰の卦に初めて陽が現れたのが地雷復であり、更に陽が進み長ずるとこの卦になる。陽が進み長ずるのは、誰もが望む（臨《のぞ》む）ところであるから、臨《りん》と名づけられた。しかし陽の伸びて行くことへの希望よりは、変化の激しいことへの用心が必要な卦である。特に財を占った場合は出費が多いから、非常に用心深くする必要がある。

断易では卦身《けしん》（卦のポイントを示すもの）を帯びた兄弟《けいてい》（前にも述べたが財の大敵の神）が二つもあって、地沢臨が金のかかる卦であることが一見明瞭である。

風《ふう》地《ち》観《かん》 ䷓

乾為天の純陽の卦が、初爻から順に陰に化し、風地観は四爻までが陰となり、きわめて心細い卦である。次の山地剝《はく》は五爻までが陰となり、最後の上爻の陽は開き直りの心境であるから、まだ救いがあるが、この風地観は未練たらたらの状態であって、救いがない。

六十四卦のなかで、はっきり凶卦といえるのは水山蹇だけであることは前に述べたが、この風地観も相当の凶卦である。それは四陰の小人が勢いにのって進み、二陽の君子をまさに消し去らんとしているからである。この卦は雷天大壮と表裏をなしており、大衰の象がある。それを観と名づけたのは、二陽の君子と四陰の小人が互いに相手を観察して、相手の立場を理解し、それぞれの分を守るようにという教戒の意味をこめたからである。

凶卦のナンバー・ワンを水山蹇とすれば、凶卦のナンバー・ツーはこの風地観である。何ごとかを占ってこの風地観の卦を得た場合には、これは凶卦であるから、風地観の卦辞の冒頭に述べられている通り、「手を洗い清めて神前にお供え物をする直前のような、敬虔《けいけん》な態度で物ごとに当たる」べきである。

火《か》雷《らい》噬《ぜい》嗑《ごう》 ☲☳

噬嗑とは嚙み合うという意味である。この卦の上爻の陽は上顎《うわあご》、初爻の陽は下顎《したあご》であり、上爻と初爻で四つの陰爻を取り囲んでいれば、これは口に相当する。すなわち山雷頤《い》である。

このロのなかの第四爻の陽爻は邪魔物であり、火雷噬嗑はこの邪魔物を嚙み砕いて初めて好運が得られるとされている。何もせずに吉という意味はなく、努力と辛抱が必要な卦である。

例えば第五爻には「乾肉《かんにく》を噬《か》んで、黄金を得たり」と書かれている。固い乾肉を嚙んで苦労するが、苦労の甲斐があって、乾肉のなかから黄金を得たというのである。これは何ごとにも辛抱と努力が大切であることを、乾肉のなかから黄金を得るというような例すらもあるといって説いているのである。

また噬嗑には刑罰という意味もある。綱紀粛正のためには、時に刑罰を用いることも必要でずるずると悪の道に深入りすると、上爻の首枷《かせ》を科せられることになる。

ある。罪を犯した者は、初爻の足枷《かせ》の刑罰を受けた時点で深く反省すべきであり、

山《さん》火《か》賁《ひ》 ䷕

山火賁は外卦の艮の山の下に内卦の離の太陽のある象であって、いわゆる夕映えである。賁は飾ると読むから、夕映えの美しさから名づけられた卦である。夕映えも美しいには違いないが、やや頽廃《たいはい》的な美しさであって、朝の太陽のような明快な美しさと違っている。

筮してこの山火賁の卦を得た場合は、身体や体裁を飾ることも大切である。賁の初爻は「足を飾る」すなわち履物《はきもの》を吟味することである。昔は初対面の来客の人物評価に、まず玄関に脱いだその人の履物を見たものである。現代では履物のかわりに、乗って来た乗用車を見て人物評価がなされるようである。

次に二爻から順に身体の上部を飾ることに触れ、五爻では田畑をよく耕して、美事に維持する必要を説き、最後の上爻では「美の極致は純白であり、ゴテゴテした虚飾はかえって醜悪である」と述べている。これなども立派に現代に通用する美論であると思う。今さらながら中国古代の聖賢に脱帽である。

さて夕映えには美しいという意味のほかに、太陽の明るさが山に遮ぎられて、遠くまで及ばないという意味がある。見とおせる範囲が限られているから、大胆なことはやらないほうがよい。

山《さん》地《ち》剝《はく》 ䷖

風地観《かん》のところでも述べたが、山地剝は乾為天の純陽の六爻が初爻から順に陰に化し、上爻の陽爻だけとなった状態である。陽が五爻まで剝落し、残る一陽が今にも剝ぎ落とされそうに見えるので剝と名づけられている。ところがこの上爻のただ一つの陽はきわめて強靱《きょうじん》であって、容易に陰に化するようなことがない。

山地剝の上爻には「碩《せき》果《か》食《くら》われず」とある。これを昔の人は、初冬の空にただ一個だけ残っている、柿の木のてっぺんの柿の実にたとえたものである。鳥にも食われず、寒さにも負けず、初冬の寒天にポツンと一個だけ残っている真赤な柿の実は、まさに山地剝を絵に描いたようなもので、山地剝の卦象を雄弁に語っている。

山地剝は最後の土壇場まで追いつめられている状態であるから、これからは全力を挙げて、最後に残っている陽を土台にして、逆にグングンと陽をふやすように努力しなければならない。安易に諦《あきら》めて坤為地の虚無《きょむ》に陥ってはならないのである。

山地剝の五爻には「魚を貫《つらぬ》く、宮人《きゅうじん》をひきいて寵《ちょう》せられる、利《よろ》しからざるなし」とある。魚とは陰の物で、五陰をたとえており、これを貫《つらぬ》くのは上爻の一陽である。五陰の首《かしら》である五爻のお局様が四爻以下の宮女をひきいて、上爻の君に寵愛される、まことにおめでたいことであるというのである。

五爻を小人グループの首とみて、その五爻が小人グループをひきいて、上爻の君子を消し去ろうとしている、とも見得るところを、そうしないで、お局様（五爻は君主の位であるのに）として君に寵愛され、また君を助けるものとしている。ここに小人の悪をにくむ周公旦の教えと、苦心の跡が見られるのである。

地《ち》雷《らい》復《ふく》 ䷗

乾為天の純陽の卦の初爻が陰に化して天風姤《こう》となり、二爻まで陰に化して天山遯《とん》となり、更に上へ陰が伸びて天地否《ひ》、風地観《かん》、山地剝《はく》となり、ついには純陰の卦の坤為地となる。この坤為地の初爻にまた乾為天の初爻の陽が復《かえ》って来たのが地雷復である。こういう卦を消長生卦といい、地雷復は消長生卦の一つである。

昔の人は地雷復を一陽来福と称して、たいへん珍重したものである。それは六爻が陰ばかりの坤為地の初爻に、初めて陽が現れ、これからその陽が次第に伸びて行くことを暗示しているからである。

それは陽ばかりの乾為天の初爻に初めて陰が顔を出し、これから陰が伸びることを暗示している天風姤と好対照である。地雷復は一陽来福であるから、大いに慶視してよいが、天風姤はそれと正反対に邪悪なものが、のさばってゆく卦であるから警戒を要する。

地雷復は断易では六合《りくごう》の卦（雷地豫のところで述べた）になっており、一陽来福の意味であるから、六十四卦のなかでも屈指の吉卦であるが、上爻だけは「復《かえ》るに迷う、凶、災眚《さいせい》あり」とあって凶である。陰の邪道から陽の正道に戻ることの早いか遅いかによって、吉凶を判断すれば、初爻が早く上に行くほど遅いから、上爻は戻ることに迷ってぐずぐずしているうちにわざわいがある、というのである。

天《てん》雷《らい》无《む》妄《ぼう》 ䷘

外卦の乾の天と内卦の震の動くが合わさって、天体の運行を示している。无は無であり、妄は出鱈目、無軌道のことで、天体の運行にはきちんと軌道が定まっていて、出鱈目がないことにたとえて、至誠真実について述べているのである。

五爻の「无妄の疾《やまい》は薬《くすり》することなくして、喜びあり」が古来有名であるが、この句はすべての病気が医療医薬を用いずに、自然に癒《なお》るといっているのではなくて、无妄の病気には、医療医薬の必要がないことを述べているのである。

すなわち、暴飲暴食などを初めとし、一切の無軌道的な行動を控え、固く生活軌範を守り、それでもなおかつ病気になった場合には、医療医薬の必要がなく、すぐに治癒し、しかもその上に喜びごとが起こると述べているのである。アメリカで戒律の厳しいモルモン教徒の多い地域には、癌患者が少ないという統計があるが、天雷无妄のこの教えを裏付けるものである。

いずれにしても病気を占ってこの卦を得た場合には、非常に軽くて済み、医療医薬を用いる場合にも、きわめて治癒し易いから不思議である。改めて周公旦は偉《えら》かったと思う。

山《さん》天《てん》大《たい》畜《ちく》 ䷙

前に述べた風天小畜は巽の柔が、乾の剛の進攻を抑止しようとするのであるから、きわめて短時間しか抑止することができないとされたが、この山天大畜は外卦の艮の山が抑止するのであるから、その抑止力は強大である。それが大畜の意味である。

また山天大畜は五爻と四爻の二陰が力を合わせて、陽の進むのを制止する象であるから、四爻の一陰だけで上下の五陽を制止する風天小畜とはちがい、抑止力大である。

大畜にも蓄積の意味があり、名君が人材を蓄積することを初めとして、大豊作、資材の大備蓄など、すべて大畜の意味である。

しかしながら、実力の蓄積ができたからといって、軽挙妄動するのは危険である。この卦の三爻まではこの軽挙妄動を固く戒《いまし》めており、四爻に至ってようやく、実力を発揮する機会を持つことを元吉として認めており、五爻は「吉にして慶《よろこ》びあり」とし、上爻は「道大いに行わる」と称讃している。

占ってこの卦を得た場合には、三爻までは実力の蓄積に努め、四爻から実力を発揮するのがよい。財を占ってこの卦を得れば大吉であり、財が蓄《た》まること間違いなしである。

山《さん》雷《らい》頤《い》 ䷚

易経六十四卦のうち、無条件に凶卦と見られるのは水山蹇であることは、前にたびたび述べた。それでは無条件の吉卦はどれかと尋ねられると、まず火天大有《たいゆう》、山沢損《そん》、風雷益《えき》などが無条件の吉卦であるといえると思う。

この山雷頤も無条件の吉卦の一つである。外卦の艮（上爻の陽爻だけでもよい）は上顎《うわあご》であり、内卦の震（初爻の陽爻だけでもよい）は下顎《したあご》である。艮の上顎は動かず、震の下顎が動いて食物を噛むことができる。「頤は養うなり」とあり、このようにして食物を摂取し、身体を養うことになる。何が自分の身体の栄養に役立つか、また何が自分の教養のプラスになるかをよく研究し、自分の心身のプラスになるものを摂取するのも頤の本質である。

口には食物を摂取するほかに、言語を出すというもう一つの大きな働きがある。「君子たるものは、飲食に気をつけて身体を養うとともに、言語を慎しんで徳を養うべきである」という。

また外卦の艮と内卦の震とが向かい合い、相談ごとなどがまとまり易い意味もある。いずれにせよ、何ごとについても筮してこの卦を得た場合には、吉と判断して間違いない。それは大吉の卦だからである。

沢《たく》風《ふう》大《たい》過《か》 ䷛

大過は陽が強過ぎて、それを上下で支える陰が弱過ぎる。大過の大とは陰を小とした場合の陽のことであり、また同時に大いに過ぎているという、大いにの意味もある。

「大過は棟橈《むなぎたわ》む、本末弱《もとすえよわ》ければなり」とある。家屋に例えれば、棟が垂れ下がっている状態である。棟は屋根のみねを走る横木であり、材木のなかでも過度にしっかりしたものを用いるので、今大過の卦全体を一本の棟に見立てたのである。この棟が乗れ下がっているのは、両端が陰で弱いからである。会社の場合も中堅社員が強過ぎて、重役陣と下級社員が弱過ぎる場合などが沢風大過の状態である。そのような会社は棟橈むで、衰運をたどることになる。

大過の場合に対処する方針は初爻に明示されている。それは「藉《し》くに白茅《はくぼう》を用う、咎《とが》なし」とある。神前に供え物を捧げる場合に、白い茅《ちがや》の茣蓙《ござ》を敷いて恭恭《うやうや》しく振舞うように、自重自戒して行動すれば、大過の難局にも耐えることができる。

沢風大過の卦全体を棟と見たあとで、六爻の中央の三爻と四爻をそれぞれ一本の棟と見て吉凶を述べているが、三爻は「棟橈《むなぎたわ》む、凶なり」、四爻は「棟隆《むなぎたか》し、吉なり」と全く対照的である。それは三爻は上爻と応ずるので、上にあるものの重みを受けて、その重圧に耐えられなくなるが、四爻は初爻と応ずるから、下の柱や土台に支えられ、高々《たかだか》と聳《そび》えているのである。勤め人の場合も上にばかり気を使うよりは、部下達の協力が得られるように配慮したほうが、実績があがり出世も期待できるのではなかろうか。

坎《かん》為《い》水《すい》 ䷜

坎為水を四大難卦の一つとする古来の定説が、たいへんな間違いであることは前に述べた。坎を険難《けんなん》の険《けん》とのみ解釈するところから間違いが起こるのである。坎は二陰のなかに一陽があり、この一陽がおとし穴に陥っていると見れば険難の険であるが、なかに実《じつ》があると見れば誠心誠意と解釈すべきである。

坎為水の卦辞には「坎は孚《まこと》あり、維《こ》れ心《こころ》亨《とお》る」とあって、坎に孚《まこと》の徳があるから、心が通じると述べてある。坎為水は坎が二つ重なっており、二人の人間が互いに誠心誠意を尽くして交渉する象であるから、たとえ困難な問題があっても必ず心が通じて解決するはずである。

坎の水は高い山の峯に源を発し、川の流れとなり、ある時は岩に当たって砕け、ある時は渦を巻き、さまざまの険難に遭遇するが、それでも次から次へと流れ続けて終りには洋々たる大海に到達する。これが坎為水の象であるから、坎は険とのみ解釈せず、誠《まこと》と見るべきである。

離《り》為《い》火《か》 ䷝

離は「つく」(付着)であって、「はなれる」という意味はない。離は火であり、太陽であるから、燃えつくことから「付着」の意味が出ている。

また離は情熱であるから、人が情熱にまかせて無軌道な行動に走ることを聖人は固く戒《いまし》めている。離卦の冒頭に「牝牛《ひんぎゅう》を畜《やしな》えば吉なり」といっているのは、飼われている牝牛のような柔順さと素直さで行動すれば、人も家庭も国家も満点に治まることを意味する。

離は明智である。これが離の第一の基本的な意味である。明智によって指導されない行動は妄動であり、諸悪の根源となる。離は明智であり、太陽であるから、宇宙の根幹であるといっても過言ではない。乾(天)坤(地)が宇宙であるといわれており、それはその通りであるが、これに太陽(熱)が加わらなければ、人類の住む宇宙ではない。

周易下経

沢《たく》山《さん》咸《かん》 ䷞

咸は感であり、感応である。外卦の若い女性の足下に、内卦の若い男性がひざまずいて愛を求める形である。この卦が周易下経の最初に置かれる理由を、序卦伝（十伝のうちの一つ）は次のように述べている。男女があって夫婦があり、夫婦があって然る後、父子君臣上下の人倫が発生するという。上経が天（乾）地（坤）に始まったのに対し、下経は人倫の発端である男女をもって始めるのだという。

初爻は女性の足の親指に感ずるという。女性の感応の初歩である。

二爻は女性の足「ふくらはぎ」に感ずるという。感応が進んでいる。

三爻は女性の股に感ずるという。感応が大いに進んでいる。

四爻は固く自己を守るならば、吉であって悔いはないと述べてある。女性の貞操の大切なことを述べてある。

五爻は背肉に感ずると述べてある。感覚に引きずられることなく、自分を守ることとの重要さが説かれている。

上爻は口ならびにその周辺に感ずるという。いわゆる接吻である。男女の婚前交際の終点と解すべきである。

この卦の卦辞には「女《じょ》を娶《めと》るに吉なり」とあって、結婚には良い卦である。

雷《らい》風《ふう》恒《こう》 ䷟

沢山咸のあとを受けて、この雷風恒は安定した結婚生活を意味する。外卦の震は成人の男子であり、内卦の巽は成人の女子である。沢山咸が外卦の若い女性が主導権を握っているのと違い、この雷風恒の場合は外卦の震の成人男子が主導権を握り、家長として号令し一家を養う責任がある。

雷風恒の五爻に、「婦人の貞吉とは一に従って終ればなり、夫子は義を制す、婦に従えば凶なるなり」とある。女性の場合は終生一人の夫に従うのが貞吉であり、男性の場合は大義に従って行動すべきが基本であり、それを女性の言葉に従って大義を忘れるのは凶である。

雷風恒の安定した夫婦生活を続ける場合に、注意すべきは「よろめき」である。上爻に「恒を振《ふる》う、凶なり」とある。これは「よろめき」の凶であることを戒《いまし》めているのである。

天《てん》山《さん》遯《とん》 ䷠

難局を自分の努力によって切り拓《ひら》くべきか、あるいはそれは徒労であるから速やかに逃げ出すべきか、などに悩む場合によく出る卦である。そしてこの卦を得た場合には努力しても徒労であるから、速やかに逃げ出すのがよいと告げている。

さらに面白いことには、この卦の初爻から三爻までを得た場合には、逃げ出したくとも逃げられない場合が多い。初爻は六爻のうちのびりっかすで逃げ遅れ、二爻は内卦の艮の主爻であるから皆が逃げるのを止めようとし、三爻は二爻と比するのでそれとかかずらって、なかなか逃げられない。

四爻から先は逃げられ、それも四爻、五爻、上爻と先になるほど逃げ易い。四爻は好遯《こうとん》で「うまく逃げる」ことができる。五爻は嘉遯《かとん》で「手ぎわよく逃げる」ことができる。上爻は肥《ひ》遯《とん》で「ゆたかに逃げる」ことができる。四爻と五爻は、それぞれ初爻、二爻と応じているから、係累が足手まといになるが、それを断ち切ってうまく、手ぎわよく逃げることができ、上爻は応比する係累が全く無くて身軽であり、しかも六爻の先頭にいるから楽々と、しかも迅速に逃げることができる。敵も味方も拍手喝采のうちに、悠悠閑閑と難局から抜け出すのが肥遯である。私どもも難局から抜け出す場合には、この肥遯でありたいものである。

地雷復のところで述べたが、天山遯は消長生卦の一つであり、二陰が下から次第に伸びて、四陽が上に遯《のが》れ退くことから、逃げる意味が来ている。「天山遯は逃《のが》るるによろし」である。

雷《らい》天《てん》大《たい》壮《そう》 ䷡

雷天大壮は六十四卦のなかでも屈指の吉卦である。もともと大壮は羊（この卦は初爻と二爻、三爻と四爻、五爻と上爻をそれぞれ一爻にまとめて、全卦を三画卦と見れば兌《だ》である。これを大兌というが、兌と同じにみなして、動物では羊となる）が生垣（外卦の震）に首をつっこんで、進むこともできず退くこともできない状態であるから、およそ吉卦などとは縁の遠い凶卦のはずであるが、この卦の四爻に「藩決《まがきひら》きて羸《くるし》まず、大輿《だいよ》の輹《とこしばり》に壮《さかん》なり」とあり、四爻になると生垣が潰《つぶ》れて、羊が自由に通れるようになるどころか、大きな車までも通れるようになるという。輹《とこしばり》というのは車軸の中央にあって、輿《こし》と軸を連結するもので、これを脱《と》くと輿《こし》は進めず、輹《とこしばり》壮《さか》んな時には、進むことができる。

今まで解決できなかった問題なども、この大壮の卦を得た場合には、四爻の四日後、四ヶ月後、または四年後に一挙に解決するから不思議である。それを自分で体験した場合には、周公旦に自然に頭が下がる思いがする。

大壮は四爻だけが大吉であって、それ以外の爻は平凡である。したがってこの卦を得た場合には、大吉の日時の見当をつけることが大切である。

火《か》地《ち》晋《しん》 ䷢

外卦の離は太陽、内卦の坤は大地である。太陽が地上に輝く象であることは問題ないが、正午と見るか、朝の日の出と見るかについては、古来意見が分かれている。晋《しん》は進《しん》であることを考えれば、朝の日の出と見るべきであろう。

この卦を得た場合には、内卦の坤の柔順な態度をもって、外卦の離の名君に従うことが大切である。この場合に大切なことが二つある。一つは自分が一生を託する主人は名君であること、もう一つは自分が一生を託すと決めたからには、右顧左眄《べん》することなく、悠々たる態度をもって、その名君に奉仕することである。

この卦を得た場合には、焦慮《あせ》ってはならない。悠々たる態度で働けば、必ずその努力が認められて、地位が顕達する。それが晋であり、進である。

地《ち》火《か》明《めい》夷《い》 ䷣

外卦の坤は大地、内卦の離は太陽であり、晋と正反対に太陽が地下に没している夜の卦である。また明は明智であり、夷は「破れ」であるから、内卦の離の聡明な賢者が、外卦の坤の暗愚な支配者に害されている象である。

賢者が暗愚な暴君から迫害される例は、世界歴史のどの国の場合にもたくさんあるが、古代中国には桀紂《けっちゅう》という熟語が出来ている通り、夏の桀王、殷の紂王は代表的な暴君であって、真っ赤に燃える山のような炭火の上に銅の円筒を渡し、それに油を塗って罪人を渡らせ、渡り切った者は助けてやるというが、それは無理な話で、罪人は次から次と真っ赤な炭火の山に転落する。桀王はそれを見るのが最大の楽しみであったというから始末が悪い。また聖人には九穴があるというから、それが見たいといって、部下に命じて賢者の身体に無数に剣を刺させたのは紂王であった。

こういう明夷の状態に立たされた場合の、対処のしかたは次のように述べられている。「明夷は艱貞《かん》に利《よろ》し、その明を晦《くら》くするなり」とあって、賢者たるものは明夷の艱難に耐えて、堅く節を守り、自分の明智をかくして、暗愚の暴君からの害を避け、時節の到来を待てというのである。

周文王はまさにそのような人であって、暴君の紂王に囚えられ羑里《ゆうり》に幽閉されるという艱難にあっても、明智をかくして紂王に従い、後に殷を亡《ほろ》ぼして、周を興したのである。

風《ふう》火《か》家《か》人《じん》 ䷤

家人とは家の人すなわち家族である。外卦の巽は長女、内卦の離は中女であり、家庭の不和は往往にして娘同志の争いから起こることに留意し、長女と中女の和平が家庭平和の基礎になることが述べてある。

また長女と中女の和平ばかりでなく、嫁と姑、小姑との和平の大切なことも述べてある。男は外で働くことが建前であり、家に残る女同志の仲のよいことが、家庭平和にきわめて大切であることを注意すべきである。

家人は六十四卦のなかでも屈指の吉卦である。それは四爻に「家を富ます大吉」とある通り、きわめて財運の良い卦だからである。財に関することを占ってこの卦を得た場合には素直に喜んでよい。ただし「家を富ます大吉」の後に、「順にして位にあればなり」とある通り、家族全員がそれぞれの立場を守って働くことが大切である。

火《か》沢《たく》睽《けい》 ䷥

睽は「そむく」と読む。相反目することである。風火家人の卦をさかさにするとこの火沢睽の卦が得られる。これを「転倒生卦」という。二つある卦の一方を上下にひっくり返せばもう一つの卦になる意味である。

この卦は外卦の離火は炎上し、内卦の兌沢は下降し、相互に交わるところがない。ただし、外卦の離の中爻と内卦の兌の中爻とは陰陽相応ずる関係であるから、外卦と内卦は互いに反目しているようでも、内心は通い合っている。それだから卦辞には「小事には吉」と述べてある。

天地は相反しているから、万物生育の作用が生まれ、男女は相反しているから、互いに愛情が生まれるのである。睽の作用はまことに重大であって、「小事には吉」などという小さなものではない。

たいがいの卦は二爻と五爻が吉であるが、火沢睽も二爻は「主に巷《ちまた》に遇《あ》う」とあり、五爻は「往きて慶《よろこ》びあり」とあり、どちらもいったんは背き合った君臣が、ふたたび心が通じて和解する意味があり、共に大吉である。

水《すい》山《さん》蹇《けん》 ䷦

易経六十四卦のうち、はっきり凶卦といえるのは水山蹇だけであることは前に述べた。

水山蹇は外卦が坎の水で、内卦が艮の山、すなわち山が水没している象である。毅然として地上に聳《そび》えるはずの山が水没していることは、たいへんな異常現象である。

「易は万象に通ず」とある通り、易はあらゆる自然現象およびあらゆる人事問題を取り扱っているから、水山蹇のような異常現象を取り扱っている卦が入っていることも不思議ではない。

蹇は「足なえ」とか「なやむ」と読み、山が水没するような異常事態に直面して、動きがとれない意味である。この蹇の状態から抜け出すにはどうすればよいかを、卦辞には次のように述べてある。「蹇は西南に利《よろ》しく、東北に利《よろ》しからず、大人を見るに利《よろ》し、貞吉なり」。西南は坤の方位であるが、もっと広範囲に西から南へかけてと解釈すれば、巽、離、坤、兌の陰卦の方位である。同様に東北というのは艮の方位であり、乾、坎、艮、震の陽卦の方位である。蹇の場合には陽の山道を進まずに、陰の平坦な道を退くようにし、しかも有力者の助けも求めるべきである。そうすれば蹇の状態から抜け出せて貞吉であると述べているのである。

ただし、この卦は大凶卦であるから、占題の如何を問わずこの卦を得た場合には、易経の教えを守るだけではなく、「お砂撒《ま》き」によって凶を避けるべきである。

雷《らい》水《すい》解《かい》 ䷧

内卦の坎を冬とし外卦の震を春とすれば、震が坎の外に出ているから、冬の厳しい寒さが終わって春が到来している。坎の堅い氷が解《と》けて震の草木が一斉に目覚めるのが解であり、雷水解は春到来の卦で二流だが吉卦である。

また水山蹇の卦を上下さかさまにしたのが雷水解であるから、蹇の悩みの難問が解決して、再出発を行うべき卦である。難問が解決したことに安心して骨休みを行うことなどは易経は考えていない。堅い氷が解《と》けて春雨（坎）春雷（震）の好季節に、営営として田畑の耕作に励むべきことを説いている。

「解は西南に利《よろ》し」とあるのは、西南の平野の人の多いところで事業を営むのがよく、東北の山地の人の少ないところは事業を営むのに不適当だというのである。西南は坤の平野と大衆、東北は艮の未開拓の山地で人口寡少の意味である。

雷水解は二爻と上爻が大吉の卦である。二爻に「田《かり》して三狐を獲《え》、黄矢を得《う》る」とあり、上爻に「公用《もっ》て隼《はやぶさ》を高墉《こうよう》の上に射る、これを獲《え》、利《よろ》しからざるなし」とある。狐はよく人を惑わす動物で、内卦の坎の象であるから国内の悪人のたとえであり、隼は凶暴な悪鳥で外卦の震の象であるから外敵のたとえである。これら内外の悪人を退治して国難が解決したというのである。上爻は「利《よろ》しからざるなし」とあるが、六十四卦三百八十四爻のなかでも屈指の吉爻である。

山《さん》沢《たく》損《そん》 ䷨

「損は下を損《へら》して上を益《ま》す」とあり、山沢損は地天泰の三爻が上爻に上り、上爻が三爻に下って得られる卦であるから（交代生卦法という見かたであるが）、内卦の我の一陽を損して外卦の彼の一陽を益すことになる。

「損して得《とく》とれ」というのは古くからある俚諺《りげん》（ことわざ）の一つであるが、この山沢損という卦の精神を美事にとらえているのには驚歎を禁じ得ない。

得をするには、まず犠牲を払って、何らかの損をすることが必要である。何の犠牲も払わずに利益を得ることは不可能であろうから、まず損をすることが必要である。

面白いことに、この山沢損は易経六十四卦のなかでも屈指の吉卦である。中国古代の聖人がいかにまず損をすることが大切であるかを重視したかの想像がつく。もちろんここでいうところの損は「損は孚《まこと》あれば元吉なり」と卦辞にある通り、他を益すための損であって、酒色に溺れて家を喪うといった類《たぐい》の損ではない。

山沢損は屈指の吉卦であるから、占題の何たるを問わず、この卦を得た場合には大吉と判断して間違いない。ただし、それには一つだけ条件がある。それはまず必要な犠牲を払うことである。「損して得《とく》とれ」の精神さえ忘れなければ、山沢損は大吉の結果を産む。

風《ふう》雷《らい》益《えき》 ䷩

山沢損とは反対に、天地否の「上を損《へら》して下を益《ま》す」と風雷益の卦が得られる。しかし、この卦は利己主義を説いているわけではない。山沢損は「下を損《へら》して上を益《ま》す」、すなわち社会または上司に奉仕することであり、風雷益は「上を損《へら》して下を益《ま》す」、すなわち上に立つ者が広く下の人びとを潤《うるお》すことである。

風雷益は外卦が風の巽、内卦が雷の震であり、共に急速を意味する。すなわち疾風迅雷の意味があるから、何ごともこの卦を得た場合には急速な処理が必要である。

また利己主義では駄目であって、利他の精神に立って大乗的な思索および行動が必要である。風雷益の二爻には「或いは之《これ》を益す、十朋《じっぽう》の亀も違《たが》うこと克《あた》わず」とある。山沢損の五爻にも同じ文句があり、無条件に大吉であるが、この風雷益の二爻変を得た場合も無条件に大吉も、大吉という答が出るはずであると保証しているからである。と判断して間違いない。それは太古の亀卜《きぼく》の場合は、亀の甲羅を十枚火にかざして占ってみて

沢《たく》天《てん》夬《かい》 ䷪

沢天夬は消長生卦の一つで、五つの陽爻が上爻の一陰を消し去る意味である。上爻の陰爻は私利私慾に専念する陰険な独裁者であり、それを五つの陽爻が結束して消し去るのである。外卦の兌は悦《よろこ》びである。それは有為な人材（初爻から五爻まで）の結束によって、上爻の陰険な独裁者が消し去られることは、万民の悦《よろこ》びであることを意味している。

夬は邪悪な首長を消し去ることであるから、厳しい条件のもとにおいてだけ許されることである。それはまず第一に、対象の首長が邪悪な人間であって、これを消し去ることが万人の幸福につながることである。

第二の条件は、事に当たる立派な人たちの結束が固いことである。五つの陽爻の固い結束があってこそ、上爻の邪悪な陰爻を消し去ることができるのである。

天《てん》風《ぷう》姤《こう》 ䷫

姤は邂逅《かいこう》の逅《こう》と同じであって、偶然の出会いを意味する。この卦も消長生卦の一つで、純陽の乾の中へ忽然として一陰が来て会う。その一陰の女性が二爻以上の五陽の男性と会って情を通じている象である。こういう女性は「商売女」であり「したたか」であるから、良家の妻として迎えるには不適当である。それを「女壮《じょさか》んなり、女《じょ》を娶《めと》るに用うるなかれ」と表現している。

ただし、こういう女性も鉄の杭《くい》にしっかりと繋《つな》いでおき、婦人の道を守るように諭《さと》せば、立派な女性になる。それを放置して自儘《じまま》にさせておくと、放縦《ほうじゅう》な女性になるので凶である。

天風姤の各爻の爻辞には謎めいた不可解な文章が多い。註釈書を手引きにして解釈に努力することも結構であるが、そういう努力はしばらく棚上げにして、この卦は女性が「商売女」的で「したたか」であるから、その女性とは結婚しないほうがよい、と簡単に理解するのがよい。

沢《たく》地《ち》萃《すい》 ䷬

萃は内卦の坤土の上に外卦の兌沢があり、草木が繁茂し、人と物資が集まり、交易が行われる象で、萃は「あつまる」と読む。

明治の易者は萃を「サバクのオアシス」と表現した。うまいものである。内卦の坤を直ちに砂漠と解することは無理であるが、外卦の兌は湿地であり、その湿地に草木が生い繁り、人や物資がワンサと集まる。これはオアシスであるから、外卦からきわめて自然に内卦の坤は、この場合は砂漠であると推理することができる。

明治より前の江戸時代の易者は、この萃の卦を「鯉が竜門に登《のぼ》る象」として、試験、就職、人事異動などには大吉の卦として大いに尊重したものであり、試験、就職を占った場合は無条件で大吉と判断してよい。

萃は人と物は確実に集まるが、金が集まるかどうかには疑問があるという説があることを付記しておく。今後の研究課題であろう。

地《ち》風《ふう》升《しょう》 ䷭

升は「登る」である。外卦の坤の大地の下に芽を出した内卦の巽の若芽が、すくすくと伸びてゆくのが升である。

升が完全にその機能を発揮するための条件が彖伝《たんでん》に述べてある。それは次の三つである。

一、「柔時《じゅうとき》を以《もっ》て上る」……心および態度を柔軟にしておいて、機会到来と共に上升する。

二、「巽《そん》に而《し》て順《じゅん》」……謙譲の美徳を身につけ、飽くまでも従順であるようにする。

三、「大人を見るに利《よろ》し」……努めて大人物に接触《せっしょく》して自分の魂を磨くように努める。

地風升は初爻から上爻まで、六つの爻の爻辞がすべて吉である。これは珍しいことである。地天泰などは初爻から五爻まではまずまずであるが、上爻になると「城が空濠《からぼり》に転落する」とあり、いっぺんに大凶になる。占題の如何を問わず、筮して地風升を得た場合には、初めから終りまで吉と判断してよい。

沢《たく》水《すい》困《こん》 ䷮

困は囲《かこ》いの中に木が閉《と》じこめられており、伸びようとしても囲いに邪魔されて伸びることができない。また外卦の沼沢の水が内卦に漏れてしまって、沼沢が涸《か》れはてている。

このように厄介な環境であるが、二爻と五爻のような真の君子（どちらも陽爻で剛健、かつ二爻は中、五爻は中正の徳がある）の場合は、動揺することなく初心を貫くので、歳月はかかるが、必ず真価を発揮し得る時機が到来する。

断易的に見れば困は六合《りくごう》の卦であるから、吉卦であることはすぐに分かるが、周易的に見た場合に、困が吉卦であることを理解するのは容易ではない。周易的な厄介な推理なしで、困は六合の卦であるから吉卦であることを理解し得るようにした鬼谷子《きこくし》の断易は素晴らしいものである。五行哲学は鬼谷子によって長足の進歩をしたというべきであろう。

水《すい》風《ふう》井《せい》 ䷯

黄塵《こうじん》万丈の北部中国において、井戸の恩恵は絶大なものがあった。人民は井戸の周辺に集まり、北部中国の文化は井戸を中心として栄えたといっても過言ではない。

初爻は井戸の底の泥水であって、飲むに耐えない水である。二爻まではまったく井戸の用をなさないが、三爻、四爻と上るにつれて水が次第に澄んで、井戸の壁も修繕される。

五爻になると「井洌《いどきよ》くして、寒泉食《くら》わる」とあり、井戸の水が清らかに澄んで、その冷たい水は人びとにとって、たいへんなご馳走になる。

さらに上爻になると、この井戸は清洌な水を湛《たた》え、万人が愛用する井戸であるから、井戸に蓋をしたり、蔽《おお》いをかけたりして、万人の利用を邪魔してはならないと警告がしてある。この井戸を万人に役立てようという誠意があれば、それは元吉であると述べてある。(孚有《まことあ》れば元吉《げんきち》)。

井戸は万人の命を養うもので、水風井はいうまでもなく六十四卦のなかでも屈指の吉卦である。先に述べた通り初爻と二爻はだめであるが、三爻と四爻で見込みがつき、五爻、上爻で大吉となる。特に上爻が良いから、何を占った場合でも水風井の上爻を得れば大吉と判断して間違いない。

沢《たく》火《か》革《かく》 ䷰

革は革新、革命、変革の革である。古いものを変えて新風を導入するのが革である。季節にとれば離の夏から兌の秋に改まる（革《あらた》まる）象が革である。革の六爻のうち初爻から四爻までは余り上等でもない理屈をくどくどと述べているだけで生気がない。それが五爻、上爻となると一変して清新な生気を帯びてくる。この卦の生命は五爻、上爻に尽《つ》きるといっても過言ではないのである。

五爻には「大人は虎変《こへん》す」とあり、上爻には「君子は豹変《ひょうへん》す」とある。大人も君子もどちらも大人物のことである。状勢の変化に応じて、自由自在に対策を変えることができるのが大人物の特徴の一つである。

虎や豹が周囲の野山の景色の推移に応じて自分の体毛の模様を変えるように、環境の状勢に応じて自分の主義主張を変えるのが大人物である。これは決して変節ではない。人間は常に自由でありたいものである。沢火革はこの五爻と上爻が大吉である。

火《か》風《ふう》鼎《てい》 ☲☴

鼎《てい》とは「かなえ」のことであり、煮炊《にた》きする三本足の深鍋と考えればよい。三本足というのは安定がよいから、現代の電気炊飯器にも小さな三本足がついている。古代中国の聖人の禹王《うおう》が中国全土の金《きん》を集めて造った鼎は「九鼎《きゅうてい》」と呼ばれ、国家権威のシンボルとされた。「鼎の軽重を問う」というような言葉は、「権威」に疑問を持つ意味である。

外卦は火、内卦は木であって、木を燃やして鼎で煮炊きする意味である。禹王《うおう》のような賢明な国王は、煮炊きした食物を天帝に捧げて、国家国民の安泰を祈り、またパーティーを催して賢者たちを招き、高官に登用することを考えたのである。

鼎の五爻は黄金の耳と黄金の鉉《つる》を指し、大吉であり、鼎の上爻は玉《ぎょく》で出来ている鉉《つる》であって、「大吉にして利《よろ》しからざるなし」とあり、それこそ大大吉の意味である。占題の如何を問わず火風鼎の五爻または上爻を得た場合には、無条件で大大吉と判断して間違いない。この五爻と上爻は本当に気持のよい爻である。

震《しん》為《い》雷《らい》 ䷲

外卦も震、内卦も震であり、天地に轟《とどろ》きわたる雷鳴である。古代人は雷鳴は天の怒りの声と解し、ひどく畏怖したのであるが、それが意外に実害を伴わないことを知り、雷鳴の過ぎ去ったあとは、笑言《しょうげん》啞啞《ああ》として愉快に談笑するようになった。

ひとり雷鳴ばかりではない。思わず震えあがるような現象または事態に遭遇しても、冷静沈着に対処すれば、あっという間にひどい事態は過ぎ去り、あとは「なあんだ」というような平静に戻り得るものである。

ひどい難局または困難な事態に遭遇した場合は、この震為雷の卦を思い出して、天地に轟く雷鳴にも実害はほとんどないことを悟り、冷静にかつ慎重に対処すれば、ひどい事態はすぐに過ぎ去ってしまう。難局に対処する易学的やり方は、きわめてシンプルであり、雷鳴の場合を思い出せばよいとされている。ただし、震為雷は決して吉卦ではないから、何事かを占ってこの卦を得た場合は、非常に慎重を要することを忘れてはならない。

艮《ごん》為《い》山《ざん》 ䷳

内卦も山、外卦も山であって、連峯であり連山である。震為雷の卦を逆さにすれば、この艮為山の卦が得られる（「転倒生卦」に相当する）。震は動いてやまぬ雷であるが、艮は不動の山である。震は軽挙妄動を慎むべき時であるが、艮は余りにも活動力を欠き、消極的に過ぎるから、もっと積極的な行動が望まれる時である。

この卦は初爻と四爻とが陰と陰、二爻と五爻も陰と陰、三爻と上爻は陽と陽であって、互いに相応《そうおう》すべき爻が一向に相応しない。これが互いに山ならば、一向に構わないところであるが、人間社会では通用しない。

艮為山を人間社会に当て嵌《は》める場合には、安易な妥協ばかりを考えずに、毅然として節操を持ち、妥協提携すべき時期が来たならば互いに協力するのが君子の態度というものであろう。

風《ふう》山《さん》漸《ぜん》 ䷴

漸は徐徐に進む意味であり、また内卦の艮山《ごんざん》の上の外卦の樹木が徐徐に伸びゆく象である。またこの卦は大河の中央を遊泳していた雁《がん》が河岸にたどりつき、陸地に上り、樹上に登り、山上からさらに遙かなる雲路へと順を追って進み行く姿にたとえられる。

雁は厳重に一夫一婦制を守る鳥であるとされ、また飛ぶ時にも決して序列を乱さないとされている。人間社会の進歩も、この雁の飛行のように、秩序ある漸進がもっとも良いようである。

人間社会の風俗習慣なども、自然現象またはこの卦のように鳥獣の行動などを範として出来たものが多いが、古代ギリシャの哲人が言ったように、「天が下には新しきものなし」（"Nihil sub sole novum"）であるから、われわれは自然現象や鳥獣などからも学ぶべきことがまだまだ多いのである。

雷《らい》沢《たく》帰《き》妹《まい》 ䷵

易経には男女関係に関する卦が四つある。それは沢山咸、雷風恒、風山漸、雷沢帰妹の四卦である。このなかで男女の肉体関係まで匂《にお》わせているのは、沢山咸と雷沢帰妹の二卦であるが、前にも述べた通り沢山咸はプラトニック・ラブの関係の若い男女の二人が、初めて肉体関係に移る際のためらいが、易学の深い言葉で述べられており、読者の微笑を誘うことは沢山咸の項で詳述した。

これに反して雷沢帰妹は外卦の震の男が動いて、内卦の女が悦《よろこ》ぶ意味であって、徹頭徹尾、肉体関係だけであり、美しい恋愛の片鱗もない。人間の人間たる所以は、高い知性と美しい情操を持つところにある。知性も情操もないこの卦のような男女関係は、まさに泥沼の関係である。それだから易経は、こういう二人には「利《よろ》しきところなし」と大凶の関係であると断定している。

雷《らい》火《か》豊《ほう》 ䷶

内卦の離は太陽、外卦の震は動くである。太陽が動いて天下を明らかに照らし、その光明盛《こうみょう》大である。豊とは盛大という意味で、日中が良い卦である。太陽が中天に昇れば、間もなく傾くが、この卦の盛大というのも次には凶衰に至る。したがって豊は決して吉卦ではなく、慎重を要する卦である。

外卦の二陰が内卦の太陽を覆い隠す象は、明夷の卦のやや程度の軽いものとみなすことができる。日蝕で真暗になり、日中に北斗七星が見え、天変地異かと思って人々は騒ぐかもしれないが、豊にはそのような意味はない。じっと平静に待てば日蝕は終り、また明るくなる。この卦を得た時は、一時非常に驚くようなことがあるが、軽はずみなことをせず冷静に対処すれば、無事に過ぎると考えてよい。

噬嗑には刑罰という意味があったが、豊にも刑罰の意味があり、訴えを裁き、直ちに刑罰を用うべしと説かれている。

火《か》山《ざん》旅《りょ》 ䷷

内卦の山の上で外卦の火が燃えているのは、山焼きをしている象である。火は次次に燃え移って旅人が旅程につれて宿を転ずるのに似ているからこの卦を旅《りょ》という。

昔は交通通信機関が発達していなかったから、旅というのは野宿することもあり、また思いがけぬ困難に遭遇しても、身内や親しい者に助けを求めることもできず、孤独で不安なものであった。したがって旅を順調に続けるには、供の下僕《しもべ》や知らない人からも親切が得られるように、謙遜、柔順であることが必要であった。旅《りょ》は謙遜・柔順さえ忘れなければ吉卦であり、断易では六合《りくごう》の卦になっている。

五爻が特に良く、「雉を一矢《いっし》に亡《いと》る、終《つい》に以て誉命《よめい》あり」とあるのは、雉を一発で射止めるように、必ず一度で成功して人びとに称賛されるという意味である。謙遜・柔順を忘れた三爻は下僕に逃げられ、上爻は災難に遇い共に凶とされている。

巽《そん》為《い》風《ふう》 ䷸

内卦、外卦の巽は入るであり、従うであり、伏するである。一陰が二陽の下に入っては順従恭服せざるを得ない。巽為風も同じく従う卦である。従うというのは己れを屈し、人に委ねることであるから、自ら主となって物事を行うのと違って、小さな成功はあっても大きく成功することは期待できない。従う相手に立派な人物を選ばなければならないのは勿論のことである。

四爻に「悔《くい》亡《ほろ》ぶ、田《かり》に三品《さんぴん》を獲《えもの》す」とあるのは、朝廷にはびこって君に阿《おも》ねりへつらうのを務めとしている役人共を、四爻の大臣が狩り除いて悪を一掃するという意味で、三品とはそういう役人共が種々多数いることの喩えである。この四爻だけが大吉で、巽為風は風に吹かれてふらふらする象で主体性を欠く上に、物事も風に吹かれてまとまりにくい状態であり、あまり上等な卦ではない。

兌《だ》為《い》沢《たく》 ䷹

兌は悦と同じく悦ぶである。一陰が二陽の上に上げられて悦んでいるのである。兌為沢も同じで、自ら悦んで物事を行えば、成功する場合は人に従うだけの巽為風よりは、大きな成功が期待できる。巽為風は「少しく亨《とお》る」、この卦は「亨る」と区別されており、この卦の方がやや上等である。

悦ぶというのには正と邪の両道があり、正道の方の悦びは個人はもとより天下国家にも良い影響が及ぶことがあるが、邪悪な悦びは身を滅ぼし、社会に悪影響を与えることもある。悦びは正しい悦びでなくてはならない。

兌は正秋の卦で秋は粛殺《しゅくさつ》（秋の気が草木をそこない枯らすこと）の時であるが、兌為沢には改革とか変動の意味はなく、悦楽和順が基本である。

兌は説と同じく弁説の意味もある。兌が二つ重なれば朋友が相対して議論を交わし、学習して、互いに上達を悦ぶ象である。こうして切磋琢磨《せっさたくま》することを奨励する一方で、功言令色をもって近寄る者に注意せよと説いてある。

風《ふう》水《すい》渙《かん》 ䷺

渙は氷が解けるとか、ばらばらに散るという意味である。風が水の上を行く時には、必ず水を吹き渙《ちら》すのでこの卦を渙という。

天地否の卦の四爻と二爻が入れ替わると風水渙になる（「交代生卦法」である）ことから、否の閉塞状態が解けて再出発する。ひいては、五爻の国王が四爻の大臣及び否の四爻から下った二爻の大臣の二人に助けられて、国家の困難を打開するという解釈がある。

また風水渙は水の上に木の舟を浮かべた象であるから「大川を渉《わた》るに利《よろ》し」と卦辞にあるが、困難を消散する吉の意味よりも、物事のまとまりが悪いという悪い意味の方が強いから、大川を渡るような冒険をする場合は気持をひきしめてかからなければいけない。

水《すい》沢《たく》節《せつ》 ䷻

節は竹のふしのことで、区切りがあって止まる意味である。節約、節制、節操、節度など、皆その意味を含んでいる。沢の池に水を入れる時、その量には限度（節度）があるのでこの卦を節という。

節の文字には「ほどよし」という意味もあり、何事も過不足が無いように「ほどよく」せよというのがこの卦の説くポイントである。人々が節約、節制、節操などの心を失えば、欲望のままに奪い合ったり、傷つけ合ったりするから、節というのは良いことである。しかし、節約や節制などの度が過ぎて苦節にまで行けば窮屈になって良くないので、「ほどよく」しなければならないと述べてある。

節は断易では六合《りくごう》の卦であり、世爻に妻財《さいざい》（財の主神）がついているから間違いなく吉卦であるが、何事もほどほどにしないと卦身《けしん》が兄弟《けいてい》であるから思わぬ出費に悩まされる。

風《ふう》沢《たく》中《ちゅう》孚《ふ》 ䷼

中《ちゅう》とは中《なか》、つまり内《うち》の意味で、孚《ふ》とは信《まこと》である。卦の六爻のうち、上下の各二爻が陽、なかの二爻が陰であるから、なかが空虚で虚心である。また内卦と外卦に分けると、それぞれの中央の爻（二爻と五爻）が共に陽であるからなかに実《じつ》がある。中虚中実を併せ持つところから中孚と名づけられた。

卦辞に「中孚《ちゅうふ》、豚魚《とんぎょ》吉なり、大川を渉《わた》るに利《よろ》し、貞《ただし》きに利《よろ》し」とあり、人が誠実であって、もっとも感動させ難いとされる豚や魚にまでその誠信が及ぶ時には、世のなかが実に良く治まって吉であることを述べてある。一説には豚魚《とんぎょ》は海豚《いるか》であり、海豚は誠実な動物とされているから、海豚のように誠実であれば世のなかが良く治まって吉であるという。

いずれにしても中孚は物事のまとまりが良く、呑気にしていられる吉卦である。なかでも二爻が大吉でこの爻を得た場合は、必ず応援を得て願いが叶うと判断してよい。それに反して上爻は誠信の極であるが、不中不正で誠も実も失っている。高く飛べない鶏の声のみが高く遠くに届くようであると喩えられており、有名無実であるから、当面の問題に固執して態度を改めなければ凶である。

雷《らい》山《さん》小《しょう》過《か》 ䷽

小過は飛鳥《ひちょう》に喩えられる。中間の二陽が胴体、上下の各二陰が両翼である。その鳥は飛び過ぎて（去って）音のみを残すという。飛ぶは高く上るであるから、高ぶったりせず、謙遜であれば無事であることを説いてある。上らずに下る方がよく、進まずに止まる方がよい。

小過には文字通り小《すこ》しく過ぎるという意味がある。小しく過ぎる位にすれば無事でいられる状態が小過である。その場合も高ぶる方に過ぎるのではなく、謙遜の方に過ぎることが大切である。例えば日常の経済なら倹約に過ぎる方がよく、決して驕奢《おご》ってはならず、態度や行動ならば、恭々《うやうや》し過ぎる方がよく、自信過剰であったり、傲慢になってはならない。驕りや傲慢は災難をまねくから、慎重に行動して災難を避けるべきである。

水《すい》火《か》既《き》済《さい》 ䷾

既済とは既に済《な》る、完成しているという意味である。陽爻はすべて奇数位（初爻と三爻と五爻）に、陰爻はすべて偶数位（二爻と四爻と上爻）にあって、六爻皆「正」であり、また六爻皆相応じ、相比しており、六十四卦の中で最も完成した形をしているので既済と名づけられた。

しかしながら、成敗治乱は糾《あざな》える縄の如しというのが天運循環の道理で、治は乱の本、成は敗の本である。最も完成した状態がいつまでも続くはずはないから、次に来る乱れを警戒すべきである。

完成した直後は良いから初めは吉であるが次第に乱れが来るから、これを予め防ぐようにしなければならない。何事かを占ってこの卦を得た場合は初心に立ち帰ることが大切である。

火《か》水《すい》未《び》済《さい》 ䷿

未済は既済の対卦で、未《いま》だ済《な》らずと未完成を意味する卦である。六爻皆「不正」（陽爻が偶数位に、陰爻が奇数位にある）であるが、六爻皆相応じ、相比しているから、事は既に七、八分まで成就しているが、既済に至るにはまだ不十分であるという意味である。

こういう場合は、残る二、三分を成し遂げて完成にこぎつけたいのであるが、よほど慎重にしないと失敗し、折角骨を折って七、八分まで成就したのが無駄になってしまう。小狐が川を渡る場合に喩えて、年取った狐ならば疑い深くて思慮も深いから軽率には渡らないが、小狐は経験不足で軽卒だから水勢の強弱、川底の深浅などを見きわめずに渡るから、あと二、三分というところまで行って、深みにはまったり、水勢に押されて力尽きてしまうと述べてある。未済は若さがあり完成への望みがあるだけ、既済よりはましであるとされているが、慎重を要する卦である。

易経六十四卦が物が既に済った状態の既済で終ったのでは行き詰まるが、未だ済らずのこの卦で終っているところに易経の永遠の生命力が感じられるのである。

お砂撒きの秘法

明治時代に大島中堂という易者が、易に関するたくさんの本を書き残した。大多数が謄写版摺りの本であって、つい最近までは全国の易者は大島中堂の本を虎の巻に使っていたものである。

お砂撒きの秘法は大島中堂の祟りとまじないに関する部厚い著書のなかに述べられていたものである。この書物の内容は玉石混交というよりは、大部分は荒唐無稽のサンプルのようなものであったが、お砂撒きの秘法は数少ない「玉」の一つで、偉効を奏することについては私にも多数の実験例があるから、実行してみられるとよい。

方法

一、神社（お寺は不可）から片手の掌に載る程度の少量の土砂をもらってくる。

断易で立筮して、子孫（安全の主神）のついた爻の十二支の方位の神社が最良であるが、深くそれに拘泥する必要はない。近くの神社でよい。

二、社殿の縁の下の土砂が最良であるが、今では大概コンクリートになっているから、境内ならばどこの土砂でもよい。なるべく人の踏まない場所の土砂がよい。

三、土砂を入れて来た袋に茶匙二杯くらいの塩を入れ、袋を振って土砂とよく混ぜ合わせて清める。

四、それを白紙の上にあけ、神棚に上げて冥想し、願いごとを精神をこめて祈念する。ここがきわめて重要である。神棚を祀ってない場合は床の間、机の上などに置いてもよい。

五、住居の家屋の周囲（塀の内側）にパラパラと撒く。マンションやアパートなどの場合は居住区域の四隅に白紙を敷いて、その上に土砂を少量ずつ盛っておく。一日くらいたったら捨てる。

効験

一、どんなことにも効験がある。「万策つきたらお砂撒き」というのは至言である。

二、例えば病院に通っても薬を飲んでもはかばかしく癒らない慢性病に悩んでいる人は土砂を家屋の周囲に撒くばかりでなく、そのなかの少量をビニールでくるみ、更に布の袋に入れてお守袋のようにして常時携帯するとよい。

三、ある大企業の工場で事故が多発するといって、工場長が心配して相談に来られたのでお砂撒きをすすめたところ、そのお砂撒きをした工場だけはピタリと事故が起こらなくなったとか、またある会社では税務署の税務調査の日にお砂撒きをし、社員全員に土砂のお守袋を携帯させたところ、異例の速さで簡単に調査が終り、しかも税務署員が「会社のなかにいる間は息がつまりそうだったが、外へ出てほっとした」と話していた、などという「偉効」についての報告は数えきれないほどある。

著者　歌丸　光四郎（うたまる・こうしろう）

明治36年　山形県に生まれる
昭和2年　東京大学法学部を卒業
五行哲学に根ざした深遠なる「易学」を確立。その卓見には政財界を問わず多くの人々が心励まされている
著書には『新易学物語』『四柱推命の秘密』など多数がある
現住所：〒154 東京都世田谷区下馬5-6-22

易経精髄　　定価 12,000 円

昭和62年4月15日　初版発行

著者　歌丸光四郎
発行者　長谷川稔
発行所　株式会社 新門出版社
東京都千代田区九段南4-6-13
電話（03）239—9421 ㈹
振替・東京 1—89516

印刷　熊谷印刷／㈱本田

歌丸光四郎選集【名著復刊】

断易釈故
易経精髄　合本

２０２４年11月20日　発行

定　価——本体８、０００円＋税

編著者——歌丸光四郎

発行者——斎藤　勝己

発行所——株式会社東洋書院
〒１６０−０００３　東京都新宿区四谷本塩町15−８−８Ｆ
電　話　０３−３３５３−７５７９
ＦＡＸ　０３−３３５８−７４５８
http://www.toyoshoin.com

印刷所——株式会社平河工業社

製本所——株式会社難波製本

ISBN978−4−88594−567−0